경상대학교 사회과학연구원 사회과학연구총서 42

세계화와 계급구조의 변화
국제 사례연구

Globalization and the Change of Class Structure:
Case Studies

경상대학교 사회과학연구원 엮음

정진상 · 장시복 · 장귀연 · 김영수 · 장대업 · 장상환 · 윤자영 · 안주영 지음

한울
아카데미

이 도서의 국립중앙도서관 출판예정도서목록(CIP)은 서지정보유통지원시스템 홈페이지(http://seoji.nl.go.kr)와
국가자료공동목록시스템(http://www.nl.go.kr/kolisnet)에서 이용하실 수 있습니다. (CIP제어번호: CIP2014023208)

차례

1980년대 이후 본격적으로 전개된 세계화는 자본의 재생산 및 축적방식에 심대한 변화를 초래했을 뿐 아니라 세계화를 수용한 국민국가들 내부의 계급 구성 및 계급 형성에서도 중대한 변화를 초래했다. 이 책은 세계화가 초래한 여러 나라의 계급구조 변화를 비교의 관점에서 분석하고자 했다.

자본주의 사회의 계급구조는 기본계급인 자본가계급과 노동자계급, 그리고 중간계급으로 구성된다. 전체 계급구조 속에서 각 계급의 성격과 위상의 변화를 살펴보는 것은 계급구조 분석에서 핵심적인 문제이다. 이 책에서는 자본가계급의 성격 변화를 살펴보기 위해 세계화 이후에 강화되고 있는 미국 초국적기업의 글로벌 생산 네트워크에 초점을 맞추었다. 노동자계급의 성격 변화를 추적하기 위해서는 독일 노동자계급의 이중화, 남아공 민주화 이행기 이후 흑인 노동자들의 생활조건 변화 및 동아시아 이주노동자들에 주목했다. 중간계급의 주요 부문인 농민계급의 변화를 살펴보기 위해 자유무역협정 체결 후의 멕시코와 미국의 농민을 사례로 다루었다. 그리고 노동력재생산 문제를 살펴보기 위해 일본과 한국의 보육지원정책이 여성의 시간 이용에 미친 영향을 분석했다. 끝으로 세계화로 인한 노동계급의 의식변화를 간접적으로 살펴보기 위해 스페인 민주화 이행기 노동조합의 전략변화를 다루었다. 각 장의 내용을 요약하면 다음과 같다.

　1장 「1980년대 이후 미국 초국적기업의 글로벌 생산 네트워크」에서 장시복은 '자본축적의 관점(accumulated-centered view)'에서 초국적기업이 세계적 규모로 벌이는 활동을 분석한다. 초국적기업에 관한 논의의 중심에는 국민국가와 자본 사이에 나타나는 '영토성의 불일치(territorial non-coincidence)' 문제가 있다. 과거에 기업은 국민국가의 영토와 일치된 영역에서 생산을 진행했지만 초국적기업이 성장하면서 기업의 생산이 국민국가의 영토와 불일치하는 현상이 쟁점이 된 것이다. 그리하여 '세계적 기업(global firms)', '무장소적 기업(placeless firm)', '국경 없는 기업(borderless firm)'과 같은 개념을 통해 초국적기업이 국민국가를 완전히 벗어난 새로운 기업 형태임을 강조하는 주장이 제기되었다. 하지만 기존의 논의들은 초국적기업이 세계적 규모로 벌이는 활동에 대한 실증분석을 제시하지 않고 이를 추상적으로 이해해 과대평가하는 문제점이 있다. 실증근거가 없는 이러한 극단적인 주장으로는 오늘날 세계 자본주의에서 초국적기업이 세계적 규모로 벌이는 활동의 특징을 포착하기는 힘들어 보인다.

　오늘날 초국적기업이 세계적 규모로 벌이는 활동이 영토성의 불일치 문제를 야기하는 것은 사실이지만, 그들의 활동은 국내외 생산기반의 재편을 통해 진행되고 있다는 관점에서 해석할 필요가 있다. 이러한 관점을 여기서는 자본축적의 관점이라고 부른다. 자본축적의 관점이란 초국적기업의 생산에 중점을 두고 축적형태의 재편과정을 특징화하는 것을 뜻한다. 장시복은 마르크스가 제시한 자본의 집적과 집중, 자본순환을 응용해 '자본순환의 세계적 분할'이라는 개념을 제시하고 이를 초국적기업의 '글로벌 생산 네트워크'라는 개념으로 확장한다. 나아가 그는 1980년대 이후 미국의 초국적기업이 세계적 규모로 벌인 활동에 대한 실증분석을 통해 초국적기업의 글로벌 생산 네트워크 개념의 현실적 타당성을 확인한다.

2장 「신자유주의 세계화와 노동자계급의 이중화: 독일 사례」에서 장귀연은 독일을 사례로 노동자계급의 이중화 문제를 논의한다. 독일은 이른바 '사회적 시장경제' 또는 '사회적 코포라티즘'의 대표적인 나라로, 경제의 운용에서 신자유주의가 표방하는 자유로운 시장 기제보다는 사회집단들의 협상과 합의를 중시해왔다. '독일 모델'은 집단적이고 평등주의적인 노사관계와 노동정책에 기반을 두고 있기 때문에 노동자계급의 이중화와 가장 거리가 먼 것이었다고도 할 수 있다. 그러나 이러한 독일에서조차도 최근 이중화의 현상이 점점 더 눈에 띄게 나타나고 있다. 따라서 독일은 가장 그럴 법하지 않은 곳에서도 신자유주의 세계화에 의해 노동자계급의 이중화가 발생하게 되는 현상의 극단적 사례라고 할 수 있다.

사회적 시장경제라는 독일 모델이 무너지면서 독일 노동자계급은 이중화 과정을 겪고 있다. 높은 숙련 수준을 대가로 가족임금 이상의 고임금과 비교적 평등한 임금조건이 특징이었던 독일의 노동시장은 잉여노동인구를 사회보장으로 흡수하는 방법으로 유지되었다. 하지만 사회보장비용의 증가로 재정 압박이 커지자 정부는 노동시장을 유연화함으로써 다양한 형태의 비정규직 일자리를 창출하는 방식으로 노동시장정책을 전환했다. 이에 따라 고용불안과 저임금이 특징인 주변부 노동력이 크게 확대되었다. 또한 독일 모델의 중앙집중적이고 포괄적인 노사관계 구조는 세계화와 함께 해체되고 분권화되기 시작했다. 우선 양적으로 단체교섭의 적용률이 떨어졌으며, 질적으로는 개방 조항의 증가로 사실상 산업별 단체협약에서 사업장별 종업원평의회와 기업 간의 협약으로 비중이 옮겨가기 시작했다. 장귀연은 노동자계급의 이중화가 내부자인 핵심 노동의 이익을 위해 외부자인 주변부 노동을 희생한 것이라기보다는, 자본의 노동력 활용 전략으로서 주변부 노동자와 핵심 노동자 양자에게 서로 다른 방식의 유연성을 부과해 노동자들을 불안정하게 만든 것이라고 주장한다. 자본은 전 지구적 차원에서 국가 간 경계의 제한을 철폐하면서 이윤을 최대화하고 있으며, 그러한 자본의 활동방식으로서 신자유주의는 독일 모델을 붕괴시키고 노동자계급의 이중화를 만들어내고 있는 것이다.

3장 「남아공 민주주의 이행과 흑인 노동자의 계급적 분화: 생활조건의 변화를 중심으로」에서 김영수는 남아공 흑인 노동자들의 구체적인 생활조건의 변화를 아파르트헤이트 시기, 1994년 ANC(아프리카민족회의) 정부가 수립되기 직전, 그리고 ANC 정부 이후의 세 시기로 나누어 비교함으로써 민주주의 체제가 정치적인 갈등의 해소나 제도적인 수준의 개혁만으로 완성되지 않는다는 점을 보여준다. 민주주의 이행과정은 일반적으로 사회구성원들의 삶으로 현실화되는 사회적 하부구조의 실질적인 민주화를 동반하고, 그것을 둘러싼 또 다른 갈등을 야기한다. 남아공의 흑인 노동자들도 사회체제의 모순을 응축하고 있는 사회적 하부구조의 민주화를 요구하면서 '민주주의의 질'을 향상시키기 위한 투쟁을 전개하고 있다. 이러한 현실에 주목해 김영수는 인종차별정책의 폐지와 함께 추진된 정치적 민주화로 과연 사회경제적 평등이 강화되고 노동조건의 민주적 변화가 이루어지고 있는가를 구체적인 통계자료로 검증한다. 민주화 이행과정에서 변화된 사회구성원들의 생활조건, 특히 노동자들의 고용조건, 임금조건, 그리고 직업조건 등을 계급적 분화과정과 연계시켜 분석하는 것이 과제이다.

남아공 흑인 노동자들은 COSATU(남아공노동총연맹)를 중심으로 아파르트헤이트 체제를 무너뜨리는 역사적인 투쟁의 주체이자 ANC 정부를 구성하는 정치적 주체였지만 다른 한편으로 민주화 이행과정에서 민주주의의 공고화 및 '질적 발전'을 추구하면서 ANC 정부와 대결하기도 했다. 남아공의 민주화 이행은 법·제도적 차별을 폐지해 탈아파르트헤이트 노동체제를 구축함으로써 흑인 노동자들이 법·제도적인 차원에서 기본적인 권리를 행

사할 수 있게 했다. 하지만 흑인 노동자들은 탈아파르트헤이트 노동체제에
서도 여전히 일자리 상실, 인종 간 임금 격차의 지속, 실질적인 소득의 하락
등으로 일상적 생활의 고통을 겪고 있다. 김영수는 ANC 정부가 수립되기
이전부터 현재까지 흑인 노동자들의 고용조건, 임금조건, 가구당 소득조건
의 변화 등을 분석하고 이를 토대로 인종차별정책의 폐지와 동시에 추진되
기 시작한 정치적 민주화 이후 사회경제적 평등의 강화나 노동조건의 민주
적 변화가 이루어지지 않았다는 점을 확인하고 있다.

4장 「세계경제위기와 동아시아의 이주노동: 이주의 위기인가 노동의 투
쟁인가?」에서 장대업은 세계경제의 위기가 동아시아의 지역발전에 깊이 뿌
리박은 이주노동자들에게 미치는 영향에 주목한다. 최근에 발생한 신자유
주의의 전 지구적 위기는 동아시아 상품의 주요 수출국들의 경기를 침체시
켜 동아시아에도 악영향을 미쳤고, 동아시아의 주요 노동수입국들이 이주
노동자들을 희생양으로 삼는 정책들을 도입하도록 부추겼다. 또한 중국 등
수출의 어려움을 겪은 동아시아 국가에서는 내부 이주노동의 흐름이 한동
안 멈추기도 하였다. 장대업은 중국, 홍콩, 한국, 그리고 태국 등지에서 이주
노동의 정치적 주체성이 구성되는 과정에 대한 분석을 통해 엄격한 국경통
제나 이주노동자들에 대한 착취 강화 모두 이미 확장하는 자본의 지역적 순
환에 완전히 통합된, 그리고 그 과정에서 스스로가 가진 협상능력을 잘 알고
있는 이주노동자들의 저항을 불러온다는 사실을 보여준다.

장대업은 증가하는 동아시아의 이주노동이 지역화하는 자본의 순환을 통
한 동아시아 통합과정에 단단히 연계되어 있다고 분석한다. 이 통합과정은
지역 간의 불균등 발전을 초래하고 노동인구를 공동체와 토지로부터 분리
시키며 지역적 이주노동시장을 창출한다. 증가하는 이주노동은 한마디로
현재의 동아시아가 형성되는 과정의 필수불가결한 일부이다. 이주노동은
죽은 노동의 경제적 주체로 이 통합과정에 수동적으로 인입될 뿐만 아니라

살아 있는 노동의 정치적 주체로서 이 과정에 참여한다. 동아시아 곳곳에서 최근 볼 수 있는 이주노동자운동의 발전은 이주노동자들이 한때 그랬던 것처럼 마냥 고분고분하지는 않다는 사실을 보여준다. 대신 그들의 노동이 동아시아 발전의 대체할 수 없는 중요 부분이 되는 것과 비례해 자신들이 일하고 사는 사회에 깊이 연계되고 그 속에서 정치적 주체성을 되찾는다. 이주노동을 유치하는 국가와 지역의 사회적 경제적·발전과정에 깊게 뿌리박은 이주노동자들은 곳곳에서 경제위기를 이주노동자들의 희생을 통해 극복하고자 하는 시도들에 맞선다. 따라서 세계경제 위기는 이주의 위기를 초래하는 것이 아니라 이주노동자들의 투쟁을 양산한다.

5장 「NAFTA 이후 20년, 미국과 멕시코 농업구조 변화」에서 장상환은 1994년 NAFTA가 시행되기 시작한 지 20년이 경과한 미국과 멕시코의 사례를 통해 세계화, 농산물무역 자유화가 농업구조에 미친 영향을 분석한다. 1994년 NAFTA가 시행되었을 때 미국 정부와 멕시코 정부는 무역과 해외직접투자, 수출의 증가로 멕시코인의 소득과 생활수준이 향상될 것이라고 선전했다. NAFTA 발효 이후 1993년부터 2007년까지 멕시코의 수출이 311% 증가했고 제조업 비중이 43%에서 77%로 증가했으며, 농산물 수출이 2배 증가했던 것은 사실이다. 하지만 NAFTA 체결 이후 20년이 지난 현재의 상황을 보면 멕시코에서 교역과 해외직접투자는 크게 늘어났지만 생활수준이 향상된 사람은 전체 인구의 10%에 지나지 않는다. NAFTA는 멕시코에서 저성장, 저투자수준, 거시경제 불안정, 미약한 고용창출, 저임금지속, 영속하는 빈곤과 불평등, 환경 파괴 등 부정적 결과를 초래했다. 장상환은 경제수준이 불평등한 국가 사이의 농산물 무역자유화를 밀어붙인 NAFTA는 멕시코 농민들에게는 재앙이었다고 주장한다.

또한 장상환은 NAFTA 체결 후 미국 농민의 처지 또한 나아지지 않았다고 분석한다. 미국 농민들은 NAFTA와 WTO 성립을 계기로 불공정한 농업

정책, 규제받지 않은 상품시장 투기, 가뭄과 기상재해 등으로 롤러코스터 같은 농산물 가격 변동에 직면하게 되었다. 이에 따라 많은 소농과 중농이 파산하고, 농업 부문은 불평등과 기업집중으로 점철되었다. 지난 20년간 영세 농가와 거대규모 농가가 크게 증가했다. 소농이 증가한 것은 대부분 비농업 부문에서 소득을 올리는 귀촌 도시민 증가, 지역 농민장터에 내다 파는 고품질 특용작물의 증가에 따른 것이다. 규모는 작지만 자기 농장에서 생계를 꾸려왔던 중농의 수는 40%나 줄어서 1982년에 전체 농가의 절반이었던 것이 2007년에는 3분의 1 이하로 줄었다. 한편 농업과 식품생산 기업의 집중도 심화되어갔다. 쇠고기 생산에서 카길, 타이슨, JGF, 내셔널비프 등 4개 회사의 점유율은 1990년 69%에서 2012년 82%로 높아졌다. 이처럼 미국 농민 또한 멕시코 농민보다는 덜하지만 사정이 나아지기는커녕 더 악화되었다고 할 수 있다.

6장 「부모의 시간사용 변화에 관한 일본과 한국의 비교연구」에서 윤자영·안주영은 일본과 한국에서 보육지원정책이 추진된 이후 미취학 아동을 가진 부부의 시간사용 변화를 비교 분석해 두 나라의 성별분업 변화의 특징을 비교한다. 두 사람은 일본의 사회생활시간조사(1996, 2001년)와 한국의 생활시간조사(2004, 2009년)를 이용해 미취학 아동을 가진 부부의 시장노동 시간과 무상노동 시간의 변화를 분석한다. 이러한 분석을 통해 남성 생계부양자 모델이 쇠퇴해가는 것으로 예상되는 일본과 한국의 성별분업이 어느 정도 변화하고 있는지를 살펴본다. 그들은 분석 결과 일본과 한국 두 나라의 보육지원정책이 공히 육아의 사회화를 목표했지만, 일본과 한국의 성별 관계 변화가 몇 가지 점에서 서로 다르게 나타났음을 발견했다.

분석을 통해 나타난 결과는 보육지원정책이 일본과 한국의 성별관계의 변화에 의의를 가지는 것과 동시에 한계가 있음을 시사한다. 일본에서는 여성의 단시간 노동이 일반화되어 있는 데다 육아서비스의 수급자격도 여성의 단시간 노동을 촉진하고 있기 때문에 여성의 고용률이 증가하는 것과 동시에 노동시간은 감소했다. 즉, 여성의 단시간 노동의 심화에 의해 일에 관한 성별 불평등이 개선되고 있다고 말하기는 어려운 상황이다. 한편, 한국에서는 여성의 장시간 고용이 일반화되어 있는 데다, 취업했다는 조건이 육아서비스의 수급자격이 되지 않기 때문에 아내의 시장노동 시간이 증가하고 남편의 무상노동 시간도 증가했다. 시장노동과 무상노동의 남녀균형이라는 시점에서 보면, 한국에서는 남녀의 성별분업이 약해지고 있다고 말할 수 있을 것이다. 이러한 일본과 한국의 차이를 고려해 윤자영·안주영은 보육서비스의 증가가 성별평등을 가지고 오기 위해서는 보육서비스의 확대뿐만 아니라 노동시장 구조의 변화를 촉진하는 제도 변화도 필요하다고 주장한다. 즉, 여성이 짊어져 왔던 육아의 사회화뿐 아니라 남성이 육아에 한층 적극적으로 참가할 수 있도록 노동시간의 단축과 그것을 촉진하는 노무관리체제로의 변화가 필요하다는 것이다.

7장 「민주화 이행기 스페인 노동조합의 전략 변화」에서 정진상은 세계화가 노동자들의 의식변화에 미치는 요인을 간접적으로 보여주기 위해 프랑코 독재 종식 후 민주화 이행기의 스페인 노동조합의 전략변화에 주목한다. 스페인 노동조합들은 민주화 이행기에 우파 성향의 정부하에서는 사회협약을 통한 타협적 노사관계를 유지하다가 좌파 성향의 정부에서는 오히려 사회협약 대신 노조 간의 협력에 기초한 공동투쟁으로 전략을 수정하는데, 이는 언뜻 보기에는 하나의 역설이라고 할 수 있다. 노동조합의 이러한 전략의 변화에 미친 요인에는 경제적 요인 이외에 크게 두 가지 요인이 있다고 그는 주장한다. 하나는 정치적 요인으로 스페인 노동조합의 초기 전략은 주로 민주화 이행기라는 특수한 정치적 맥락과 사회당 정부의 정책결정과정의 특수성에 크게 좌우되었다. 다른 하나의 중요한 요인으로는 경쟁하는 노동조합들과 직장위원회(comités de empresa)라는 특수한 스페인 노사관계제도를 들고 있다.

민주화 이행기의 초기 정세는 정부와 노동조합 양쪽으로부터 '합의의 정치'를 이끌어내는 요인으로 작용했다. 하지만 1982년 과반의석을 얻어 집권한 사회당은 정국이 안정된 이후 노동조합들의 반대를 무릅쓰고 신자유주의 경제정책을 강행함으로써 노동조합들이 사회협약 전략을 포기하고 투쟁전략으로 전환하도록 했다. 스페인 노조의 전략 변화의 배후에서 작용한 또하나의 중요한 요인인 직장위원회는 단순히 단위 기업의 노동자들의 대표기구가 아니라 이른바 '노조선거'를 통해 전국적 수준의 노동조합 세력을 결정하는 중요한 제도이다. 이 제도로 노동조합들이 노동자 대중의 요구에 민감하게 반응할 수밖에 없는데, 노동자 대중의 요구는 고정된 것이 아니라 경제적 상황에 따라 변한다. 스페인이 민주화 이행기에 들어갔을 때 세계경제는 위기 국면이었기 때문에 노동자 대중은 사회협약을 통한 타협적 노사관계를 요구했지만, 1985년 중반 경제가 상대적 호황으로 바뀌었다는 신호가 분명해지면서 노동자 대중은 임금인상을 요구하고 나섰다. 이에 따라 경쟁하는 노동조합들은 앞 다투어 투쟁전략으로 전환하게 된 것이다.

이 책은 경상대학교 사회과학연구원이 수행하고 있는 장기 연구의 일환으로 기획되었다. 경상대학교 사회과학연구원은 2007년 한국연구재단 중점연구소로 지정되어 '대안세계화운동과 대안사회경제모델'을 주제로 3단계 9년 과제를 수행하고 있다. 제1단계에는 3년 동안 '대안세계화운동'을 대주제로 대안세계화운동의 이념 및 조직과 전략에 관한 6권의 책을 이미 출간한 바 있다. 2010년부터 수행한 2단계의 과제는 이러한 대안세계화운동의 사회경제적, 계급적 토대를 분석하는 것을 목표로 했으며 2013년부터 시작된 3단계에서는 두 단계의 연구에 기초해 대안사회경제모델을 구성하는 것을 목표로 삼고 있다. 이 책은 이러한 장기 연구의 제2단계 2차년도 연구결과물 중 하나이다. 이 책과 함께 출간하는『자본의 세계화와 축적체제의 위기』는 이 책의 자매편으로 두 책은 긴밀히 연관되어 있다.

이 책은 2010년 한국연구재단의 중점연구과제에 대한 지원사업(NRF 2010-413-B00027)의 도움으로 완성되었다. 학문의 다양성을 존중해 마르크스주의 연구에 장기간 연구를 지원하고 있는 한국연구재단에 감사드린다. 그리고 공동연구를 수행하면서 이 책의 편집을 맡아 수고해주신 김영수 교수께 감사드린다. 경상대학교 사회과학연구총서의 출간을 변함없이 맡아준 도서출판 한울과 난삽한 원고의 교정과 편집 실무로 고생하신 박준규 편집자에게 감사드린다. 끝으로 장기간의 연구에 헌신적으로 참여하고 있는 공동연구원들과 출간의 기쁨을 나누고 싶다.

2014년 8월

연구팀을 대표하여 정진상

제1장

1980년대 이후 미국 초국적기업의 글로벌 생산 네트워크

장시복 ∣ 목포대학교 경제학과 부교수

1. 들어가며

바넷과 뮬러(Barnet and Muller, 1974)는 『글로벌 리치(Global Reach)』에서 초국적기업이 국내 기반을 점차 줄이고 '세계적 기업(global firms)'으로 완전히 진화했다고 주장한다. 오늘날에도 '무(無)장소적 기업(placeless firm)', '국경 없는 기업(borderless firm)'과 같은 주장을 통해 초국적기업이 국민국가를 완전히 벗어난 새로운 기업 형태임을 강조하는 주장은 여전히 제기되고 있다(Ohmae, 1990).

세계적 기업에 관한 논의는 국민국가와 그들의 자본 사이에서 나타나는 '영토성의 불일치(territorial non-coincidence)'의 문제(Murray, 1971)와 관련이 있다. 과거 기업의 생산은 대부분 국민국가 내에서 이루어졌다. 다시 말해서 기업은 국민국가의 영토와 일치된 영역에서 생산을 진행했다. 그런데 초국적기업이 성장하면서 생산은 국민국가의 영토와 불일치하는 현상이 발생하게 되었다. 이에 따라 영토성의 불일치 문제는 초국적기업이 세계적 규모로 벌이는 활동을 이해하는 데 중요한 쟁점이 되었다.

그런데 영토성의 불일치 문제에서 '세계적 기업'과 관련한 논의는 초국적기업이 세계적 규모로 벌이는 활동에 대한 실증분석을 제시하지 않고 이를 추상적으로 이해하며 과대평가하고 있다. 다시 말해서 오늘날 초국적기업이 국내 기반을 벗어나 진정한 의미에서 세계적 기업으로 전환했다는 주장은 별다른 이론이나 실증근거 없이 제시되고 있는 것이다.[1]

따라서 이러한 실증근거가 없는 극단의 주장으로는 오늘날 세계자본주의에서 초국적기업이 세계적 규모로 벌이는 활동의 특징을 포착하기는 힘들어 보인다. 왜냐하면 오늘날 초국적기업이 세계적 규모로 벌이는 활동이 영토성의 불일치 문제를 야기하는 것은 사실이지만, 그들의 활동은 국내외 생산기반의 재편을 통해 진행되고 있다는 관점에서 해석할 필요가 있기 때문이다.

이와 관련해서 이 글은 '자본축적의 관점(accumulated-centered view)'에서 초국적기업이 세계적 규모로 벌이는 활동을 분석한다. 자본축적의 관점은 초국적기업의 생산에 중점을 두고 축적형태의 재편과정을 특징화하는 것을 뜻한다. 특히 이 글은 마르크스(2003, 2004)가 제시한 자본의 집적과 집중, 자본순환을 응용해 '자본순환의 세계적 분할'이라는 개념을 제시하고 이를 초국적기업의 '글로벌 생산 네트워크'라는 개념으로 확장해 이론의 기초를 쌓는다(장시복, 2004, 2008a, 2008b).

---

1) 세계적 기업에 관한 논의를 비판하면서 디켄(Dicken, 2002)은 거대 초국적기업의 본부가 다른 나라로 이동한 경우는 거의 없었다고 주장한다. 이 주장을 통해 디켄은 국민국가의 영토성을 강조하며 여전히 초국적기업의 활동은 국내에 기반을 두고 있다고 주장한다. 그러나 이는 국민국가의 영토성을 강조하는 또 다른 편향을 보이고 있을 뿐이다. 허스트와 톰슨(Hirst and Thompson, 1995)도 이와 마찬가지 경우라고 할 수 있다.

또한 이 글은 글로벌 생산 네트워크 개념을 활용해 1980년대 이후 미국의 초국적기업이 세계적 규모로 벌인 활동에 대한 실증분석을 제시한다. 전 세계 모든 초국적기업이 세계적 규모로 벌이는 활동을 포착할 수 있는 자료가 부족하기 때문에, 이 글은 자료의 제약이 다른 나라에 비해 덜한 미국의 초국적기업을 대상으로 실증분석을 시도한다.

이러한 분석을 바탕으로 이 글은 초국적기업이 세계적 규모로 벌이는 자본축적이 국내외 생산 네트워크의 재편을 통해 이루어지고 있다는 관점에서 영토성의 불일치 문제보다는 초국적기업이 세계적 규모로 벌이는 자본축적의 재편과정에 주목할 것을 주장한다.

2. 초국적기업의 글로벌 생산 네트워크

1) 자본축적의 관점에서 본 초국적기업

초국적기업이 세계적 규모로 벌이는 활동을 포착하기 위한 이론화는 지금까지 다양한 방식으로 제시되었다. 그런데 이러한 다양한 논의는 크게 보아 두 가지 질문으로 요약할 수 있다. 첫째, 초국적기업은 왜 세계적으로 확장하는가? 이 질문은 초국적기업이 세계적으로 확장하는 원인을 이론으로 해명하는 것과 관련 있다. 초국적기업 이론의 선구자라고 할 수 있는 하이머(Hymer, 1976)의 '독점적 우위이론(theory of monopolistic advantage)'부터 시작해서 버클리와 카슨(Buckley and Casson, 1976)의 '내부화 이론(internalization theory)', 그리고 이들 이론을 종합한 더닝(Dunning, 1997)의 '절충이론(eclectic theory)'까지 이 질문에 답하는 이론화 작업은 다양하게 시도되었다.[2]

둘째, 초국적기업이 어떤 방식으로 세계적으로 확장하는가? 이 주제와 관련한 논의는 기업이 국내 기업에서 초국적기업으로 진화해나가는 과정에 대한 분석, 초국적기업이 세계적 규모로 벌이는 경영활동에 대한 분석, 이 과정에서 나타나는 초국적기업의 조직변화에 대한 분석, 그리고 각국 초국 적기업의 활동에서 나타나는 차이에 대한 분석 등 아주 다양한 논점을 포괄 하고 있다.

이 두 가지 질문은 초국적기업에 관한 이론을 정립하는 데 중요하다. 그러 나 이 두 질문을 연관 지어 이론을 구성하는 작업은 무척 어렵다. 왜냐하면 팔루와(Palloix, 1973)가 적절하게 지적하고 있듯이 "대상에 관해 생각하기 위 해서는 그 대상을 개념화할 수 있어야만 한다. 초국적기업에 관해 연구하는 모든 저자들, 모든 보고서들, 모든 전문가들에게 불행한 것은 기업이라는 '개념'이 무의미하기" 때문이다.[3]

기업이라는 개념이 명확하게 정의되지 않는 상황에서 초국적기업을 이론 화하는 작업은 아주 힘들다. 따라서 이 논문도 이러한 일반 한계를 벗어나지 는 못한다. 그럼에도 이 논문은 초국적기업이 세계적 규모로 벌이는 활동을 '자본축적의 관점(accumulation-centered view)'에서 해석함으로써 새로운 시 각을 얻으려 한다.

자본축적의 관점에서 초국적기업을 분석하는 것은 생산의 관점에서 마르 크스가 『자본론(Capital)』에서 제시한 '자본의 집적과 집중'과 '자본순환'과 관련한 논의를 바탕으로 초국적기업이 세계적 규모로 벌이는 활동을 분석 하는 것을 뜻한다.[4]

---

2) 이에 대한 자세한 설명은 장시복(2008a)과 Dicken(2007) 참조.

3) 주류경제학에서 기업은 블랙박스(black box)와 같다. 다시 말해서 기업은 정의되는 것 이 아니라 이윤극대화를 목적으로 투입물을 넣고 산출을 하는 주체로 이해된다. 사실 비주류의 관점에서도 이러한 한계는 마찬가지로 나타난다.

4) 이와 관련한 논의는 이미 1970년대와 1980년대 초국적기업에 대한 마르크스주의적 해석에서 제시되었다. 예를 들어 하이머(Hymer, 1979)는 자본의 집적과 집중을 논하

자본축적의 관점에서 보면 초국적기업은 자본의 집적과 집중의 산물이다. '자본의 집적(concentration of capital)'은 기업이 상품을 생산해 보다 많은 이윤을 획득하는 과정을 뜻한다. 이 과정은 이윤을 획득해서 다시 이를 재투자해 더 많은 이윤을 얻는 확대재생산 과정이다. 그런데 자본의 집적은 "축적으로부터 직접 나오거나 또는 오히려 축적 그 자체와 동일한" 것이다. 따라서 자본의 집적은 자본축적의 다른 표현에 지나지 않는다. 이러한 의미에서 자본의 집적은 자본축적을 뜻한다(마르크스, 2003).

이러한 지속적인 확대재생산을 통한 자본축적은 투자규모의 증대와 최소효율규모의 증대를 야기한다. 이 과정은 마르크스가 언급한 "축적하라. 축적하라! 이것이 모세(Moses)이며 예언자다!"라는 구절로 상징되는 자본규모의 증가이다. 따라서 자본축적은 사회적 생산수단을 개별 자본가들의 수중으로 더 많이 모으는 과정이며 자본규모의 확대를 뜻한다.

다른 한편 자본축적은 다수의 개별 자본들 상호 간의 이윤을 둘러싼 상호 경쟁과 배척을 야기한다. 자본끼리 벌이는 상호 경쟁과 상호 배척은 그들 사이의 흡수에 의해 상쇄되는데, 이러한 흡수는 '자본의 집중(centralization of capital)'을 강화한다. 자본의 집중은 승자(勝者)가 더 많은 자본을 축적할 수 있으며, 패자(敗者)는 사라지거나 승자에게 흡수되는 폭력적이고 격렬하며 불균등한 과정이다. 구체적인 수준에서 이 과정은 인수·합병, 파산, 지분구매, 자산구매 등을 포함하는 매우 복잡한 과정이다.

또한 자본의 집중은 기존의 자본을 흡수하는 과정이다. 따라서 "이 과정은 이미 존재하며 기능하고 있는 자본 분배의 변화만을 전제한다"(마르크스,

---

며 초국적기업을 분석했고 자본국제화론자들, 특히 팔루와(Palloix, 1973)는 자본의 변태와 자본순환을 활용해서 초국적기업이 세계적 규모로 벌이는 자본축적을 분석할 수 있는 토대를 제공했다. 또한 최근에는 앙드레프(Andreff, 1984, 1999), 셰네(Chesnais, 2003) 등도 마르크스의 개념을 활용해서 이와 관련한 논의를 제시했다. 이 글은 이들의 논의를 좀 더 발전시켜 실증분석이 가능한 개념을 포착하는 데 방점을 두었다.

2003). 그런데 이러한 분배과정은 사업규모를 확대할 수 있게 함으로써 축적을 보완한다. 다시 말해서 자본의 집중은 자본축적을 강화하는 지렛대로 작용한다.

이러한 자본축적의 관점에서 보면 초국적기업이 세계적 규모로 벌이는 활동과 관련해서 몇 가지 특징을 확인할 수 있다. 첫째, 자본의 집적의 관점에서 초국적기업은 '세계적 이윤(global profit)'을 극대화하려 한다. 다시 말해서 초국적기업은 상품을 생산하고 세계시장에서 유통하며 세계적인 규모에서 확대재생산을 수행하는 과정에서 이윤을 극대화하고 있다.

그런데 초국적기업의 세계적 이윤극대화는 '모회사(parent company)'와 다른 나라에 위치한 '해외 자회사들(foreign affiliates)' 각각의 독립적인 개별 이윤을 극대화하는 것은 아니다. 이와는 달리 초국적기업의 세계적 이윤극대화는 모회사와 그들의 해외 자회사의 이윤의 총합을 극대화한다는 것을 뜻한다.5) 이것은 초국적기업이 세계적 규모에서 자본축적을 수행하면서 세계적 차원에서 이윤극대화를 꾀하고 있다는 것을 뜻한다. 따라서 이러한 의미에서 보면, 초국적기업의 '세계적 이윤'을 극대화하는 데 필요할 경우 해외로 진출해 있는 개별 자회사 중 일부가 기업의 이윤극대화 전략에 따라 이윤의 손실을 감수할 수 있다(안세영, 1997).

둘째, 자본의 집적과 집중을 통해 초국적기업이 세계적 규모로 확장하는 과정을 해명할 수 있다. 일반적으로 초국적기업의 해외진출은 '신규 투자(greenfield investment)'와 '국제 인수·합병(cross-border M&A)'의 형태로 이루어진다. 신규 투자는 초국적기업이 해외로 진출하는 과정에서 생산설비를 갖추고 유통망을 확보하기 위해 필요한 새로운 투자를 뜻한다. 그런데 신규

---

5) '세계적 이윤'의 극대화는 $Max\left(\sum_{i=1}^{n}\Pi_i\right) = Max\left[\Pi_1 + \Pi_2 + \cdots + \Pi_n\right]$이다. '자회사 이윤 극대화'는 $\sum_{i=1}^{n}Max\,\Pi_i = \left[Max\,\Pi_1 + Max\,\Pi_2 + \cdots + Max\,\Pi_n\right]$이다($i$: 나라, Π: 이윤).

투자는 새롭게 자본량을 늘리지만 새로운 생산설비를 구매하고 건설하는 데 드는 대규모 비용으로 인해 짧은 시일에 사업결정이 내려질 수도 없고, 설령 결정이 나더라도 이를 실행에 옮겨 완수하기까지는 오랜 시간이 걸린다.

이와는 달리 국제 인수·합병은 기존 자본을 흡수하는 과정이며 이는 자본 분배의 변화만을 가져온다. 따라서 국제 인수·합병이라는 자본의 집중을 통해 해외로 진출하려는 자본은 자신의 사업규모를 빠르게 확장할 수 있게 되며 자본축적을 더욱 큰 규모로 수행할 수 있게 된다.[6] 따라서 초국적기업이 해외로 진출하는 과정에서 발생하는 국제 인수·합병은 해외기업을 흡수하고 사업규모를 확대하며 시장점유율을 올려 자본축적을 보완하는 데 매우 강력한 수단이며 이 과정은 자본의 세계적 집중을 더욱 강화하는 결과를 가져온다.[7]

셋째, 초국적기업을 자본의 집적과 집중으로 파악하게 되면 초국적기업의 분석에서 '거대 초국적기업'의 중요성을 부각시킬 수 있다. 한편으로 자본의 집적은 투자규모의 증대를 야기하며 이에 따라 점차 자본은 거대한 규모를 가지고 경쟁전을 통해 자신의 영역을 확대한다. 다른 한편으로 자본의 집중은 다른 자본을 흡수하는 과정에서 규모의 증가를 달성하며 경쟁자를 제거해 독점적인 시장구조를 형성한다.[8]

---

6) 마르크스의 다음과 같은 비유는 이를 잘 보여준다. "약간의 개별 자본들이 축적에 의해 증대되어 철도부설을 할 때까지 기다릴 수밖에 없었다면 세계에는 아직도 철도가 없을 것이다"(마르크스, 2003).

7) 현실에서 이러한 국경을 넘어서는 자본의 집중은 초국적기업의 해외 팽창에서 중요한 역할을 하고 있다. 예를 들어 1980년대 중반 이후 두 차례의 국제 인수·합병 물결의 정점에서 국제 인수·합병이 해외직접투자에서 차지하는 비중은 80% 수준에 이르렀다. 국제 인수·합병의 물결이 지난 이후 후퇴기에도 이 비중은 40~50%의 비중을 차지했다(UNCTAD, 2007).

8) 이와 관련한 고전 논의는 챈들러(Chandler, 1990)를 참조. 챈들러는 미국, 영국, 독일 초국적기업의 발전을 연구하며 기업의 규모 증가와 수직적 통합에 대한 훌륭한 분석을 제시했다.

그런데 거대한 규모를 가진 초국적기업이 세계적으로 독과점을 형성하고 있다는 것은 세계적 차원에서 경쟁이 소멸했다는 것을 뜻하지 않는다. 오히려 초국적기업은 세계적 자본축적을 수행하는 과정에서 다른 나라 거대 초국적기업과 세계적 차원에서 새로운 경쟁에 직면하게 된다. 다시 말해서 국민국가에서 '일국 챔피언(national champion)'으로 성장한 거대 초국적기업은 세계적 차원에서 다른 나라의 거대 초국적기업과 치열한 경쟁에 직면하지 않을 수 없다.

이러한 측면에서 초국적기업의 세계적 자본축적 과정은 소수의 거대한 초국적기업 사이의 경쟁과 협력을 통해 진행된다. 이에 따라 초국적기업은 세계경제를 초국적기업 간의 '쟁투의 장'이자 '상호 협력의 장'으로 삼게 되며, 이 과정에서 각 국민경제 내에서 보호되던 독과점적 지위는 초국적기업의 상호 침투로 인해 허물어지게 된다. 따라서 초국적기업 간 경쟁과 협력은 세계적 독과점을 재형성하고 재편하는 과정을 수반하게 되며, 초국적기업은 세계시장의 독과점적 구조 안에서 자신의 영역을 넓혀 경쟁자보다 우위에 서기 위해 혼신의 힘을 쏟아붓게 된다.

넷째, 거대 초국적기업은 하나의 상품시장의 장악을 목표로 하는 것이 아니라 다양한 상품시장의 장악을 목표로 한다. 다시 말해서 자본의 집적과 집중을 통해 초국적기업은 한 생산분야에서 거대한 독과점을 형성할 뿐만 아니라 관련이 없는 다양한 산업부문으로 진출해서 '비관련 다각화(unrelated diversification)'를 추진한다. 이에 따라 초국적기업은 모회사와 수많은 계열회사를 거느린 '복합기업(conglomerate)'[9]으로 발돋움하게 된다.

---

9) 셰네(2003)는 복합기업이라는 표현보다는 '그룹(group)'이라는 표현을 사용한다. 그러나 그룹이라는 표현은 초국적기업의 모회사와 자회사의 조직구조를 강조하는 측면이 있다. 따라서 초국적기업의 비관련 다각화를 강조하기 위해서 이 글은 복합기업이라는 표현을 사용했다.

2) 자본관계를 고려한 자본순환의 관계망

앞에서 자본축적의 관점, 특히 자본의 집적과 집중을 통해 초국적기업의 특징을 포착했다. 그런데 이런 논의는 초국적기업이 어떤 방식으로 세계적으로 확장하는지에 대한 구체적인 형상을 명확하게 보여주지는 못한다. 다시 말해서 초국적기업의 세계적 확장을 통해 구축해가고 있는 글로벌 생산 네트워크의 특징에서 대해서는 설명하지 못한다. 이러한 한계를 극복하기 위해서는 자본의 순환에 대한 분석을 통해 초국적기업의 글로벌 생산 네트워크의 특징을 밝힐 필요가 있다.

이를 위해서는 마르크스가 제기한 '자본순환'에 대한 재해석을 필요로 한다(마르크스, 2004). 마르크스는 "자본주의적 기초 위에서 경영되는 모든 생산분야"를 산업자본(industrial capital)으로 명명하고 이 산업자본이 어떤 단계를 거치며 순환하는지를 자본순환으로 파악한다. 자본순환은 자본이 이윤을 생산해내는 과정을 생산 국면과 유통 국면의 통일이자 각 순환과정에서 자본이 형태를 변환하는 과정임을 보여준다.

우선 자본순환 과정에서 자본가는 상품을 생산하기 위해 기계, 원료 등과 같은 생산수단과 노동력을 상품으로 구매(M-C)한다. 이때 생산수단과 노동력은 각각 상품생산의 물적 요소와 인적 요소를 구성하며 생산하려는 상품에 따라 각 요소의 특징이 규정된다.

두 번째 단계에서 그의 자본은 생산과정(P)을 통과하며, 그 결과 생산요소의 가치보다 더 큰 가치를 가진 새로운 상품을 생산한다. 생산과정에서는 자본가치가 더는 유통되지 않으면서 소비를 향해야 할 운명에 있는 새로운 상품이 만들어진다. 이 단계에서 상품생산은 생산과정의 기술적 특성에 좌우된다.

마지막 단계에서 생산된 새로운 상품은 '목숨을 건 도약(salto mortale)'을 통해 시장에서 판매(C-M)되며, 자본가는 그 대가로 화폐를 얻게 된다. 이 과정을 거치게 되면 최초에 투하된 화폐는 더 큰 화폐로 전환되며 자본순환은 완성되고 이윤은 화폐 형태로 자본의 수중에 모이게 된다.

자본순환은 생산과 유통을 포괄하며 자본이 이윤을 획득하는 과정을 추상적으로 개념화한 것이다. 그러나 자본순환은 하나의 자본을 추상해서 자기완결적인 생산과 유통의 통일과정을 분석하고 있기 때문에, 초국적기업의 글로벌 생산 네트워크를 분석하는 데 그대로 적용하기 어렵다. 따라서 추상적으로 개념화한 자본순환에 몇 가지 매개 개념을 집어넣어서 이를 보다 구체화할 필요가 있다.

우선 이 글은 자본순환이 한 자본의 자기완결적 과정을 통해 이루어지지 않는다는 점에 주목한다. 오늘날 최종적으로 생산되는 상품은 총체적이고 수직적으로 통합된 과정을 통해, 그리고 특정한 개별 자본에 의해 자기완결적으로 수행되지 않는다. 오히려 상품생산과정은 한 자본의 수직적 통합과 다른 자본과의 관계 속에서 수행되는 것이 일반적이다.

이와 관련해서 <그림 1-1>에 제시된 자본관계를 고려한 자본순환을 보자. 이 그림은 M_{p1}(예를 들어 자동차회사)을 중심으로 한 자본순환이 어떻게 자본관계를 고려해서 분할되는지를 보여주고 있다. 앞에서 자본순환에서 설명한 것과 마찬가지로 M_{p1}의 자본순환은 생산과정과 유통과정의 통일 속에서 상품생산을 통한 이윤 획득의 총과정을 묘사하고 있다.

이 그림에서 볼 수 있듯이 자본관계를 고려하면 자본순환은 여러 측면에서 관계망을 형성하고 있음을 알 수 있다. 우선 생산자본인 M_{p1}은 자본이 모자란 경우에는 금융자본인 M_{F1}으로부터 자금을 대출받는다. 이렇게 되면 M_{p1}과 M_{F1}은 자금조달과정에서 서로 관련을 맺으며 이는 금융자본과 생산자본의 관계망을 형성한다.

또한 자동차를 만들기 위해 M_{p1}은 노동력(LP)을 구매하고 원료나 기계

〈그림 1-1〉 자본관계를 고려한 자본순환의 관계망

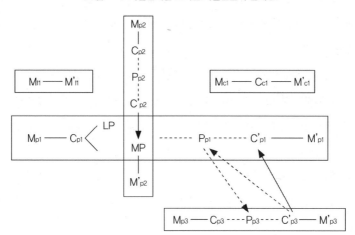

등 생산수단(MP)을 구매한다. 이때 만약 M_{p1}이 다른 자본 M_{p2}로부터 만들어진 기계를 구매한다면, M_{p1}과 M_{p2} 각각의 자본순환은 기계의 구매와 판매를 통해 관련을 맺는다. 다시 말해서 이 경우 M_{p1}은 또 다른 상품(이 경우에는 중간재)을 생산하는 자본과 관계망을 형성한다.

다른 한편 M_{p1}은 구매된 상품을 가지고 자신의 상품을 생산하는 과정을 거친다. 이때 M_{p1}은 생산과정의 일부를 다른 자본 M_{p3}에게 맡길 수 있다. 일종의 생산과정의 분할이 이루어지는 것이다. 이 경우 M_{p3}는 생산한 상품을 다시 M_{p1}의 생산과정의 일부로 보내거나 최종상품을 만들어 M_{p1}에게 보낸다. 이렇게 되면 M_{p1}과 M_{p3}는 생산과정에서 서로 관련을 맺는다.

마지막으로 M_{p1}은 최종생산된 상품을 판매를 담당하는 M_{c1}에게 맡기고 상품을 판매해서 이윤을 획득한다. 이렇게 되면 M_{p1}과 M_{c1}은 상품을 판매하는 과정에서 연관되며 이는 생산자본과 상업자본의 관계망을 형성한다.

<그림 1-1>에 대한 설명을 통해서 보면 한 자본의 생산과 유통은 자본관계망 속에서 진행되고 있음을 명확하게 이해할 수 있다. 더욱이 현실에서

생산자본과 생산자본이 맺는 관계나 생산자본, 상업자본, 금융자본이 맺는 관계가 무척 복잡하다는 점을 상기한다면 이 추상적인 그림을 더 잘 이해할 수 있을 것이다.

그런데 자본의 소유를 고려하면 자본관계는 두 가지로 구별된다. 첫 번째는 자본이 자신의 소유에 둔 자회사를 통해 자본순환을 '내부화'하는 것이다. 초국적기업에 적용해보면, 내부화는 신규 투자나 국제 인수·합병을 통한 해외 자회사의 설립을 뜻한다. 두 번째는 자본이 다른 자본과 관계를 통해 자본순환 과정을 '외부화'하는 것이다. 이는 초국적기업이 외부하청(outsourcing), 전략적 제휴(strategic alliance), 프랜차이즈(franchise) 등 다른 자본과 자신의 생산과정이나 유통과정을 공유하는 것을 뜻한다.

내부화의 논리는 규모의 경제를 통한 자본의 수직적 통합이 주는 이점을 통해 이해할 수 있다. 자본이 생산설비를 대규모로 집중하고 통합하게 되면 생산물의 비용은 크게 줄어든다. 왜냐하면 자본집약적인 산업에서는 고도의 집중화되고 복잡한 수직적 통합을 통해 대량생산이 이루어지고 많은 비용을 감소시킬 수 있기 때문이다. 이에 대해 하비(Harvey, 1982)는 수직적 통합을 통해 기업이 얻을 수 있는 이득에 대해 다음과 같이 언급한다.

> 자본의 가치구성은 생산과정에서 수직적 통합의 정도에 민감하다. …… 만약 생산과정이 원면에서 시작해 내의로 끝난다면, 불변자본의 최초투입물의 가치는 작용된 가변자본에 비해 작을 것이다. 만약 동일한 생산과정이 면포를 생산하는 기업과 내의를 생산하는 기업으로, 즉 두 개의 독립기업들로 분할되면 불변자본의 양은 증가할 것이다. 왜냐하면 면포의 생산에 체화된 노동은 이제 내의 생산자들에 의해 구입되는 불변자본으로 나타나기 때문이다.

이 주장의 핵심은 수직적 통합을 통해 불변자본의 가치는 절약될 수 있으며 이러한 불변가치의 절감을 통해 기업은 비용을 줄일 수 있다는 것이다. 더욱이 규모의 경제를 달성하기 위해 대규모 노동력을 한곳에 집중적으로 모아두어 분업의 효과를 얻게 되면 생산성을 증대시킬 수 있게 된다. 따라서 기업은 규모의 경제를 통해 수직적 통합을 할 유인을 가지게 된다.

　다른 한편으로 자본의 외부화는 자본의 유연화와 관련이 있다. 문자 그대로의 의미에서 유연화는 생산방식의 경직성을 극복하는 것을 뜻한다. 따라서 유연화는 생산방식, 기업구조, 노동시장 등 기업을 둘러싼 아주 다양한 환경의 변화를 수반한다. 그런데 이 유연화는 비용을 절감하고 자본의 회전을 가속화시켜 변화하는 경제 환경에 빠르게 대응해 기업의 수익을 높이기 위한 방편으로 사용된다. 하비(Harvey, 1982)의 다음 언급은 자본회전의 가속화를 통한 유연화의 본질을 잘 설명해주고 있다.

　　자본이 교환영역에서 가치를 입증하기 전에 생산에 얼마나 오랫동안 머물러야 할까? 이 질문에 대해 마르크스는 이런 답을 내놓는 것 같다. 다시 말해서 가능한 한 짧으면 짧을수록 좋다. 왜냐하면 자본은 그것이 운동 속에 있을 때만, 다시 말해 화폐에서 생산활동으로, 상품으로, 화폐로 그리고 계속해서 전환되는 행위 속에 있을 때만 가치이기 때문이다. 따라서 가능한 빨리 자본의 회전을 가속화시켜야 할 강력한 유인이 존재한다. 이 점은 생산의 수직적 통합을 방해한다. 이는 생산의 수직적 통합은 자본이 교환영역으로 들어가기 전에 생산에서 더 오랫동안 머물도록 요구하기 때문이다. 시장교환을 통해 연결되는 많은 상이한 국면들과 기업들로의 생산과정의 분할은 매우 바람직한 것처럼 보인다. 이는 자본의 회전기간을 줄이기 때문이다. 이러한 이유에서, 심지어 대기업들도 더 짧은 회전기간을 가지는 소기업들에게 상당한 생산을 하청하는 것을 선호한다.

이 주장은 자본이 이윤을 극대화하는 과정에서 '사회적 분업'을 통해 회전기간을 줄이는 것이 매우 중요한 전략임을 뜻한다. 따라서 기업은 다른 자본과의 관계 속에서 외부화를 통해 자본축적을 수행하고 자본의 회전기간을 줄여 이윤을 극대화하려는 방식을 선호할 유인을 가지게 된다.

유연화의 본질을 외부화를 통한 자본축적과 자본의 회전기간 단축이라고 본다면, 초국적기업은 세계적 확장과정에서 유연화를 중요한 수단으로 이용하고 있다는 점을 알 수 있다. 초국적기업의 세계적 확장은 해외 자회사를 통한 수직적 통합을 의미할 뿐만 아니라 해외 자회사가 설립된 곳에 수많은 하청관계를 구축하는 것을 뜻한다. 이러한 유연화는 초국적기업의 위계적 통제를 약화시키지 않으면서 치열한 세계경쟁에 대처하기 위한 다양한 전략의 일환으로 파악할 수 있다. 이러한 측면에서 자본의 초국적화는 유연화를 강화하는 수단으로 작동한다고 할 수 있다.10)

3) 자본순환의 공간적 분할

자본관계를 고려하면 자본순환은 한 자본의 자기완결적 과정으로 이해할 수 없으며 수직적 통합과 다른 자본과의 관계 속에서 복잡하게 얽힌 관계망을 통해 이루어짐을 이해할 수 있다. 이러한 관계망은 국내 기업이든 초국적기업이든 모든 기업의 자본축적 과정을 이해하는 데 공통으로 적용된다고 할 수 있다. 또한 이러한 관계망은 자본의 소유를 고려하면 내부화와 외부화의 동적 관계를 통해 자본순환 과정을 구성한다.

그런데 자본관계를 고려한 수직적 통합이나 유연화는 자연스럽게 자본순환의 공간적 분리를 전제로 한다. 왜냐하면 자본순환은 특정한 단일 공간,

---

10) 초국적기업의 유연화와 관련한 고전적인 주장은 해리슨(Harrison, 2007)을 참조.

다시 말해 하나의 특정한 지역에 있는 하나의 설비에 모두 집중되어 총체적으로 수행되는 것은 거의 불가능하기 때문이다.[11] 예를 들어 자동차는 반드시 한곳에서 모든 생산과정을 거칠 필요가 없다. 동일한 자본순환 과정에 있는데도, 특정한 A라는 지역에서 엔진을 생산하고, 특정한 B라는 지역에서 트랜스미션을 생산해, 특정한 C라는 지역에서 자동차를 생산할 수 있다. 이러한 공간적 분리는 자본순환이 하나의 통합된 과정으로 진행되어야 하지만 자본순환을 이루는 각 계기들은 지리적인 분할을 통해 이루어질 수 있는 것을 뜻한다.[12]

그런데 자본순환의 공간적 분리는 이러한 분리에서 발생하는 문제를 해결하지 않으면 자본축적 자체를 중단시키는 결과를 가져온다. 다시 말해서 자본순환이 성공적으로 완수되기 위해서는 자본은 중단 없이 각 단계를 거쳐야 한다. 따라서 공간적 분리를 해결해야 할 필요성은 자본에게는 아주 중요한 과제가 된다. 이에 따라 "자본이 발전할수록, 그리고 이에 따라 그것이 순환되는 시장, 다시 말해 자본순환의 공간적 궤도를 형성하는 시장이 더 확장할수록, 자본은 점점 더 많은 시장의 확장, 시간에 의한 공간의 보다 많은 절멸(annihilation)을 위해 분투한다"(Marx, 1973; 강조는 인용자).

시간에 의한 공간의 절멸은 말하자면 '속도의 경제(economies of speed)'의 문제로 파악할 수 있다. 왜냐하면 중요한 점은 시장의 공간적 거리가 아니라 이에 도달할 수 있는 속도이기 때문이다. 따라서 속도의 경제를 달성하기 위

---

11) 예외인 경우는 포드자동차의 생산공장이 있는 '리버 루지(River Rouge)'였다. 이곳에서는 실제로 자동차를 생산하는 데 필요한 모든 것이 한곳에서 생산되었다. 그러나 이는 효과적이지 못한 매우 극단적인 사례로 평가된다.

12) 무디(1999)는 이에 대해 다음과 같이 지적한다. "부품생산, 생산자 - 서비스, 기타 유입요소 등은 더 전문화되고, 전체 생산과정은 시공간적으로 더 확장된다. 그리하여 생산은 여러 단계를 거치게 된다. 심지어 최첨단의 린 - 생산(lean production)에서조차 그것이 이전에 다른 어딘가에서 만들어지지 않았다면, 하나의 부품도 '적시(just-in-time)'에 도달할 수 없다."

해서는 교통과 통신에서 나타나는 기술혁명이 아주 중요한 역할을 한다. 예를 들어 철도가 놓이지 않았다면 국내시장을 통합하는 일은 매우 요원한 일이었을 것이며, 거대한 수송선이나 비행기가 발명되지 않았다면 상품은 세계적으로 운반되기 어려웠을 것이다.[13]

교통과 통신이 점차 비약적으로 성장하게 되면 자본순환은 세계적으로 분할하는 데 필요한 토대를 형성하게 된다. 그리고 이러한 자본순환의 공간적 분할은 초국적기업의 발전과정에서 가장 극대화된 형태로 나타난다. 초국적기업이 해외로 진출하는 과정은 한 나라에서 이루어지는 자본순환을 세계적 차원에서 확장하는 것이다. 따라서 교통과 통신의 발달은 초국적기업의 세계적 확장에 기술적 토대를 제공해준다.

자분순환에 공간성을 도입하면 국내와 해외 모두에서 이루어지는 초국적기업의 세계적 자본축적을 분석하기 위한 기본 개념을 얻을 수 있다. 이 글은 초국적기업의 이러한 세계적으로 이루어진 공간적 분리를 '자본순환의 세계적 분할(global slicing-up circuit of capital)'이라고 표현한다. 자본순환의 세계적 분할은 생산단계에서 이루어지는 일련의 단계의 공간적 분할을 의미할 뿐만 아니라 상품의 구매와 판매에 이르는 자본순환이 완결되는 과정에서 이루어지는 공간적 분리를 모두 포괄한다(장시복, 2004).

4) 글로벌 생산 네트워크

지금까지 논의한 자본관계를 고려한 자본순환의 관계망과 공간성을 고려한 자본순환의 분할의 논리를 종합해서 이 글은 초국적기업이 세계적 규모

---

13) 교통수단의 발달뿐만 아니라 여러 가지 관련한 기술혁신도 초국적기업의 공간적 확장의 문제를 해결하는 데 큰 도움을 주었다. 예를 들어 냉동선이나 컨테이너(container)의 발명도 중요한 역할을 했다.

로 벌이는 자본축적 과정에서 나타나는 구체적 형상을 개념화하려 한다. 이 글은 이를 초국적기업의 '글로벌 생산 네트워크(global production network)'라는 개념으로 정립한다. 이 개념은 초국적기업의 세계적 확장이 내부화와 외부화가 결합된 생산 네트워크를 통해 이루어지며, 초국적기업은 이를 통해 자신에게 유리한 방식으로 공간을 분할하고 국내외 생산 네트워크의 재편을 통해 세계적 규모로 자본축적을 수행하고 있다는 점을 포착할 수 있는 토대를 제공해준다.

이러한 개념은 초국적기업이 세계적 규모로 벌이는 활동과 관련한 구체적인 현실에 적용해 초국적기업의 글로벌 생산 네트워크를 유형화할 수 있게 한다. 우선 자본관계를 기준으로 하면 초국적기업의 생산 네트워크는 자신의 자회사를 통한 생산 네트워크의 구축과 외부의 다른 자본에 맡기는 형태로 구분할 수 있다. 또한 공간성의 개념을 바탕으로 지리적 분할을 할 경우 초국적기업의 글로벌 생산 네트워크는 국내와 관계된 것과 해외와 관계된 것으로 나눌 수 있다. 따라서 이 구분을 조합하면 우선 초국적기업의 글로벌 생산 네트워크는 네 가지 유형으로 나뉜다(장시복, 2008a, 2008b).

첫째, 초국적기업이 국내 자회사로부터 중간재를 구입하는 경우다. 이는 상품을 생산·유통하기 위해 공간적으로 분리된 국내 자회사가 일련의 자본순환 과정의 일부를 담당하며 국내 생산·유통관계에서 자신의 역할을 수행하는 것을 뜻한다. 이러한 한 기업과 자회사의 관계는 주식지분을 통한 소유구조를 통해 유지되고 있는 '국내 수직적 통합(domestic vertical integration)'이라고 할 수 있다(<그림 1-2>의 수직적 통합).

둘째, 초국적기업이 자회사가 아닌 다른 국내 기업으로부터 중간재를 구입하는 경우다. 이는 국내에서 다른 자본과 관계를 형성하는 것을 뜻한다. 한 기업에서 생산·유통하는 과정에서 나타나는 일련의 자본순환은 모두 그 기업 내부관계인 국내 수직적 통합만으로 완성되지 않는다. 따라서 한 기업

〈그림 1-2〉 초국적기업의 글로벌 생산 네트워크

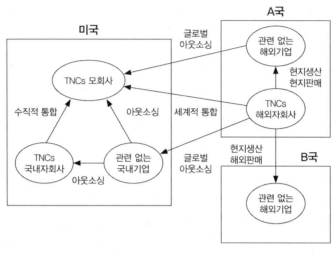

자료: 장시복(2008b).

은 자회사뿐만 아니라 국내 비관련 자본의 관계망을 형성해 생산과 유통을 수행하고 있다(<그림 1-2>의 아웃소싱).

'국내 아웃소싱(domestic outsourcing)'이라 불리는 이 과정은 소유권과는 관련이 없는 형태로 느슨한 관계를 형성하는 것이지만 보통 장기 계약관계로 묶여 있다. 또한 이러한 국내 아웃소싱은 매우 다양한 영역에서 이루어질 수 있다. 예를 들어 생산부문의 하청, 주문자생산방식(OEM)이나 유통부문의 위탁판매, 프랜차이즈 등, 그리고 사무, 인사, 회계, 운송, 청소 등 기타 업무의 외주화에서도 발생할 수 있다.

셋째, 초국적기업이 해외 자회사로부터 중간재를 구입하는 경우다. 해외 인소싱(insourcing)을 뜻하는 이러한 방식은 생산·유통을 국내에만 수행하던 기업이 그 나라 이외의 다른 나라에 생산·유통을 이전하는 것을 뜻한다. 따라서 이 경우는 흔히 기업의 해외 자회사 설립이나 인수를 통한 초국적화를 추진하는 과정으로 생각할 수 있다.

이 글에서는 이를 국내의 수직적 통합과 대비해서 '역외생산을 통한 세계
적 통합(off-shoring global integration)'이라고 부른다. 역외생산을 통한 세계적
통합은 국내 모회사와 해외 자회사들의 관계를 포괄하며 이는 기업의 초국
적화가 진전될수록 더욱 촘촘해진다(<그림 1-2>의 세계적 통합).

넷째, 초국적기업이 자회사가 아닌 관련이 없는 해외공급기업으로부터
중간재를 구입하는 경우이다. 이는 국내적 의미에서 아웃소싱과 대비되는
'역외 아웃소싱(off-shoring outsourcing)'을 뜻한다. 역외 아웃소싱은 한 기업
이 상품을 세계적 차원에서 생산·유통하는 과정에서 해외의 다른 자본을 활
용하는 것을 뜻한다. 이는 초국적기업 내 관계가 아닌 해외의 다른 자본과의
관계망을 형성하는 것을 뜻하는 것이다(<그림 1-2>의 글로벌 아웃소싱).

그런데 초국적기업의 글로벌 생산 네트워크의 네 가지 유형과는 다른 형
태가 있음에 주목할 필요가 있다. 다시 말해 해외 자회사는 자신이 활동하는
나라에서 생산·유통하거나 모회사와 관련이 없는 다른 나라의 기업과 거래
를 형성할 수 있다. 이 경우는 모회사와 직접 관련을 맺지 않고 자회사가 다
른 나라 자회사나 다른 자본과 관계를 맺는 경우이다.

이 글은 이와 관련해서 초국적기업 자회사가 모회사를 매개하지 않고 자
회사가 있는 현지에서 생산해서 현지에서 판매하는 경우는 '현지생산·현지
판매'로 부른다. 또한 초국적기업 자회사가 모회사를 매개하지 않고 자회사
가 있는 현지에서 생산해서 다른 나라로 판매하는 경우는 '현지생산·해외판
매'라 부른다(<그림 1-2>의 현지생산·현지판매와 현지생산·해외판매).

'현지생산·현지판매' 혹은 '현지생산·해외판매'는 초국적기업의 세계적
자본축적에서 특히 주목할 만한 특징이다. 왜냐하면 기존의 아웃소싱과 역
외생산의 논의에서는 본국의 전체 경제와의 관련을 통해서만 연구가 진행
되었지만, 초국적기업의 '현지생산·현지판매' 혹은 '현지생산·해외판매'는
본국의 관계를 넘어서는 경제활동을 포착할 수 있기 때문이다. 다시 말해서

'현지생산·현지판매' 혹은 '현지생산·해외판매'는 초국적기업의 세계적 자본축적에서 나타나는 새로운 현상을 뜻하는 것이다.

이처럼 글로벌 생산 네트워크라는 개념을 도입하고 이를 유형화하게 되면 초국적기업이 여전히 국내 기반을 중심으로 국내적 자본축적과 국외적 자본축적 사이의 조정을 통해 세계적 규모로 자신들의 이윤을 극대화하고 있다는 사실을 이해할 수 있다. 글로벌 생산 네트워크의 재편은 국내 기반의 소멸을 뜻하는 것은 아니며 '국내적인 것'의 유효성을 부인하는 것도 아니다. 오히려 글로벌 생산 네트워크라는 개념은 국내적인 것과 세계적인 것을 동시에 고려해서 초국적기업이 세계적 규모로 벌이는 활동을 한층 명확하게 포착할 수 있는 관점을 제시해준다.

이와 관련해서 스토퍼(Storper, 1997)의 다음의 주장은 매우 의미심장하다.

> 새로운 종류의 '연결(nexus)' 사업조직이 등장했으며, 우리는 그것이 경제발전 과정에 미치는 영향을 이제야 어렴풋이 보기 시작했다. 이러한 지구적 기업모형은 경제과정의 탈영역화(deterritory)를 의미하기보다는 복잡하게 조직 내 - 조직 간에 연계되어 있는 지구적 기업의 흐름에서 영역성의 역할이 재구성되는 것을 뜻한다.

이러한 스토퍼의 주장을 통해 얻을 수 있는 중요한 함의는 글로벌 생산 네트워크를 통해 초국적기업이 국내외적으로 자본축적의 과정을 동시적으로 재편하고 있다는 점이다. 따라서 초국적기업의 글로벌 생산 네트워크는 영토성의 불일치에 주목하기보다는 초국적기업이 세계적 규모로 벌이는 활동에서 나타나는 국내외적 재편과정에 주목한다는 점에서 기존의 논의와는 다른 시각을 제공해준다고 할 수 있다.

3. 미국 초국적기업의 글로벌 생산 네트워크 분석

1) 모회사의 글로벌 생산 네트워크 분석

그렇다면 지금까지 분석한 초국적기업의 글로벌 생산 네트워크가 현실적으로 어떻게 작동하고 있는가? 이 질문은 앞서 설명한 초국적기업의 글로벌 생산 네트워크 개념의 현실적 유용성을 확인할 수 있다는 점에서 의미가 있다. 또한 이 질문은 세계화 담론에서 초국적 자본의 운동을 실증분석을 통해 포착할 수 있다는 점에서 의미가 있다. 이러한 의미를 강조하기 위해 이 글은 1980년대 이후 미국 초국적기업의 글로벌 생산 네트워크에 대한 실증분석을 수행한다. 이를 위해 이 글은『미국 해외직접투자(US Direct Investment Abroad)』통계[14]를 가공해서 실증근거를 제시한다.

이 글에서 수행한 실증분석 방식은 다음과 같다. 첫째, 미국 초국적기업의 글로벌 생산 네트워크를 모회사의 관점에서 분류했다. 다시 말해서 이 글은 미국 초국적기업의 아웃소싱을 모회사와 국내 자회사, 그리고 모회사와 국내 비관련 다른 자본으로 나누었다. 또한 역외생산도 모회사와 해외 자회사, 그리고 모회사와 비관련 해외기업의 관계로 분류했다.

둘째, 미국 초국적기업의 글로벌 생산 네트워크의 분석을 위해 이 글은 중

---

14) 이 통계자료에 대한 자세한 설명은 장시복(2008a)을 참조. 이 글에서는 5년에 한 번 시행되는 「미국 해외직접투자 통계」의 '표준조사(benchmark survey)'를 이용했다. 표준조사는 미국 초국적기업에 관한 광범위한 통계조사로 특히 '금융 및 경영자료'(대차대조표와 손익계산서, 유형별 판매와 행선지별 판매, 고용과 피용자보수, 기술, 외부금융, 총생산 등)를 포함하고 있다. 그런데 이 글에서 제시한 통계의 시계열은 1982년부터 2004년이다. 표준조사가 5년에 한 번 이루어지기 때문에 2009년 이후 자료는 확보할 수 없고 2009년의 표준조사 자료도 구체적인 자료를 공개하지 않는 상황이기 때문이다. 그럼에도 20년의 시계열 자료는 미국 초국적기업의 활동을 추세적으로 포착하는 데는 큰 문제가 없을 것이다.

간재의 흐름을 중심에 두었다. 그 이유는 다음과 같다. 역외생산은 단순한 상품의 수입이 아니라 중간재의 수입을 뜻한다. 예를 들어 미국 초국적기업의 모회사가 커피를 판매할 목적으로 해외 비관련 기업이 생산한 최종재인 커피를 수입해서 그대로 판매한다면 이는 미국 초국적기업의 모회사의 수입에 포함되기는 하지만 역외생산이라고 보기는 어렵다. 따라서 미국 초국적기업의 글로벌 생산 네트워크는 중간재의 국내외적인 흐름을 중심으로 분석할 필요가 있다.

셋째, 중간재의 흐름을 파악하기 위한 방법으로 이 글은 마탈로니(Mataloni, 1997)가 제안한 미국 초국적기업의 중간재를 추산하는 방법을 활용했다. 이와 관련한 실증분석 과정은 다음과 같다. 우선 미국 초국적기업 모회사의 총산출(total output)과 부가가치(value-added)에 주목해 중간재를 총생산과 부가가치의 차이로 정의한다. 그리고 모회사의 부가가치 통계를 활용해서 모회사의 국내 수직적 통합을 통한 중간재를 구한다. 또한 해외 자회사와 비관련 해외기업의 중간재 수입을 구하면 나머지 기타 항목은 자연스럽게 알 수 있게 된다.

이러한 과정을 거쳐 이루어진 실증분석은 <표 1-1>에 제시되어 있다. 이 표의 첫 번째 항목은 미국 초국적기업 모회사의 전체 생산에서 모회사 자신이 생산하는 부가가치를 보여준다. 이는 미국 초국적기업의 모회사와 '국내 자회사의 수직적 통합'을 통해 산출되는 부가가치를 뜻한다. 이 비중은 1982년 34.00%에서 2004년 29.20%로 점차 하락하고 있다. 이는 모기업의 국내 자회사를 통한 수직적 통합의 비중이 점차 축소되고 있다는 것을 보여준다.

이 표의 두 번째 항목과 세 번째 항목은 해외 자회사나 비관련 외국기업으로부터 수입된 중간재이다. 우선 미국 초국적기업의 '세계적 통합'을 뜻하는 미국 초국적기업 모회사와 해외 자회사의 거래는 1982년 1.68%에서

〈표 1-1〉 미국 초국적기업 모회사의 글로벌 생산 네트워크(%)

| 연도 | 모기업의 부가가치[1] | 구매 | | | 초국적기업 이외 구매[3] | 미국 국내의 비중[4] |
| | | 수입 | | 기타[2] | | |
		해외 자회사	비관련 해외기업			
1982	34.00	1.68	2.96	61.36	64.32	95.36
1989	33.17	2.37	3.29	61.17	64.46	94.33
1994	32.77	2.87	3.06	61.31	64.37	94.08
1999	32.04	2.79	3.25	61.92	65.17	93.96
2004	29.20	2.88	3.67	64.24	67.92	93.44

주: 1) 모기업의 부가가치는 모기업의 국내 수직적 통합을 통해 생산하는 부가가치의 합이다.
2) 기타는 미국의 비관련 기업의 아웃소싱과 서비스를 포함한다. 그런데 기타 항목은 국내 아웃소싱과 서비스를 구분하고 있지 않기 때문에 이를 통계적으로 분리하기는 불가능하다.
3) 초국적기업 이외의 구매는 비관련 외국기업과 기타의 합이다.
4) 미국 국내 비중은 모회사의 부가가치와 기타의 합이다.
자료: BEA, *U.S. Direct Investment Abroad*.

2004년 2.88%로 증가했지만 미국 모회사의 총산출에서 중요한 역할을 하지 못한다. 다른 한편 미국 초국적기업 모회사와 관련이 없는 비관련 해외기업의 수입, 다시 말해 해외 아웃소싱도 점차 증가하고는 있지만 미국 초국적기업 모회사의 총산출에서 차지하는 비중은 작은 편이다.[15]

마지막으로 이 표에서는 초국적기업 이외의 구매는 점차 증가하고 있으며 평균적으로 65% 정도를 차지하고 있다는 점을 보여준다. 이 수치는 미국 초국적기업의 글로벌 생산 네트워크에서 관련이 없는 다른 자본과의 관계가 높다는 것을 보여준다.

이 표를 통해 특히 미국 초국적기업의 국내 비관련 자본과의 관련이 크다는 사실을 확인할 수 있다. 하청이나 외주가 단기적인 관계가 아닌 장기적인

---

15) 이러한 사실은 '산업연관표(Input-Output Tables)'를 이용해서 미국 경제의 아웃소싱과 역외생산을 실증분석한 논의와 거의 비슷한 결과를 보여준다. 산업연관표를 이용한 미국 경제의 아웃소싱과 역외생산은 장시복(2008a)을 참조.

관계를 필요로 한다는 측면을 생각할 때, 유연화가 국내에서 주로 이루어지는 것은 국내 하청인 외주가 이 관계를 유지하기 훨씬 유리하다는 것을 뜻한다고 볼 수 있다.

전체적으로 미국 초국적기업의 글로벌 생산 네트워크에서는 모기업을 중심으로 볼 때 모회사와 미국의 국내 비관련 기업의 비중이 크며 해외 자회사나 비관련 해외기업의 비중은 작다. 다시 말해서 미국 초국적기업 모회사를 중심으로 한 글로벌 생산 네트워크는 여전히 미국의 국내 기반에 중점을 두고 있음을 알 수 있다. 그러나 시간이 지나면서 미국 초국적기업의 글로벌 생산 네트워크에서 역외부문의 비중이 점차 증가하고 있으며, 이는 해외 수직적 통합을 통한 초국적화와 글로벌 아웃소싱을 통한 초국적화가 점차 증가하고 있다는 점을 보여준다.

2) 산업별 글로벌 생산 네트워크 분석

그런데 지금까지의 분석은 미국 초국적기업 전체를 대상으로 한 분석이기 때문에 산업별로 나타나는 특징을 포착할 수 없는 한계가 있다. 초국적기업의 세계적 확장이 산업별로 매우 불균등하게 이루어지고 있다는 측면에서 보면 전체를 대상으로 한 분석은 큰 의미를 가지지 못할 수도 있다. 따라서 지금까지의 분석을 산업부문으로 나눠서 수행할 필요가 있다. 이와 관련해서 <표 1-2>는 1982년과 2004년 제조업과 서비스업 중 큰 비중을 차지하는 도소매업에서 미국 초국적기업 모회사를 중심으로 한 글로벌 생산 네트워크에서 각 구성이 차지하는 비중을 보여주고 있다.

그런데 이 표는 전체 차원에서 보여주었던 <표 1-1>보다 미국 초국적기업의 글로벌 생산 네트워크와 관련해서 좀 더 흥미로운 사실들을 보여준다. 우선 1982년을 기준으로 산업별 특징을 살펴보자. 1982년 제조업의 경우

〈표 1-2〉 미국 초국적기업 모회사의 글로벌 생산 네트워크(산업별)(%)

	1982					
	미국 모회사	구매			초국적기업 이외 구매	미국 국내의 비중
		수입		기타		
		해외 자회사	비관련 외국기업			
제조업	41.62	2.47	1.59	54.31	55.91	95.94
음식	30.14	0.55	2.03	67.28	69.31	97.42
화학	39.27	1.10	1.77	57.86	59.63	97.13
금속	37.78	1.39	1.62	59.21	60.83	96.99
산업기계	52.64	2.42	0.85	44.09	44.94	96.73
전자	47.37	3.07	2.63	46.94	49.57	94.30
운송장비	39.11	6.61	0.99	53.30	54.29	92.40
기타	44.63	1.19	1.51	52.67	54.17	97.30
도매업	10.52	0.64	6.78	82.06	88.84	92.58

	2004					
	미국 모회사	구매			초국적기업 이외 구매	미국 국내의 비중
		수입		기타		
		해외 자회사	비관련 외국기업			
제조업	32.80	6.37	3.57	57.27	60.83	90.07
음식	35.11	1.07	1.01	62.80	63.82	97.92
화학	39.46	6.05	3.81	50.68	54.49	90.14
금속	34.32	1.71	3.32	60.65	63.97	94.97
산업기계	31.21	4.77	5.64	58.39	64.03	89.59
전자	33.99	7.04	3.55	55.42	58.97	89.41
운송장비	38.05	17.70	7.03	37.21	44.25	75.27
기타	22.48	1.66	1.61	74.25	75.86	96.73
도매업	17.90	2.49	14.35	65.26	79.61	83.16

자료: BEA. *U.S. Direct Investment Abroad.*

모회사 자체의 생산이 41.62%로 전체 미국 초국적기업의 모회사 부가가치보다 높았다. 제조업 세분류로 이를 좀 더 자세히 살펴보면, 모회사 부가가치를 기준으로 산업기계(52.64%)가 가장 높았고 그 뒤를 이어 기타(44.63%),

전자(47.37%), 화학(39.27%)에서 모회사의 부가가치 비중이 높게 나타났다.

1982년 미국 제조업 초국적기업 모회사가 해외 자회사로부터 수입하는 중간재는 2.47%였는데, 이 수치 또한 전체 미국 초국적기업의 수치보다 높은 편이었다. 업종별로는 운송장비(6.61%), 전자(3.07%), 산업기계(2.42%)에서 높게 나타났고, 음식(0.55%)이 가장 낮은 비중을 차지했다. 다른 한편 비관련 해외기업으로부터 수입은 제조업 전체가 1.59%를 차지했으며, 업종별로는 전자(2.63%), 화학(1.77%), 금속(1.62%) 순으로 나타났다.

이러한 결과는 산업별로 역외생산과 관련한 차이를 잘 보여주고 있다. 예를 들어 운송장비는 주로 자동차를 생산하는 산업인데, 이 산업에서 역외생산(해외 자회사+비관련 외국기업)은 7.60%였고 이 중 해외 자회사의 비중은 6.61%를 기록했다. 따라서 운송장비업은 초국적기업의 해외 자회사를 통한 생산 네트워크가 중요한 역할을 한다는 사실을 알 수 있다. 다시 말해서 이 산업에서는 초국적기업의 세계적인 수직적 통합이 중요하다고 할 수 있다.

이와는 달리 음식업에서는 해외 자회사의 비중(0.55%)보다 비관련 해외기업의 비중(2.03%)이 더 크게 나타났다. 또한 음식업에서는 역외생산보다는 기타 생산의 비중(67.28%)이 가장 큰 것으로 나타났다. 이 결과를 볼 때 음식업에서는 국내 아웃소싱이 크고 해외 자회사를 통한 초국적화보다 역외 아웃소싱이 더욱 보편화되어 있다는 사실을 알 수 있다. 음식업에서 이러한 특징이 나타나는 것은 음식업에서 취급하는 생산물의 특징과 자본순환의 분할이 상대적으로 복잡하지 않은 특성을 반영한 것이라고 할 수 있다.

마지막으로 산업기계산업은 미국 모회사의 부가가치의 비중(52.64%)이 가장 높고 비관련 해외기업의 비중(0.85%)이 매우 작았다. 이러한 결과는 산업기계산업에서는 주로 모회사를 중심으로 한 국내 자회사와의 수직적 통합이 중요한 역할을 한다는 것을 뜻한다.

제조업과는 달리 1982년을 기준으로 서비스산업에 속하는 도매업은 모회사 자체의 생산이 10.52%로 매우 낮았다. 이는 자신이 생산한 상품이 아니라 다른 사람이 생산한 상품을 판매하는 도매업의 특성에 따른 것으로 보인다. 그런데 흥미로운 것은 도매업의 경우 해외 자회사 비중은 낮지만 비관련 외국기업의 구매는 매우 높다는 것이다. 이러한 결과를 볼 때 미국 도매업 초국적기업은 해외 아웃소싱을 통해 사업을 수행하는 경우로 생각된다.

그런데 미국 초국적기업의 글로벌 생산 네트워크는 시간이 지남에 따라 많은 변화를 겪고 있다. 이는 1982년과 2004년을 비교한 결과를 통해 알 수 있다. <표 1-2>에 제시된 2004년 미국 초국적기업의 글로벌 생산 네트워크의 각 구성의 비중은 1982년과 동일한 산업분류에 의해 동일한 방식으로 작성된 것이다.

우선 2004년 미국 제조업 초국적기업 모회사 부가가치는 32.80%였다. 이 비중은 1982년 41.62%에 비하면 약 9%포인트 하락한 것이다. 이 결과를 보면 제조업부문에서 미국 초국적기업은 국내 자회사를 통한 수직적 통합을 점차 줄이고 있다는 사실을 알 수 있다. 다른 한편 2004년 해외 자회사로부터 수입은 6.37%이었고 비관련 해외기업으로부터 수입은 3.57%였다. 그런데 1982년과 비교해보면 이 비중은 상당히 증가한 것이다. 특히 해외 자회사로부터 수입은 2.5배 증가해 높은 성장이 있었음을 알 수 있다. 이러한 사실로 볼 때 지난 20년 동안 제조업부문에서는 비관련 해외기업을 중심으로 한 역외 아웃소싱이 크게 진전되었다고 평가할 수 있다.

그런데 이보다 더욱 흥미로운 것은 미국 제조업 초국적기업의 산업 세분류에서 나타나는 변화이다. 2004년 제조업 초국적기업 모회사 부가가치의 세분류를 보면, 화학(39.46%), 운송장비(38.05%), 음식(35.11%), 금속(34.32%) 순으로 나타난다. 이는 1982년 산업기계(52.64%), 전자(47.37%), 기타 제조업(44.63%), 화학(39.27%)과 비교해서 상당한 변화가 있었음을 알 수 있다.

이러한 변화와 함께 해외 자회사와 비관련 해외기업의 관계도 변화를 겪었다. 2004년 제조업 모회사가 해외 자회사로부터 수입한 비중은 업종별로 운송장비(17.70%), 전자(7.04%), 화학(6.05%), 산업기계(4.77%)를 기록해서 1982년과 비교해 매우 높은 증가를 보였다. 또한 제조업 모회사가 비관련 해외기업으로부터 수입하는 비중도 운송장비(7.03%), 산업기계(5.64%), 화학(3.81%), 전자(3.55%)의 순위를 기록했는데, 이 비중의 증가도 1982년에 비하면 매우 높은 것이다.

2004년의 변화에서 특징적인 산업은 산업기계이다. 지난 20년 동안 산업기계의 모회사 부가가치의 비중은 무려 21.43%포인트나 하락했다(1982년 52.64% → 2004년 31.21%). 그리고 역외생산의 비중, 특히 비관련 해외기업의 비중이 크게 증가했다. 이러한 결과로 볼 때 산업기계는 국내 수직적 통합의 비중을 줄이면서 역외비중을 늘리는 형태로 재편되었으며, 이 과정에서 비관련 국내 기업 및 해외 기업과 생산 네트워크를 구축했다고 할 수 있다.

또 다른 흥미로운 부문은 운송장비이다. 운송장비의 경우는 해외 자회사의 비중이 약 20년 동안 거의 11.09%포인트나 증가했다(1982년 6.61% → 2004년 17.70%). 1982년에도 운송장비산업에서 해외 자회사의 비중은 높았지만 2004년 이 비중이 급격하게 증가했다는 것은 이 산업에서 해외 자회사를 통한 초국적기업의 글로벌 생산 네트워크가 확대되고 있음을 잘 보여준다.[16]

이러한 해외 자회사를 통한 세계적인 수직적 통합은 화학산업에서도 큰 진척을 이루었다. 화학산업의 경우는 독특하게 모회사의 부가가치를 거의 그대로 유지하면서 초국적화를 추진했다. 따라서 운송장비와 화학산업은 초국적화를 통한 생산 네트워크를 심화시킨 중요한 사례라고 할 수 있다.

---

16) 운송장비, 특히 자동차 산업에서 나타난 이러한 변화는 북미자유무역협정(NAFTA)의 체결과 관련이 있다. 특히 미국 자동차 초국적기업들은 멕시코에 현지공장을 설립하고 이를 활용해서 자동차 글로벌 생산 네트워크를 구축했다.

이제 마지막으로 도매업의 경우를 살펴보자. 2004년 도매업 초국적기업 모회사의 부가가치는 17.90%였고 총산출에서 해외 자회사로부터 수입은 2.49%, 비관련 외국기업 14.35%를 기록했다. 이를 1982년과 비교해 가장 눈에 띄는 사실은 도매업 초국적기업에서 비관련 해외기업의 비중이 아주 커졌다는 것이다.

지금까지의 분석내용을 전체적으로 정리하면 다음과 같다. 전체적으로 미국 초국적기업의 글로벌 생산 네트워크는 점차 해외비중을 늘리는 방향으로 발전하고 있지만, 아직까지는 국내 기반을 중심으로 국내에서 유연화를 추진하고 있다고 할 수 있다. 그러나 미국 초국적기업의 글로벌 생산 네트워크를 산업별로 보면 운송장비나 화학산업에서는 해외 자회사를 통한 세계적인 수직적 통합이 크게 발전했으며, 산업기계산업이나 도매업에서는 비관련 해외기업을 통한 생산 네트워크가 크게 진척되었다고 할 수 있다.

3) 현지생산과 현지판매·해외판매

앞의 분석을 통해 미국 초국적기업 모회사의 글로벌 생산 네트워크에서 시간이 지남에 따라 역외비중이 커지고는 있지만 해외 자회사와의 관계가 상대적으로 작았음을 보았다. 이러한 결과는 초국적기업의 세계적 확장이 빠르게 증가하는 현상을 알고 있는 사람들에게는 매우 큰 의문이 아닐 수 없다. 다시 말해서 이러한 현상은 일반적으로 초국적기업의 해외확장은 초국적기업의 생산 네트워크를 세계적으로 확산해 세계적 분업을 추진하기 위한 것이라는 사실과 양립하지 않는 것처럼 보인다.

이러한 의문은 미국 초국적기업의 해외 자회사가 글로벌 생산 네트워크에서 어떤 역할을 수행하는지를 확인해보면 자연스럽게 해결될 수 있다. 이 의문을 해결하기 위해 미국 초국적기업의 해외 자회사의 현지생산·현지판

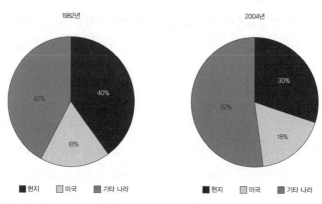

〈그림 1-3〉 미국 초국적기업 해외 자회사의 목적지별 판매

1982년   2004년

자료: BEA. *U.S. Direct Investment Abroad.*

매와 현지생산·해외판매에 대한 자료를 분석해보았다.

<그림 1-3>은 미국 초국적기업의 해외 자회사 판매가 목적지별로 어떻게 분포해 있는지를 보여주고 있다. 이 그림에서 보면 전체 미국 초국적기업 해외 자회사들의 판매 중 미국 국내판매가 차지하는 비중은 1982년과 2004년 공히 18%를 차지했다. 이와는 달리 미국 이외 판매는 1982년과 2004년 모두 82%였고, 이 중 현지판매가 1982년 40%, 2004년 30%를 차지했고 해외판매가 1982년 42%, 2004년 52%를 차지했다.

이를 통해서 확인할 수 있는 것은 미국 초국적기업의 해외 자회사의 주요 기능이 재화나 서비스를 생산해서 미국으로 다시 수출하는 것이 아니라, 다시 말해 모회사와의 관련한 생산 네트워크가 중요한 것이 아니라, 현지시장이나 해외시장을 위한 생산과 유통이라는 것이다. 이와 관련된 분석은 미국 초국적기업 모회사의 역외생산과 관련해서도 중요한 의미를 가진다. 즉, 앞에서 분석한 미국 초국적기업의 역외생산에서 해외 자회사의 비중이 낮은 이유를 어느 정도 설명하는 근거가 되는 것이다.

현지생산·현지판매 혹은 현지생산·해외판매의 비중이 상당히 높은 것은

〈표 1-3〉 미국 제조업 초국적기업 해외 자회사 수입(상품의 용도)(십억 달러, %)

	자본설비	제조공정 없는 판매	중간재	기타	총계
1982	1.02 (3.5)	6.34 (22.0)	21.42 (74.2)	0.10 (0.3)	28.88 (100.0)
1989	0.79 (1.4)	10.71 (18.6)	46.05 (79.8)	0.16 (0.3)	57.71 (100.0)
1994	0.67 (0.8)	13.65 (16.3)	69.23 (82.8)	0.09 (0.1)	83.63 (100.0)
1999	0.49 (0.5)	6.62 (6.1)	99.61 (92.4)	1.06 (1.0)	107.77 (100.0)
2004	0.50 (0.5)	6.94 (6.9)	92.16 (91.4)	2.48 (2.5)	100.81 (100.0)

주: 이 통계는 미국 모회사가 그들의 해외 자회사로 수출한 상품의 용도에 따라 분류된 것이다.
자료: BEA, *U.S. Direct Investment Abroad*.

미국 초국적기업의 해외 자회사들이 만든 상품이 다시 미국 국내 환류를 주 목적으로 하지 않는다는 것을 잘 보여준다.

현지생산·현지판매 혹은 현지생산·해외판매가 큰 비중을 차지하고 있다 는 사실을 다른 측면에서 확인할 수도 있다. <표 1-3>에서 확인할 수 있는 것처럼, 미국 국내의 제조업 모회사가 해외 자회사에 수출하는 상품 중 거의 대부분은 더 많은 생산공정을 거쳐 최종재로 판매되기 위해 필요한 중간재 이다. 특히 이 표에서 주목할 만한 것은 미국 국내 제조업 모회사의 중간재 수출의 비중이 점차 커지고 있다는 것이다. 예를 들어 1982년 그 수출 비중 은 74.2%였지만 2004년에는 91.4%를 기록했다.

이러한 사실로부터 확인할 수 있는 것은 다음과 같다. 첫째, 미국 초국적 기업 해외 자회사의 역할은 현지생산·현지판매 혹은 현지생산·해외판매가 중심이 된다. 이러한 특징은 미국 초국적기업 해외 자회사가 미국의 모회사 나 국내 자회사에 필요한 중간재를 제공하는 역할을 주목적으로 수행하지 않는다는 것을 보여준다. 따라서 앞에서 분석한 것처럼 미국 초국적기업 모회사의 글로벌 생산 네트워크에서 해외 자회사의 비중이 상대적으로 작은 이유는 이를 통해 설명이 가능할 것이다.

둘째, 미국 초국적기업 모회사가 해외 자회사로 중간재를 많이 수출한다는 사실과 함께 해외 자회사가 모회사에 판매하는 비중을 같이 고려하면 미국 초국적기업의 세계적인 분업이 이루어지고 있다는 사실을 확인할 수 있다. 다시 말해서 미국 모회사는 해외 자회사에 중간재를 공급하고 해외 자회사는 이 중간재를 다시 가공해서 또 다른 중간재를 만들어 모회사에 판매할 수 있다. 이 경우 하나의 상품이 완성될 때까지 중간재들은 세계적 규모에서 자본순환을 거치게 된다.

셋째, 미국 초국적기업 해외 자회사의 현지생산·현지판매는 미국 초국적기업이 수출을 대체하기 위해 해외 자회사를 활용하고 있다는 점을 보여준다. 다른 한편 현지생산·해외판매는 현지생산·현지판매가 어려운 지역을 우회하는 방식이나 미국 국내에서 직접 수출이 어려운 지역에 다른 나라의 해외 자회사를 활용해서 상품을 판매하는 전략과 다른 해외 자회사에 중간재를 공급하기 위한 해외 자회사의 역할을 포괄한다. 이 경우 전자는 우회수출의 역할을 하며, 후자는 미국 초국적기업의 세계적 분업에서 해외 자회사가 중개역할을 한다고 할 수 있다.

이러한 사실을 종합해볼 때 지난 20년 동안 미국 초국적기업은 해외확장과 유연화를 통해 글로벌 생산 네트워크를 빠르게 재편하고 있다는 사실을 알 수 있다. 또한 미국 초국적기업의 글로벌 생산 네트워크의 재편과정을 살펴봄으로써 이 글에서 주장한 것처럼 초국적기업이 벌이는 세계적 규모의 활동이 국내외적인 공간과 관계망의 변화를 동시적으로 수반하는 과정이라는 것을 충분히 이해할 수 있다.

4. 나가며

지금까지 이 글은 초국적기업의 세계적 자본축적을 명확하게 이해하기 위해서 초국적기업이 세계적 규모로 벌이는 활동을 포착하기 위한 이론 논의와 실증분석을 제시했다. 이론 논의에서는 자본축적의 관점에서 초국적기업이 세계적 규모로 벌이는 활동을 포착할 수 있는 개념으로 '자본순환의 세계적 분할'과 초국적기업의 '글로벌 생산 네트워크'라는 개념을 제시했다. 이러한 개념 정립은 초국적기업의 세계적 활동을 포착하는 데 필요한 개념을 정립했다는 점에서 의의가 있다. 또한 초국적기업의 글로벌 생산 네트워크라는 개념을 통해 초국적기업이 국내적인 것과 세계적인 것을 동시에 고려해서 세계적 규모에서 자본축적을 수행한다는 관점에 중요한 토대를 마련해주었다는 점에서 의의가 있다. 다른 한편 1980년대 이후 미국 초국적기업의 글로벌 생산 네트워크에 대한 실증분석을 통해 이 글은 초국적기업의 글로벌 생산 네트워크에 대한 개념의 현실 타당성을 확인하고 구체적인 수준에서 미국 초국적기업의 글로벌 생산 네트워크의 변화를 살펴보았다. 이 분석을 바탕으로 이 글은 초국적기업이 세계적 규모로 벌이는 자본운동을 자본축적의 관점에서 포착하고 초국적기업의 세계적 자본축적이 국내외적 생산 네트워크의 재편을 통해 이루어지고 있음을 실증을 통해 밝혔다.

그럼에도 본 연구는 향후 연구과제를 남겨놓고 있다. 무엇보다도 이 글에서 제시한 실증분석은 미국 초국적기업을 대상으로 한 것이기 때문에 전 세계 초국적기업에 대한 변화추이로 확대해서는 안 될 것이다. 따라서 실증통계의 문제만 해결할 수 있다면 일본 초국적기업과 유럽 초국적기업에 대한 동일한 분석이 필요할 것으로 보인다. 또한 한국 경제에서 재벌도 초국적화를 급속하게 추진하고 있는 실정이기 때문에 추후 이에 대한 실증분석도 수행할 필요가 있을 것으로 보인다.

참고문헌

마르크스, 칼(Karl Marx). 2003. 『자본론』, 1권. 김수행 옮김. 비봉출판사(원서: 1976. *Capital Ⅰ*. Penguin Books Limited).

_____. 2004. 『자본론』, 2권. 김수행 옮김. 비봉출판사(원서: 1978. *Capital Ⅱ*. Penguin Books Limited).

무디, 김(Kim Moody). 1999. 『신자유주의와 세계의 노동자』, 사회진보를 위한 민주연대 옮김. 문화과학사(원서: 1997. *Workers in a Lean World-Unions in the International Economy*. New York: Verso).

셰네, 프랑수아(F. Chesnais). 2003. 『자본의 세계화』. 서익진 옮김. 한울(원서: 1997. *La mondialisation du capital*. La Découverte & Syro).

안세영. 1997. 『다국적기업의 경제학』. 박영사.

앙드레프, 블라드미르(W. Andreff). 1999. 『세계화 시대 다국적기업』. 우석훈 옮김. 문원 출판사(원서: 1996. *Les multinationales globales*. La Découvert).

장시복. 2004. 『세계화 시대 초국적기업의 실체』. 책세상.

_____. 2008a. 『1980년대 이후 미국 초국적기업의 유연화와 금융화』. 서울대학교 경제학 부, 서울대학교 박사학위 논문.

_____. 2008b. 『풍요속의 빈곤, 모순으로 읽는 세계경제 이야기』. 책세상.

해리슨, 베넷(B. Harrison). 2007. 『세계화 시대 대기업의 진화』. 최은영·오은주·손정원· 장영진 옮김. 한울(원서: 1994. *Lean & Mean: Why Large Corporations will Continue to Dominate the Global Economy*. The Guilford Press).

Andreff, W. 1984. "The International Centralization of Capital and the Reordering of World Capitalism." *Capital & Class* 22.

Barnet, R. J. and R. Muller, 1974. *Global Reach: The Power of the Multinational Corporations*. Simon & Schuster.

BEA. *U.S. Direct Investment Abroad*. Bureau of Economic Analysis(BEA). Various Issues.

Buckley, P. and M. Casson. 1976. *The Future of the Multinational Enterprise*. Macmillan.

Chandler, A. 1990. *Scale and Scape: The Dynamics of Industrial Capitalism*. Havard University Press.

Dicken, Peter. 2002. "'Placing' Firms - 'Firming' Places: Grounding the Debate on the 'Global' Corporation." Conference on 'Responding to Globalization: Societies, Groups, and Individuals', University of Colorado.

_____. 2007. *Global Shift: Mapping the Changing Contours of the World Economy*, 5th Edition. The Guilford Press.

Dunning, J. 1997. *Alliance Capitalism and Global Business*. Routledge.

Harvey, David. 1982. *The Limit to Capital*. Oxford: Basil Blackwell.

Hirst, P. and G. Thompson. 1995. *Globalization in Question: The International Economy and possibilities of Governance*. Polity Press.

Hymer, S. 1976. *International operations of National Firms: A Study of Direct Foreign Investment*. MIT Press.

_____. 1979. "The Multinational Corporation and the International Division of Labor." in Robert B. Cohen et al.(eds.). *The Multinational Corporation: A Radical Approach*. Cambridge University Press.

Marx, Karl. 1973. *Grundrisse: Foundations of the Critique of Political Economy*. New York: Vintage Books.

Mataloni, Jr. Raymond. 1997. "U.S. Multinational Companies: Operations of in 1995." *Survey of Current Business*. Washington D.C.: BEA.

Murray, R. 1971. "The Internationalization of Capital and the Nation State." *New Left Review*, No. 67.

Ohmae, K. 1990. *The Borderless World: Power and Strategy in the Interlinked Economy*. London: Collins.

Palloix, C. 1973. "The Internationalization of Capital and the Circuit of Social Capital." Maspero. in H. Radice(ed.). *International Firms and Modern Imperialism*. Maryland: Penguin.

Storper, M. 1997. "Territories, Flows, and Hierarchies in the Global Economy." in Kevin R. Cox(ed.). *Space of Globalization: Reasserting the Power of the Local*. New York: The Guilford Press.

UNCTAD. 2007. *World Investment Report: Transnational Corporations, Extractive Industries, and Development*. New York: United Nations.

제2장

신자유주의 세계화와 노동자계급의 이중화
독일 사례

장귀연 | 경상대학교 사회과학연구원 연구교수

1. 들어가며

지난 20여 년간 진행되어온 신자유주의 세계화의 결과, 양극화(polarization) 또는 이중화(dualization)의 현상이 눈에 띄게 나타났고 이 용어들은 유행어를 넘어 이제는 하나의 상식처럼 쓰이고 있다. 양극화란 말이 극소수의 사회경제적 상층부에 부가 집중되는 동시에 하층부의 빈곤이 심화되고 있는 경향을 지칭한다면, 이중화는 노동자계급의 분절에 적용될 수 있다. 한국에서도 노동자의 약 절반가량이 비정규직이고 이들의 노동조건이 나머지 절반의 정규직에 비해 현저하게 열악하다는 점은 잘 알려져 있으며, 비정규직 문제는 가장 중요한 사회 문제 중 하나로 취급되고 있다.

물론 이러한 분절이 새로운 현상이라고 할 수는 없다. 사실 분절된 이중노동시장에 대한 이론은 이미 1970년대부터 제기되었다. 단일한 경쟁노동시장을 전제한 고전 경제학의 가정과는 달리, 현실에서는 고용 안정과 상대적인 고임금, 내부승진체계 등의 특징을 갖는 내부노동시장(또는 1차 노동시장)과 고용이 불안정하고 상대적으로 임금이 낮으며 기업의 승진체계에서 배제된 외부노동시장(또는 2차 노동시장)으로 분리되어 있음이 지적되었다(Doeringer and Piore, 1971; Osterman, 1987). 이와 같은 분절은 효율성을 추구하는 기업 경영에서 비롯되기도 하고(Atkinson, 1987), 자본의 노동자 통제의 일환이기도 하며(Gordon et al., 1982), 국가 및 노동조합의 전략적 선택과 관련된 것으로도 분석되었다(Lindbeck and Snower, 1986).

최근 이중화에 대한 논의들도 기본적으로 이러한 맥락을 잇고 있다(Davidsson and Naczyk, 2009; Eichhorst and Marx, 2011; Emmenegger et al., 2012). 근래 이와 관련한 논의와 연구들이 활발해진 것은 이중화의 현상이 더욱 뚜렷해졌을 뿐 아니라 일종의 불가역적인 경향처럼 심화되고 있기 때문이다. 이중노동시장론이 지적했듯이 예전에도 불안정한 외부노동시장의 주변부 노동력이 존재한 것은 사실이었지만, 이른바 자본주의 황금기에는 경제성장에 의해서 또 노동정책 및 복지정책에 의해서 분절과 불평등을 방지하거나 완화할 수 있다고 기대할 수 있었다. 그러나 이러한 시대가 막을 내리고 신자유주의 세계화가 진전되면서, 비정규직이 크게 증가하고 소득 격차가 확대되었으며 이러한 불안정과 불평등을 완화시켜야 할 사회복지는 오히려 후퇴하고 있다. 전체적인 노동의 불안정화 경향 속에서도 핵심 노동력 집단은 상대적으로 보호를 받을 수 있지만, 주변부 노동력 집단은 신자유주의의 노동에 대한 공격에 그대로 노출되면서 분절과 이중화가 더욱 분명하게 보이기 시작한 것이다.

자본의 자유를 위한 신자유주의 세계화의 물결이 지구를 덮어가고 있는 한 이러한 현상은 시기와 정도의 차이만 있을 뿐 거의 모든 나라에서 나타나고 있다. 이 글에서는 독일의 사례를 보고자 한다. 독일은 이른바 '사회적 시장경제' 또는 '사회적 코포라티즘'의 대표적인 나라로, 경제의 운용에서 신자유주의가 표방하는 자유로운 시장 기제보다는 사회집단들의 협상과 합의를 중시해왔다. '독일 모델'은 집단적이고 평등주의적인 노사관계와 노동정책에 기반을 두고 있기 때문에 노동자계급의 이중화와 가장 거리가 먼 것이었다고도 할 수 있다. 그러나 이러한 독일에서조차도 최근 이중화의 현상이 점점 더 눈에 띄게 나타나고 있으며, 1990년대까지만 해도 독일 모델의 유지 가능성을 배제하지 않았던 논자들도 이제 이 독일 모델이 신자유주의 공격에 무너지고 있음을 인정하기 시작했다(Streeck, 2009). 따라서 독일은 가장 그럴 법하지 않은 곳에서도 신자유주의 세계화에 의해 노동자계급의 이중화가 발생하는 것을 보여주는 극단적 사례라고 할 수 있다.

이하 2절에서는 전통적인 이른바 독일 모델의 노동 시스템을 정리하고, 3절에서 그것의 변화과정을 살펴볼 것이다. 4절은 그러한 변화의 결과로 주변부 노동력과 핵심 노동력이 처한 상황과 둘 사이의 간극이 벌어지는 이중화 현상에 대해서 이야기할 것이다. 노동자계급의 이중화와 관련해서 말하자면, 특히 각 절의 앞 항은 주변부 노동력, 뒤 항은 핵심 노동력의 상황과 더 직접적으로 관련된다고 할 수 있다. 물론 불가분의 관계가 존재하기는 하지만, 정부와 기업의 노동시장 정책과 전략은 노사 단체교섭과 협약에 의해 보호받지 못하는 주변부 노동력에 더 큰 영향을 미치고, 핵심 노동력은 노사관계 상황에 더 영향을 받는다고 볼 수 있기 때문이다. 여기까지 변화과정과 결과를 검토한 것이라면, 5절은 그러한 변화를 추동한 신자유주의 세계화에 대해서 논한다. 이러한 변화과정과 결과, 원인의 검토를 통해 독일 노동자계급 이중화가 우리에게 주는 시사점에 대해 마지막 결론 부분에서 이야기할 것이다.

2. 전통적인 독일 모델

1) 산업과 노동시장

변화과정과 결과, 원인을 보기 전에 전통적인 독일 모델에 대해서 우선 정리해야 할 필요성이 있다. 흔히 독일의 경제 시스템을 일컬어 '사회적 시장경제'라고 부르는데, 이는 독일이 분명히 자본주의 시장경제이기는 하지만 자유 시장의 압력보다는 사회적 협상과 조율에 의해 경제 행위와 방향이 규제된다는 특징을 가리키는 말이다.

독일의 사회적 시장경제는 자본주의와 사민주의라는 유럽 공통의 양대 이념에 더해 특유한 전통주의가 결합해 성립했다(Streeck, 2009). 독일 역사에서 전통적인 부분, 즉 사회집단들의 조직화, 투기보다 안정성을 중시하는 경향, 가족 내의 성별 역할 분리 등의 요소들은 경제 시스템에도 영향을 미쳤다. 예를 들어, 독일에서는 주식시장이 비교적 미발달했고 기업들은 주식시장보다는 은행에서의 차입으로 자본을 조달하는 경향이 있었다. 이것은 또 독일 국민들의 높은 저축률과 연관된다. 개인들도 주식 투자보다는 은행 저축을 선호하고 다시 이것이 기업의 자본으로 전환되는 것이다. 이러한 방식에 의해서 독일 기업들은 주식시장의 단기 성과 압력에서 비교적 자유로울 수 있었으며 장기적인 시각으로 투자와 방향 설정을 할 수 있게 되었다.

독일 산업은 고품질 상품을 만들어내는 제조업으로 경쟁력을 갖추었다. 기업들은 장기적인 시각에서 기술혁신과 훈련에 투자할 수 있었으며, 노동조합과 사용자연합 간의 협상으로 규제된 임금 수준은 상당히 높았다. 그 결과 독일 산업은 가격경쟁이 아니라 품질경쟁을 하는 전략을 채택하게 되었으며, 이는 제2차 세계대전 이후 20세기 후반기 동안 성공적으로 작동했다.

다른 한편 서비스 부문, 특히 개인서비스 부문은 상대적으로 미발달된 편

이었다. 다른 자본주의 선진국들의 산업이 서비스 부문으로 이행하는 중에
도 독일은 비교적 튼튼한 제조업을 유지했고 서비스 부문이 크지 않았다. 이
것은 독일의 전통적인 가족주의와 그에 기반을 둔 복지정책과도 관련이 있
다. 독일은 대표적인 "보수주의 복지국가"(Esping-Anderson, 1990)로서 남성
이 생계부양자로서 일을 하고 여성이 가정에서 가사를 담당하는 것이 표준
적인 가족 형태로 간주되며, 사회정책 및 복지정책도 이러한 가족 모델에 기
반을 두고 있다. 여성들이 가정에서 재생산노동을 담당하기 때문에 임금노
동으로 이를 제공하는 개인서비스 산업이 발달하지 않은 것이다.

노동시장의 측면에서 보면, 이러한 산업구조는 고숙련 고임금 일자리가
대종을 이룬다는 것을 의미한다. 고품질 상품 생산전략에 따라 기술적 숙련
이 중시되는 반면, 대부분 저숙련 저임금 일자리인 개인서비스 산업은 발달
하지 않았기 때문이다. 더불어 남성 생계부양자와 여성의 가정 내 재생산노
동이라는 가족 모델은 기본적으로 가족임금을 전제하게 된다. 그러한 결과
로 독일 노동시장은 임금과 고용안정성이 높은 '좋은 일자리'로 알려지게
되었다.

노동시장정책도 이러한 일자리의 특성이 지속되도록 뒷받침했다. 1970
년대 이후 유럽에서 고실업이 문제가 되기 시작할 때 독일은 공급감소 정책
을 통해 이에 대처하고자 했다.[1] 1970년대 「연금법」 개정을 통해 조기퇴직
을 유도한 것이 대표적이다. 즉, 일자리를 늘리는 것보다 노동 공급을 감소시
킴으로써 고실업에 대응하고 일자리의 질을 유지한 것이다. 결과적으로 독

---

1) 비슷한 시기 다른 유럽 국가의 실업 대처 전략과 비교해보는 것도 흥미롭다. 에스핑 -
   앤더슨(Esping-Anderson, 1990)의 분류에 따라 자유주의 국가에 해당하는 영국은 노동
   유연화와 노동조합에 대한 공격과 같은 친기업적 정책을 통해 일자리를 창출하고자 했
   으며, 사민주의 국가에 해당하는 스웨덴은 적극적 노동시장정책과 공공부문 확대로 고
   용을 늘렸다. 반면 보수주의 국가인 독일은 소극적 노동시장정책으로 노동 공급을 감
   소하는 전략을 기본적으로 채택했다.

일 노동시장은 "양적으로 적지만 질적으로 좋은 일자리들"(Eichhorst and Marx, 2011)로 이루어지게 되었다. 그러나 장기적으로 보면 이러한 방식은 사회보장비용을 증가시켜 독일 모델의 유지에 부담을 주는 결과를 낳았다.

2) 노사관계

산업구조 및 노동시장의 특징과 정책 방향은 노사관계 구조와 매우 밀접하게 관련이 있을 수밖에 없다. 독일 모델 역시 특유한 노사관계를 포함한다. 사회적 시장경제라는 말이 지칭하듯이 잘 조직된 노동조합과 사용자연합은 협상을 통해서 전국적인 노동조건 기준을 마련하고 규제해왔을 뿐 아니라 사회경제정책 영역에도 적극 관여하면서 준공공기관(quasi-public agency) 역할을 했다. 말하자면 독일은 대표적인 사회적 코포라티즘(social corporatism) 국가이다.

노동조합들이 이념에 따라 분리되어 있는 프랑스나 이탈리아 같은 남부 유럽 국가들과는 대조적으로 독일은 산업별로 단일 노동조합체계를 갖추고 있으며, 이 산업별 노동조합들은 유일한 전국적 노동조합총연맹인 DGB 산하로 결집되어 있다. 사업장에는 각각 종업원평의회가 있는데, 종업원평의회는 자발적인 임의조직인 노동조합과는 달리 법에 근거해 사업장별로 구성하는 별도의 조직이다. 그러나 단체교섭이나 파업권은 노동조합에 있고, 종업원평의회는 단체교섭에서 다루지 못하는 각 사업장의 특수한 사안이나 노사 공동결정에 참여한다.

단체교섭에서는 산업별 교섭이 중심이 된다. 보통 독일 단체교섭은 중앙집중적인 성격이 강한 것으로 알려져 있지만, 형식적인 구조 자체만 보면 중앙집중도가 아주 높다고 볼 수는 없다. 스웨덴 같은 경우와 달리 산업별 체계를 넘어서는 차원에서 교섭이 이루어진 적이 없으며 산업별 단체교섭도

전국 단위가 아니라 지역 단위에서 이루어지는 경우가 많다. 독일은 연방제 국가로서 지방자치의 정도가 높기 때문이다.

그럼에도 산업별·지역별 노동조건의 격차가 크지 않은 편인데, 그것은 일종의 선도교섭 관행에서 기인한다. 산업별로는 금속산업부문의 단체교섭이 가장 중요하고 다른 산별교섭의 기준을 설정하는 역할을 한다. 지역별로는 예를 들어 금속산업의 경우, 메르세데스 - 벤츠 자동차 공장이 위치해 있는 바덴 - 뷔르템베르크 노동조합 지역지부와 그 지역의 사용자연합 사이의 단체협약이 체결되면 다른 지역도 거의 유사한 내용으로 협약을 체결하는 방식이다. 즉, 선도교섭에서 단체협약이 이루어지면 다른 교섭들은 이를 기준으로 비슷하게 노동조건을 맞추게 되는 것이다.

또한 노동조합의 조직률도 북유럽 국가들에 비하면 높은 편이 아니다. 제2차 세계대전 후 1980년대까지 전통적인 독일 모델이 적용되던 시기에도 조직률은 30% 남짓일 뿐이었다. 하지만 단체교섭의 적용률은 높아서 전체 노동자들 중에서 70~80%가 산업별 단체협약의 적용을 받았다. 즉, 산업별 단체교섭과 협약에 의해서 노동자의 임금 등 노동조건이 대부분 통일된다.

높은 단체협약 적용률, 산업별 교섭 및 선도교섭에 기반을 둔 통일성 등은 노동자들의 노동조건을 대체로 평등하게 만들 수 있었다. 즉, 산업별, 지역별, 그리고 대기업과 소기업 사이에 노동조건 격차가 비교적 크지 않은 것이다. 결과적으로 독일의 노동시장은 수는 적지만 질이 좋을 뿐 아니라 격차가 크지 않은 일자리들로 구성된다.

사용자들의 입장에서는 사용자연합 차원에서 단체교섭을 하는 것이 교섭 및 갈등 비용을 줄여준다는 이점이 있다. 또한 단체교섭을 통해 표준화된 노동조건을 수립하면 적어도 기업들 간에 노동비용 경쟁을 방지할 수 있다는 점에서 유인을 가진다. 노동비용 경쟁을 할 수 없기 때문에 위에서 말한 대로 기업들은 시장에서 가격경쟁보다는 품질경쟁에 주력하는 전략을 취하게 된다.

3. 독일 모델의 해체

1) 노동시장정책과 사회정책의 변화

'양적으로 적고 질적으로 좋은 일자리들'로 구성된 노동시장의 문제는 사회보장비용이 크다는 것이었다. 일자리의 양이 적은 만큼 노동시장에서 많이 배출되는 노동력을 사회보험이 떠맡아야 하고, 일자리의 질이 좋은 만큼 취업자에 비해 급여액이 지나치게 낮지 않도록 사회보험의 보장 수준도 높아져야 하기 때문이다.

사회정책, 특히 연금이나 실업급여와 같은 사회보험 제도 및 정책은 노동시장 제도 및 정책과 밀접하게 상호 보완한다. 독일은 수급조건이 관대하고 보장 수준이 높은 사회보험을 통해서 노동시장에서 방출된 노동력을 사회적 갈등 없이 흡수할 수 있었다. 이러한 흡수장치 덕분에 산업구조조정 시기에도 노동과 자본 간의 평화가 유지될 수 있었고 실업률이 높아도 사회적 불만과 갈등을 최소화할 수 있었다.

그렇지만 이에 따른 사회보장비용의 증가는 점점 큰 부담이 되었다. 총임금 대비 총사회보장기여금 비율은 1960년대에는 25% 수준이었으나, 오일쇼크에 따른 경기침체와 고실업이 시작된 1970년대부터 증가폭이 커져서 1990년대에는 35%가 넘었고 2000년대에 접어들 무렵부터는 40%를 넘기에 이르렀다. 임금을 제외하고도 비임금비용이 이렇게 증가함에 따라 기업가들은 고용 확대를 점점 꺼리게 되고, 고용률이 높아지지 않음으로써 고용된 일자리의 사회보장 분담은 더 많아지는 악순환에 들어서게 되었다.

사회보장비용은 정부 재정에도 큰 타격을 주었다. 연방 지출에서 사회보장에 대한 연방보조금이 차지하는 비율은 1960년대에는 15% 미만이었고 1980년대까지도 20% 이하 수준을 유지했다. 그러나 특히 독일 통일 직후의 경제 붐이 사그라진 1990년대 초중반 무렵부터 매우 가파른 증가 추세를 보이기 시작해 10년이 지난 후 35% 수준에 이를 때까지 치솟았다.

이러한 재정위기 상황에서 독일의 노동시장정책과 사회정책이 변하기 시작했다. 즉, 양적으로 적지만 질적으로 좋은 일자리들을 유지하는 대신 적극적으로 고용을 확대하는 방향으로 전환한 것이다. 이것은 노동시장 규제의 완화와 사회보험 수급의 엄격화를 포함한다.

최초로 노동시장 탈규제화의 신호가 나타난 것은 1980년대 중반이었다. 1985년 정당한 사유 없는 기간제 고용이 최장 18개월까지 허용되었다. 즉, 독일에서 고용계약기간을 정해놓는 기간제 고용은 특정한 사유가 있을 경우에만 가능했는데, 이때 처음으로 기간제 고용의 사유 제한이 아니라 기간 제한이 도입된 것이다. 동시에 엄격하게 규제되어 있던 파견고용에서도 사용할 수 있는 기간이 기존 3개월에서 6개월로 늘어났다.

하지만 이러한 정책 전환이 본격적으로 추진된 것은 1990년대와 2000년대 각각 다른 정권하에서 '일자리를 위한 동맹' 삼자협의가 실패한 후였다. 1995년 금속노동조합(IG Metal)에서 제안한 노사정 삼자협의 '일자리를 위한 동맹'이 무산된 후, 기독민주당의 헬무트 콜 총리가 이끄는 중도우파 연립정부는 노동시장 규제를 완화하고 사회보험을 엄격화하는 정책을 시작했다. 1996년 해고보호 적용 사업장이 5인 이상에서 10인 이상으로 기준이 완화되었고, 임시고용과 파견고용의 사용기간이 각각 24개월과 12개월로 늘어났다. 1997년에는 실업급여에서 자격보호 조항이 삭제됨으로써 개인의 자격 수준에 맞지 않는 일자리라도 받아들여야 하도록 만들었다. 이러한 조치들로 인해 콜 정부는 노동조합의 분노를 샀고 인기를 잃어서, 결국 1998년 선거에서 사회민주당과 녹색당의 적녹연정으로 정부가 바뀌는 원인이 되었다.

그리하여 슈뢰더 총리의 적녹연정 초기에는 약간의 노동보호정책과 더불어 '일자리를 위한 동맹' 삼자협의가 재개되었다. 하지만 2001년 공동선언을 마지막으로 협상은 그 이상 진전되지 못했고 2003년 공식적으로 종식이 선언되었다. 실제로 삼자협의가 실패한 후 2002년부터 슈뢰더 정부는 이른바 '하르츠 개혁'과 '어젠다 2010'을 통해서 노사정 협상 없이 독자적으로 노동시장의 탈규제와 사회보험의 엄격화를 추진하기 시작했다.

이 정책들은 무엇보다도 실업을 줄이기 위해서 일자리를 창출하는 데 초점을 맞추고 있었다.[2] 우선 비정규직 고용 요건이 크게 완화되었다. 신규 고용의 경우 2년까지, 신규 기업의 경우 4년까지 사유 없이 기간제 고용을 할 수 있게 했고, 반복적 기간제 계약을 할 수 있는 고령 노동자의 나이를 58세에서 52세로 낮추었다. 파견고용에 관해서는 파견노동을 사용할 수 있는 기간을 24개월로 연장했으며, 무엇보다도 파견계약기간과 고용계약기간을 일치시키는 것을 허용했다. 즉, 파견계약이 끝남과 동시에 노동자의 고용도 끝나게 되는 것이다.[3] 또한 이른바 미니잡(minijob)이라고 불리는 저임금 시간제 일자리에서는 사회보장기여금과 세금을 면제해주면서 면제 대상 일자리

---

2) 반면 노동조합은 실업 문제 해결을 위해서 전통적인 노동력 공급감소 정책을 더 선호했다. 금속노동조합은 정년을 현 65세에서 62세로 낮추는 법을 제안했고, 이를 위해서는 임금 삭감도 감수할 수 있다고 했다. 이것은 독일 노동조합에서 최초로 정년이나 노동시간 단축의 대가로 임금 삭감을 제시한 것이었다.

3) 파견계약기간과 고용계약기간의 동시화를 금지시킨 것은 중요한 의미가 있는데, 이런 경우 파견노동자를 고용한 파견업체의 고용주는 노동자를 다른 기업에 파견시키지 않는 기간에도 고용계약상의 임금을 주어야 하기 때문이다. 따라서 노동력 공급사업을 하는 파견업체는 노동자를 고용한 고용주로서의 책임을 갖고 자기 사업으로서 적극적으로 다른 사용업체와 계약해 노동자를 파견할 수 있도록 노력하게 된다. 그러나 이러한 금지 조항이 철폐됨으로써 파견기간만 고용하고 파견기간이 끝나면 계약 해지를 해버리는 것이 가능해졌다. 즉, 기간제 일자리의 고용 불안에 파견업체의 중간착취까지 더해지는 열악한 고용방식이 되어버린 것이다.

의 주 15시간 이하라는 규정을 삭제했다.[4]

사회보험부문에서는 수급조건을 강화함으로써 노동시장에서의 이탈을 줄이고 사회보장비용을 줄이고자 했다. 고령 노동자의 실업급여 수급기간을 32개월에서 12개월로 줄였는데, 이것은 1970년대부터 노동시장정책으로 사용되어온 조기퇴직제를 위축시키는 것이었다.[5] 이와 더불어 실업급여 수급조건에서 구직활동 요건과 제안된 일자리의 거부권을 훨씬 더 엄격하게 규정했다. 가장 논란이 되었던 것은 1년 이상 장기 실업자에게 지급되었던 장기실업급여와 빈곤자에게 지급되었던 사회보조를 통합한 '하르츠 IV' 법안이었는데, 이것은 사실상 장기실업급여를 없애는 것이나 다름없었기 때문이다. 즉, 이렇게 통합된 실업보조 II (ALG II)는 기존의 장기실업급여에 비해 전반적으로 급여액이 낮고 자산조사에 근거하고 있어 실업급여라기보다는 거의 빈곤자를 위한 최저생계비 지원에 가깝다고 볼 수 있다(Clegg, 2007).

이러한 법적·제도적 변화는 독일의 노동시장정책 및 사회정책의 전격적인 변화를 의미한다. 전통적인 독일 시스템은 일자리의 질을 높게 유지하는 대신 노동시장에서 방출되는 잉여노동은 사회보험 보장으로 흡수하는 방식이었다. 그러나 1990년대 이후 정책 전환은 노동시장을 탈규제화해 일자리의 질이 낮은 비정규직 고용을 늘림으로써 실업률을 낮추고 사회보장비용을 줄이는 데 초점을 맞추고 있다.

---

4) 원래 단순한 부업 개념이었던 미니잡에는 사회보장기여금과 세금이 면제되었으나, 1990년대 이후 미니잡이 저임금 고용의 수단으로 사용되면서 크게 증가하자, 슈뢰더 정부 초기에 사회보장기여금과 세금을 부과하도록 했다. 그러나 곧 다시 이를 면제하게 된 것이다.

5) 1980년대 실업률을 낮추고 조기퇴직을 촉진시키기 위해서 고령자 실업급여기간을 32개월로 늘렸던 것이다. 이것을 슈뢰더 정부에서 12개월로 줄였다가 최근 24개월로 다시 수정한 상태다.

2) 노사관계의 분권화

노동시장정책뿐만 아니라 노사관계의 구조에도 결정적인 변화가 나타났다. 노사관계의 중앙집중성이 크게 약화되고 분권화가 이루어지기 시작한 것이다.

<그림 2-1>은 1990년대 중반 이후 전체 임금노동자 중에서 노동조합으로 조직되어 있는 비율과 단체협약의 적용을 받는 비율을 나타낸 것이다. 제2차 세계대전 이후 수십 년 동안 독일의 노동조합 조직률은 32~35% 정도에서 오르락내리락 안정적인 양상을 보였고 1990년대 초반까지도 이러한 경향이 유지되었다. 하지만 1990년대 중반부터 급격한 감소 추세로 변하기 시작했다. 1995년 처음으로 30% 이하로 떨어진 후 <그림 2-1>에서 보듯이 계속 감소해 2007년부터는 20%도 못 미치게 되었다.

독일에서 노동조합 조직률 자체는 이전에도 매우 높은 수준은 아니었지만, 산업별 노동조합과 사용자연합 사이의 단체협약이 대부분의 노동자를 포괄하기 때문에 독일 노사관계가 포괄적이고 중앙집중적이라고 얘기할 수 있는 것이었다. 이런 관점에서 더 중요한 것은 단체협약 적용률인데, 이 역시 1990년대 중반 이후 지속적으로 감소 경향을 보이고 있다. 서독 지역의 경우 1996년 77%에 달했던 단체협약 적용률이 2004년 처음으로 70% 이하로 떨어져서, 다시 8년이 지난 2012년에는 60%까지 줄어들었다. 말하자면 노동자들의 40%가 단체협약의 적용을 받지 못하고 있으며, 산업별 단체협약이 노동자들의 대다수를 포괄하고 있다고 더는 말하기 어려운 상황이 된 것이다.

산업별 단체교섭의 영향력은 양적으로 축소되었을 뿐 아니라 질적으로도 약화되었다. 단체협약의 개방 조항과 개방 조항을 활용하는 사업장의 수가 크게 증가한 것이다. 개방 조항은 산업별 단체협약에서 정하지 않고 사업장

〈그림 2-1〉 노동조합 조직률과 단체협약 적용률의 변화6)(%)

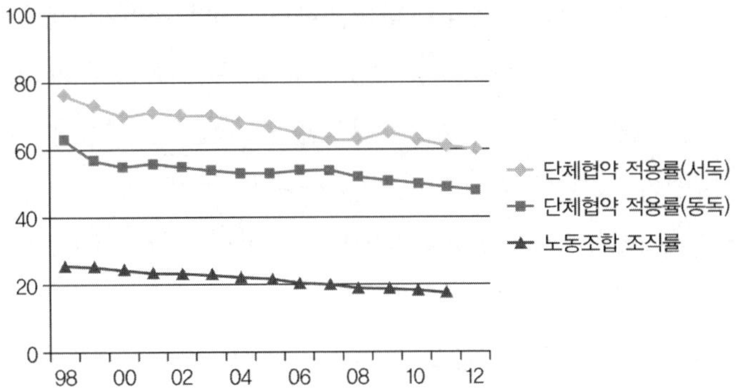

자료: 단체교섭 적용률: http:// soziapolitik-aktuell.de (출처: IBA 사업장 패널).
노동조합 조직률: http://stats.oecd.org.

수준에서 결정할 수 있도록 열어둔 조항인데, 원래 경영상의 위기 등 특수한
상황에 처한 사업장을 위해 만들어진 것이다. 그러나 1990년대 중반 이후
점점 특수한 상황에서가 아니라 일반적인 사업장에서도 이 개방 조항을 활
용하는 경우가 증가했고 단체협약의 개방 조항도 더 많아지고 유연해졌다.

이것은 사업장별로 존재하는 종업원평의회가 산업별 노동조합에 보조를
맞추지 않으면서 생겨난 현상이다. 종업원평의회는 원칙적으로 단체교섭권
과 단체행동권을 가지고 있지 않지만, 사업장에서 단체협약이 준수되는지

───────────

6) 단체협약 적용률은 산업별 협약과 함께 산별노동조합과 개별 기업이 맺은 기업 협약을
합한 수치이다. 기업 협약이 포괄하는 노동자 수 비율은 특별한 변동 추세를 보이지 않
고 대체로 일정하다. 서독 지역의 경우 이 비율은 거의 항상 7% 정도로 고정되어 있다.
동독 지역은 매년 약간의 변동은 있지만 약 10% 안팎이다. 기업 협약의 비율이 거의
일정하기 때문에 따로 표시는 하지 않았다. 즉, 이 그림의 수치에서 서독 지역에서는
7%, 동독 지역에서는 약 10%를 뺀 숫자가 산업별 협약이 포괄하는 노동자 수의 비율
이다. 기업 협약에서도 노동 측 교섭 당사자는 산업별로 구성된 노동조합이고 다만 사
용자 측 교섭 당사자가 사용자연합이 아니라 개별 기업이라는 점에서 산업별 단체협약
과 다르다. 따라서 기업 협약 역시 노동조합정책의 영향력하에 있지만, 노동조건의 평
등이라는 점에서 보면 산업별 협약에 비해서는 기업 간 격차에 일조한다고 볼 수 있다.

를 감시할 임무와 더불어 개방 조항 등 산업별 단체협약에서 미리 규정한 부분에 대해서는 사용자와 교섭할 수 있는 권한을 가진다. 종업원평의회가 이른바 사업장 수준에서의 '일자리를 위한 동맹'을 사용자와 맺고 기업에 양보하면서 산업별 노동조합이 체결한 단체협약이 많은 사업장에서 사실상 지켜지지 않기 시작했다. 결국 노동조합은 단체협약 중 더 많은 조항들을 사업장 수준에서 결정하도록 열어둘 수밖에 없게 되었고, 개별 사업장은 단체협약을 위반하는 대신 더 합법적으로 개방 조항을 활용할 수 있게 되었다.

노동조합은 노동자들이 자발적으로 가입하는 임의단체이지만, 종업원평의회는 법에 의해 일정 규모 이상의 사업장에서 고용된 모든 종업원들의 선거를 통해 구성되어 그 사업장 종업원들의 이익을 대표한다. 따라서 산업별 수준의 노동조합과는 달리 개별 기업의 이해에 민감하며 기업 공동체 운명이라는 시각에서 사용주와 협력할 가능성이 높다. 비록 종업원평의회와 노동조합이 별개의 조직이라 할지라도, 보통 노동조합 조합원인 활동가가 종업원평의회의 대표로 선출되는 일이 많았고 협력관계를 유지해왔다. 하지만 노동조합 조직률이 크게 떨어지면서 사업장의 종업원평의회가 산업별 노동조합의 통제를 벗어나기 시작했다고 볼 수 있다.

이것을 가장 잘 보여준 사례가 2003년 금속산업노동조합의 파업 실패이다. 이 파업은 노동시간 단축을 옛 동독 지역까지 확장시키기 위한 것이었는데, 이것이 실패로 돌아간 것에는 사용자들의 반대뿐 아니라 현장에서의 냉담함도 한몫을 했다. 완성차 기업들의 종업원평의회가 동독 지역 하청업체들의 값싼 부품 공급이 유지되기를 바라서 노동조합의 파업에 협조를 하지 않았던 것이다.

나아가 노동조합과 종업원평의회의 괴리뿐 아니라 노동조합 사이의 갈등도 눈에 띄기 시작했다. 세계화와 독일 통일로 말미암아 기존 노동조합의 산업별 구획이 쓸모가 없어지면서 노동조합의 합병 경쟁이 발생했는데, 이 합병은 산업 특성보다는 오히려 정치적 노선을 따라 이루어졌다. 사회민주당의 주요 지지기반인 금속산업노동조합에 광부 노동조합, 섬유산업 노동조합, 목재산업 노동조합이 합류했고, 서비스부문의 노동조합들이 합병해 만든 통합서비스노동조합(Verdi)은 더 좌파 성향을 띠고 있다. 이 두 개의 노동조합이 가장 크지만, 화학산업 노동조합에 가죽산업 노동조합이 병합한 노동조합(IG VCE)은 중도우파 성향으로 사회민주당보다는 기독민주당에 접근하면서 수적으로는 적을지언정 정치적 영향력을 적지 않게 행사하고 있다(Streeck, 2009).

세계화에 따른 세계적 경쟁의 격화가 종업원평의회의 기업 이기주의에 불을 지핀 것처럼, 독일 모델이 해체되고 신자유주의 정책이 논쟁이 되면서 노동조합 사이에 노선 분리가 확연해졌다고 해석할 수 있다. 이처럼 노동조합 사이에 정치적 노선 경쟁이 격화되면서 독일노동조합총연맹(DGB)은 사실상 통제력을 상실했고 노사관계에서 단일한 전략과 정책을 수립하고 추진하기가 더욱 어려워졌다.

노동조합과 종업원평의회의 괴리, 노동조합들의 정치적 노선 분리 등은 결과적으로 노사관계의 분권화에 기여했다. 많은 부문의 교섭이 사업장 수준에서 이루어지면서 단체협약의 포괄성과 통일성이 훨씬 감소했다. 사업장 차원의 노사관계가 중요해진 반면 그보다 상층 단위의 산업별 노동조합이나 총연맹의 통합력은 떨어지면서 노사관계의 중앙집중성이 약화되고 실질적인 분권화가 나타나고 있다고 할 수 있다.

4. 노동자계급의 이중화

1) 주변부 노동

앞서 살펴보았듯이 1990년대와 2000년대의 독일의 노동시장정책은 탈규제를 통해 노동시장 유연화를 촉진하는 데 초점을 맞추고 있으며, 그 결과 비정규직이 증가했다. <그림 2-2>에서 보듯이 1991년 임금노동자의 14.1%를 차지했던 비정규직은 2006년부터 25%를 넘어섰다. 대체로 2007년 부근을 정점으로 다양한 비정규직 고용의 증가가 주춤하기는 했지만 여전히 임금노동자 4명 중 1명은 비정규직이라고 할 수 있다.

비정규직의 고용형태별로 비율과 특성을 살펴보면 다음과 같다. 우선 고용계약기간을 정해놓은 기간제 고용이 전체 임금노동자 중에서 차지하는 비율은 1991년 6.1%에서 매년 증가해서 2006년 9.2%에 달해 한동안 9%대를 유지하다가 2012년에는 8.5%로 떨어졌다. 20년 동안 약 1.5배 정도 증가한 것이다. 전통적으로 독일에서 기간제 고용은 수습사원에게 적용해 계약한 수습기간이 끝나면 정규직으로 전환하는 방식으로 사용해왔기 때문에 기간제 고용 후 정규직 전환 비율은 비교적 높은 편으로 알려져 있다.[7]

다른 한편 비정규직 시간제 고용은 같은 기간 약 2배 가까이 증가했다. 1991년에는 전체 임금노동자 중에서 8.1%를 차지했으나 2012년에는 15.6%를 기록했고 그 정점은 2006~2007년경의 16.3%였다. 시간제 고용은 일자리 나누기의 일환이자 여성들의 취업 욕구 증가에 따라 정책적으로 장려되었다. 그러나 독일에서 정규직으로 취급하는 시간제 고용, 즉 고용계약기간을 정하지 않고 주 20시간 이상 일하는 상용 시간제 노동자는 1991년

---

7) 다만 2003년 신규 채용과 신규 기업의 기간제 고용기간을 늘리는 등의 규제완화로 그 후 신규 채용 시 기간제 고용 비율이 크게 늘어난 것은 사실이다(이상호, 2014).

〈그림 2-2〉 임금노동자 중 비정규노동자 비율 추세(%)

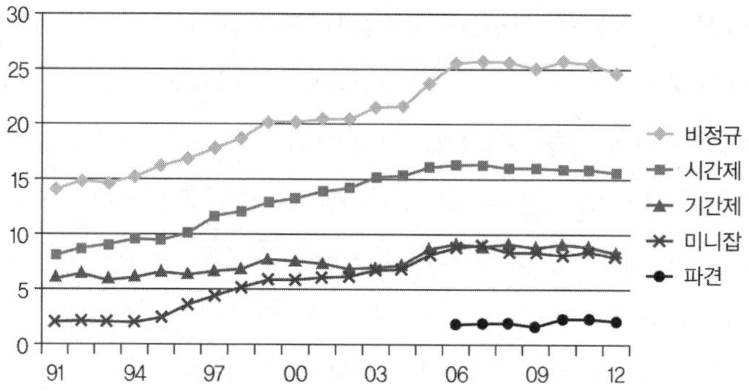

주: 시간제는 주 20시간 이하. 파견노동은 2006년부터 집계됨.
자료: 이승협(2014)(출처: 독일 통계청).

5.6%에서 2012년 8.6%까지 약간만 늘었을 뿐이다.[8] 즉, 시간제 고용의 장려로 증가한 것은 대부분 비정규직 일자리였던 것이다.

파견노동의 경우 전체 임금노동자 중에서 차지하는 비중은 크지 않지만, 사용자들이 원하는 노동력 사용의 유연화를 위해 이전에 엄격하게 규제되어온 고용형태를 허용했다는 점에서 의미가 있다. 사실 노동자 파견은 원칙적으로 금지되어야 할 고용형태로 간주되어 예외적인 경우에만 단기적으로 사용할 수 있었다. 1980년대 이후 몇 차례에 걸쳐 파견노동을 사용할 수 있는 기간이 조금씩 늘다가, 마침내 2004년 1월부터 파견노동의 반복적인 기간제 계약, 파견기간과 고용계약기간의 일치, 파견노동자 재고용, 파견노동 사용기간 등에 대한 금지나 제한이 거의 폐지되었다. 파견노동 사용에 대한 규제를 없애는 대신 파견노동자와 사용 사업장 노동자 사이의 동등대우 원

___

8) 상용 시간제 일자리도 고용안정성은 정규직과 비슷하지만 임금은 전일제보다 훨씬 적을 수밖에 없기 때문에 완전한 고용이 아니라는 의미에서 비정규직이라고 간주할 수도 있다. 만약 주 20시간 이상 상용 시간제를 비정규직에 포함한다면, 비정규직 비율은 1991년 19.7%였고 2012년 35.2%가 되는 셈이다.

칙을 규정했는데, 실업자를 고용하는 경우에는 최대 6주간 동등대우가 아닌 실업급여액만큼만 지급하면 된다는 예외 규정을 두었다. 이것은 실업자들을 파견고용을 통해 다시 노동시장에 진입시키고 더 나은 일자리를 위한 가교 역할을 하게 만든다는 취지였으나, 결국 파견 사업주들이 주로 실업자들을 고용하게 만들었을 뿐 아니라 이들이 실제로 더 나은 일자리로 옮겨가는 비율도 매우 제한적인 것으로 나타났다(Kvasnicka, 2008). 결국 파견고용은 저임금과 노동력 유연화를 위한 수단으로 사용되기 시작한 것이다.

한편 비정규직 중에서도 특히 독일에서 뜨거운 논란의 대상이 되고 있는 고용 방식은 이른바 미니잡이다. 미니잡은 원래 주 15시간 이하의 시간제 일자리로서 단순히 학생이나 주부들의 부업으로 간주되어 세금과 사회보장분담금을 면제받거나 감면받을 수 있었다. 그런데 1990년대 이후 사용자들이 노동유연화와 저임금을 위한 수단으로 미니잡을 활용하게 되었으며, 2000년대에 들어와서는 여성 및 실업자들의 취업기회 확대라는 측면에서 미니잡을 정책적으로 장려하기 시작했다. 이러한 과정을 거쳐 1991년에는 전체 임금노동자의 2.1%에 지나지 않았던 미니잡은 2007년 9.1%로 최대치에 달했고, 그 후 약간 줄어드는 추세를 보이고 있다.[9] 20년 전에는 임금노동자 50명 중 1명만이 미니잡 종사자였으나 지금은 12~13명 중 한 명이 미니잡으로 일하고 있다.

2003년 하르츠 개혁에 의해서 세금과 사회보장분담금 감면을 받을 수 있는 미니잡은 노동시간과 무관하게 월 400유로(2013년부터는 450유로) 이하 또는 년 2개월 이하의 고용계약기간을 가진 일자리로 규정되고 있다. 말하

---

9) 미니잡 종사자 수는 독일 통계청 집계와 고용청 집계 사이에 상당한 차이를 보여서, 보통 고용청에서 집계한 수치가 통계청보다 3분의 1 정도 크게 나타난다(이승협, 2014). 그러므로 문헌들마다 어떤 집계를 인용했는가에 따라 제시하고 있는 수치가 다르다. 여기서는 통계청 통계를 따랐다.

자면 저임금 일자리이거나 초단기 일자리이다. 이러한 미니잡은 주로 유통이나 개인서비스 부문에 집중되어 있다. 말하자면 서비스 부문이 팽창하면서 저임금 일자리들로 채워지는 현상이 독일에서도 뚜렷하게 나타나기 시작한 것이다.

미니잡 종사자들은 다수가 여성이고 청년층 또는 고령 은퇴생활자층의 비중이 높다. 이에 근거해 사용자단체 등 옹호자들은 미니잡이 주부와 학생, 은퇴자들의 부업이라는 원래의 취지에 부합하며 사용자들뿐만 아니라 이 노동자들이 원하는 일자리라는 점을 강조한다. 그러나 서비스 부문 저임금 일자리의 고착화를 가져온다는 점에서 노동조합과 사민당을 비롯한 좌파 정당들은 미니잡에 대해서 비판적이다(박명준, 2014). 실제로 사용자들이 미니잡 고용을 선호하는 이유는 세금 및 사회보장분담금 감면 혜택 때문만이 아니라 임금을 최대한 낮출 수 있기 때문이다.

이처럼 저임금 일자리가 확산됨에 따라 독일에서도 법정 최저임금 제정에 대한 목소리가 높아지기 시작했다. 전통적으로 독일 노동조합은 최저임금제에 대해 부정적인 입장이었다. 법으로 최저임금을 정하는 것은 단체교섭의 자율성을 침해하는 것이자 사실상 노동조합의 교섭 무능력을 보여주는 것이라고 보았기 때문이다. 하지만 단체교섭 적용률이 떨어지고 저임금 노동자들이 많아지는 상황에서 노동조합은 입장을 바꿀 수밖에 없었다. 미니잡과 같이 저임금 일자리가 집중된 서비스 부문의 통합서비스노동조합(Verdi)이 제일 처음 최저임금제 도입을 요구하며 나섰고, 곧 금속노동조합과 독일노동조합총연맹도 최저임금제에 찬성을 표했다. 결국 2013년 총선 후 연정 과정에서 사회민주당이 최저임금제 도입을 관철시킴으로써 2015년 부분 시행부터 2017년 전면 시행까지 점진적으로 최저임금제를 적용할 예정이다. 최저임금제의 도입은 역으로 저임금화 경향을 방증하는 것이다. 고용형태의 다양화와 저임금화는 주변부 노동의 증가 및 핵심 노동과의 단절이라는 이중화 경향의 증거라고 할 수 있다.

2) 핵심 노동

<그림 2-3>은 독일의 OECD 고용보호지수를 나타낸 것이다. 정규직의
고용보호지수는 1994년과 2003년의 법 개정을 통해 오히려 높아진 반면,
비정규직의 고용보호지수는 1995년부터 몇 차례의 개정을 거칠 때마다 급
격히 낮아진 것을 알 수 있다.[10] 1990년대 중반까지는 비정규직의 고용보호
지수가 더 높았으나 그 후로 역전되어 현재는 정규직 고용보호지수가 훨씬
높다. 실제로 독일의 정규직 고용보호지수는 유럽연합(EU) 국가들 중에서
포르투갈에 이어 두 번째로 높은 수준이다. 즉, 정규직 핵심 노동력과 비정
규직 주변부 노동력 사이의 이중화가 뚜렷하게 나타나고 있는 것이다.

그러나 독일 노동 시스템의 변화과정에서 핵심 노동력은 영향을 받지 않
았다고 이야기할 수는 없다. 앞서 말한 바와 같이 개방 조항 등에 의해서 산
업별 노동조합과 사용자단체가 체결하는 단체교섭의 규정력이 약화되고 종
업원평의회의 사업장 교섭이 중요해지면서 기업 단위로 이른바 '경쟁력 협
약'이 맺어졌다. 종업원평의회는 기업의 경쟁력을 제고 또는 유지해 다운사
이징을 방지하고자 했는데, 이를 위해 일자리를 보전하는 대신 노동시간과
임금의 유연화를 받아들였다.

<그림 2-4>는 정규직에서의 노동시간 및 임금의 유연화 경향을 보여주
기 위해 제시된 것이다(Eichhorst and Marx, 2011). 1985년에는 추가근무에 대
해서 추가근무수당 등 임금으로 지급받는다고 대답한 비율은 절반에 달했
으나, 1993년 46%, 2000년 20%, 2007년 11%로 1990년대 중반 이래 급속

---

10) 여기서 정규직 보호지수는 정규계약(regular contract)에서 집단적·개인적 해고 보호
    수준을, 비정규직 보호지수는 임시계약(temporary contract)의 보호 수준을 가리킨다.

〈그림 2-3〉 정규직과 비정규직 고용보호지수

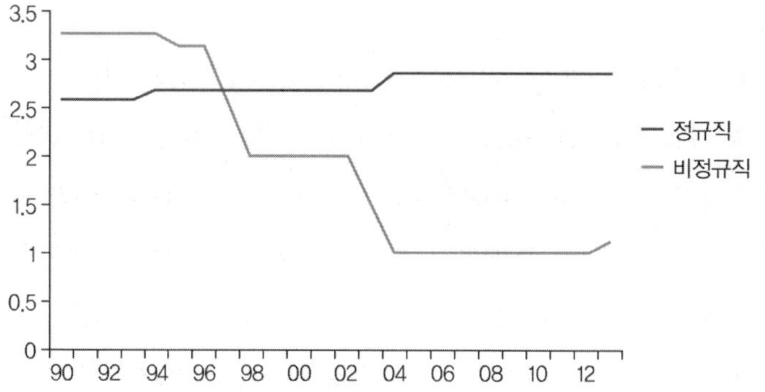

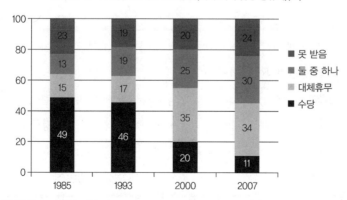

자료: OECD Stat Extracts(http://stats.oecd.org).

히 줄어들었다. 보상을 받지 못한다고 대답한 비율이 거의 변화가 없었던 반면, 추가근무한 만큼 다른 시기에 대체휴무를 갖는다는 대답은 1985년 15%에서 2000년 35%, 2007년 34%로 크게 증가했고, 임금이나 대체휴무 중 하나라는 응답 역시 1985년 13%에서 2007년 30%까지 늘어났다. 이처럼 기존 노동력의 노동시간을 유연하게 활용함으로써 사용자는 더 많은 노동력을 고용하거나 더 많은 임금을 주지 않고도 사업장을 운영하는 것이 가능해

〈그림 2-4〉 추가근무에 대한 보상방법(서독 지역 남성 정규직)(%)

자료: Eichhorst and Marx(2011).

졌으며, 반대로 노동자의 입장에서는 실질적으로 임금이 줄어드는 효과를
받게 된다.

한 연구에 따르면 독일에서 임금 격차가 증가하기 시작한 것은 1994년 무
렵이다(Gernandt and Pfeiffer, 2007). 역시 서독 지역 남성 정규직을 대상으로
한 표본에서 임금에 따라 10분위층을 나누었을 때, D9/D1은 1993년 2.54
에서 2007년 2.93까지 증가했다. D5/D1도 1993년 1.43에서 2007년 1.58
까지, D9/D5 역시 1.68에서 1.58과 1.98로 증가해, 정규직 고임금층과 저임
금층의 격차뿐 아니라 고임금층과 중간임금층, 중간임금층과 저임금층의
임금 격차도 늘어났음을 알 수 있다(Eichhorst and Marx, 2011). 즉, 고임금층
의 임금은 더 높아지고 저임금층의 임금은 더 낮아져서 독일 단체교섭의 특
징인 평등주의적 임금정책이 퇴색하고 양끝이 길게 늘어지고 있는 현상을
보이는 것이다.

실제로 고숙련 노동자들은 노동조합의 평등주의적 노동정책에 불만을 가
질 수밖에 없다. 노동조합의 규제력이 약화된 틈을 타서 의사, 파일럿, 열차
기관사 등 고숙련 노동자들은 독일노동조합총연맹에 속하지 않은 독립 노
동조합을 만들었고, 2000년대 중반 즈음 이들은 파업 등을 통해 성공을 보
여주었다. 이것은 고숙련 고임금 노동자들의 기존 산업별 노동조합 이탈을
부추기거나 또는 그렇지 않더라도 산업별 노동조합들이 이들의 눈치를 보
지 않을 수 없게 만들었다(Streeck, 2009). 이에 따라 고임금 노동자층의 임금
은 더 높아지는 현상이 나타났다.

저임금 쪽의 경우, 물론 최저임금 수준의 저임금은 비정규직 같은 주변부
노동력에 주로 분포해 있지만, 저임금 주변부 노동력의 증가는 정규직, 그중
에서도 특히 저숙련 노동자에게 위협이 된다. 더 값싼 비정규직 노동으로 대
체될 수 있다는 두려움과 가능성이 있기 때문에 이들은 임금에서 양보 교섭
을 하게 되고 임금이 더 낮아지는 것이다(Eichhorst and Marx, 2011).

따라서 이중화는 단순히 주변부 노동력의 증가, 그리고 보호를 받는 핵심 노동력과 주변부 노동력의 단절 및 격차 확대라는 현상만으로 파악되어서는 안 된다. 자본의 노동력 사용 전략은 주변부 노동력을 활용해 외부적 유연성을 확보하고 핵심부 노동력에게는 내부적 유연성을 강요하고 있는 것이다. 따라서 노동자계급의 이중화란 자본의 전략으로서 주변부 노동자층과 핵심 노동자층에 서로 다른 방식으로 불안정성을 강화하는 과정이라고 할 수 있다.

5. 독일 모델의 해체와 노동자계급 이중화의 원인

1) 자본의 공세와 신자유주의로의 전환

독일의 노동시장정책 및 노사관계의 변화는 노동자계급의 이중화와 주변부 노동자 및 핵심 노동자의 양적·질적 유연화를 가져왔다. 그렇다면 전통적인 독일 모델은 왜 해체되었는가?

분명한 것은 독일 자본주의가 '사회적 시장경제'에서 '신자유주의'로 변화해가고 있다는 점이다. 앞에서 설명한 노동시장 유연화에 더해 워크페어(workfare), 긴축재정과 민영화 등 특징적인 신자유주의 정책들이 모두 채택되었다.

이른바 하르츠 개혁에 의한 실업급여제도 개편은 워크페어, 즉 노동시장 참여를 전제로 한 복지의 성격을 명확히 보여준다. 오랫동안 일해온 노동자라 하더라도 실업급여는 최대 1년까지만 수급할 수 있게 되었고, 그 이후는 최저생계비 수준의 수당만 받을 수 있을 뿐이다. 이마저도 계속 받기 위해서는 구직활동과 직업훈련에 의무적으로 참가해야 하고 일정 기간 후에는 고용지원센터가 알선하는 일자리를 받아들여야 한다.

민영화 역시 전형적으로 나타난다. 우편, 통신, 철도 등의 민영화와 더불어 학교, 병원, 정부기관 등에서도 외주화가 확대되었다. 이처럼 민영화 또는 외주화된 부문은 저임금 일자리화되어 최저임금제에 대한 요구가 이와 같은 부문들에서 가장 먼저 제기될 정도였다. 또한 산별노동조합의 단체협약 적용에서도 제외되어 단체협약 적용률을 떨어뜨리는 데 일조했고, 심지어 외주업체의 노동자들이 단체협약에 포괄되면 낙찰이 되지 않거나 재계약을 하지 못하는 일까지 발생하고 있다.

이러한 정책은 신자유주의를 지지하는 우파 정권하에서만 발생한 것이 아니다. 사실 적극적으로 노동시장 유연화와 워크페어를 추진한 하르츠 개혁은 사회민주당과 녹색당의 좌파 연정에서 시행한 것이다. 루에다는 유럽 국가들의 사회민주당은 조직된 핵심 노동자들의 이해를 충실히 따르는 반면 외부자인 주변부 노동자의 이익은 무시한다고 주장하며, 이러한 기반 위에서 정책과 제도 변화를 이해할 수 있다고 본다(Rueda, 2005). 이에 따르면 독일 좌파 정권도 핵심 노동자를 보호하기 위해 노동시장 유연화 등을 통해 주변부 노동자를 희생시키고 이중화를 공고히 해나가고 있다고 볼 수 있다. 실제로 앞의 <그림 2-3>에서 나타난 것처럼 법적·제도적 차원에서 비정규직 노동자의 보호지수는 크게 떨어진 반면 정규직 노동자의 고용보호지수는 오히려 상승했다는 점을 보면 이러한 주장에도 설득력이 있어 보인다.

하지만 아이히호르스트와 마르크스는 루에다의 주장을 반박하면서 어떤 정권이든 일관된 목표하에서 변화를 추진했다기보다는 당시의 경제 상황, 특히 실업률과 정권이나 정당의 지지율에 민감하게 반응하면서 취한 조처들이 누적된 효과로 이러한 변화가 나타났다고 본다. 또한 이들은 조직된 핵심 노동자들도 고용보호를 제외하면 내부적 유연화에 의해 이익과 권리를 침해당하고 있으며, 외부 주변부 노동자들의 사용이 단기적으로는 자신들을 위한 고용불안의 완충판이 될지언정 장기적으로는 자신들의 노동조건 악화를 가져올 것이라는 딜레마를 분명하게 인식하고 있다고 지적한다 (Eichhorst and Marx, 2011).

결국 독일 모델의 해체 그리고 이중화의 경향은 자본이 주도하는 신자유주의화의 결과이다. 자본은 집단적 협의와 합의에 의해 조율되는 전통적인 사회적 시장경제 또는 사회적 코포라티즘의 방식에서 벗어나고자 했다. 1990년대 이후 노골적으로 신자유주의를 옹호하고 노동조합에 반대하는 주장을 펼치기 시작한 독일기업인연합(BDI)의 행보가 이러한 자본의 요구를 잘 대변하고 있다. 독일기업인연합은 또 다른 경영자 단체인 독일사용자연합(BDA)을 노동조합과 타협한다고 비난했으며, 2000년대에는 공동결정제와 종업원평의회에 대한 반대운동을 펼치기도 했다. 노동조합과의 단체교섭 주체인 독일사용자연합은 독일기업인연합의 반노동조합 노선에 당혹을 표시하기도 했지만, 이러한 신자유주의 - 반노동조합 운동은 노사 교섭에서 자본의 입지를 강화하고 노동조합의 힘을 약화하는 데 사용될 수 있었다.

실제로 자본은 사회적 통제에서 벗어나 자유를 추구하기 시작했다. 전통적으로 독일에서는 기업마다 주거래은행이 있어 은행이 기업의 자금 운영을 뒷받침해주었다.[11] 하지만 1980년대 중반 이후 은행들이 기업의 스폰서 역할을 그만두고 투자은행으로 전략적 방향을 바꾸면서, 주식시장이 활성화되고 기업들은 주식가치에 민감하게 반응하게 되었다. 즉, 주주가치가 부

---

11) 독일의 기업들은 상호 주식 소유와 이사 겸임제를 통해 강한 네트워크를 형성하고 있었고, 주거래은행이 기업의 자금을 조달하고 감시하는 역할을 했으며, 기업 이사들과 은행가들은 정부기관 출신이 많았다. 이처럼 기업들, 은행, 정부가 조밀하게 연결되어 있었기 때문에 독일의 기업계를 일컬어 하나의 독일주식회사(Deutschland AG)라고 부를 정도였다. 이는 기업들을 자멸적 경쟁이나 적대적 인수·합병으로부터 보호해주면서 주식가치에 의존하지 않고 장기적 안목으로 경영할 수 있도록 해주었다. 물론 이러한 조밀한 사회적 네트워크를 통해 개별 기업의 경영활동을 독일 전체의 경제사회적 관점에서 조율하는 것도 가능했다.

상하면서 기업들이 단기적 수익 추구에 집중하게 된 것이다. 금융자본주의 현상이 독일에서도 나타나기 시작했다고 할 수 있다.

이와 비슷하게 시장원리 또한 강조되기 시작했다. 공기업과 공공서비스는 비효율의 온상으로 지목되었고 이것은 시장경쟁으로만 치유될 수 있다고 역설되었다. 이러한 논리는 공기업 민영화를 정당화하고, 민영화되지 않은 공공서비스에도 내부적으로 공공성보다 효율성과 경쟁원리를 도입하는 근거로 사용되었다(Streeck, 2009). 이처럼 전통적인 독일 사회에서는 낯선 것이었던 반노동조합, 주주가치의 부상, 시장원리의 강조 등 신자유주의 담론이 주류로 떠올랐다는 것은 본격적인 자본의 공세를 증거한다.[12] 즉, 코포라티즘적 세력 균형이 무너지고 자본의 힘이 강화되면서 독일 자본주의는 신자유주의로의 전환을 겪고 있는 것이다.

2) 자본의 세계화

그렇다면 자본이 이처럼 코포라티즘에서 이탈해 신자유주의 공세로 전환한 것은 무엇 때문인가? 통일에 의한 경제사회적 변화 등 독일의 특수한 맥락도 이러한 변화를 촉진시킨 중요한 요인으로 거론되지만, 일반적인 차원에서 보면 독일 자본의 전략 변화도 자본의 세계화를 배경으로 한 세계적인 자본축적 구조의 변화와 궤를 같이한다.[13]

---

12) 이러한 신자유주의 담론은 1990년대 말 이른바 산업입지 논쟁에서 뚜렷하게 표명되었다. 산업입지 논쟁은 세계화된 환경에서 독일이 신자유주의적 경쟁국가로 전환하고 금융자본과 산업자본의 자본 이동에 적합한 신자유주의 경쟁국가로 전환하고 독일의 노사관계 또한 그에 걸맞게 바꾸어야 한다는 주장을 제기했다(강신준, 2001).

13) 스트릭(Wolfgang Streeck)은 독일 모델의 붕괴 원인을 모델의 발전성 소진, 독일 통일의 충격, 세계화의 도전 세 가지로 꼽으면서, "정상적인 상황에서라면 '독일 모델'은 다시 한 번 어려움에서 벗어날 길을 찾을 수 있었을지도 모르지만, 독일 통일은 그것을 극복할 수 없을 정도로 악화시켰다. 나아가 설사 동독이 온갖 어려움 속에서도 서

제2차 세계대전 이후 독일 모델은 성공적으로 작동했다. 노동비용은 높았지만 그만큼 고숙련의 노동력이 만들어내는 고품질 상품은 세계 시장에서 경쟁력을 가졌다. 하지만 산업자본주의가 전 지구적으로 확산되면서 세계 상품시장에서의 경쟁 압력은 증가하고 있었다. 고품질 상품시장에서는 일본이 강력한 경쟁자로 부상해 독일 상품의 점유를 잠식하기 시작했을 뿐 아니라, 기술 발전으로 인해 제품 품질이 상대적으로 균등화되면서 동아시아 등지의 싼 노동비용을 바탕으로 한 저가 상품과도 경쟁을 할 수밖에 없게 되었다(이승협, 2006). 이렇게 되자 높은 노동비용은 점차 부담이 되었고 경쟁력 약화의 원인으로 지목받기 시작했다.

그러나 독일 모델을 쇠퇴시킨 세계화의 맥락이란 단지 세계 상품시장에서의 경쟁력 약화만을 의미하는 것은 아니다. 더 결정적인 것은 세계화의 새로운 특성이었다. 세계화가 국제 상품시장과 무역의 확대를 의미하는 것이라면 원래 독일은 개방 경제의 특성을 띠고 있었고 독일 모델 자체가 그러한 환경에서 수립된 것이었다. 그러나 1990년대 이래 세계화라고 지칭되는 것은 특히 자본 이동에서 국가 간 장벽이 무너지는 현상을 가리킨다. 원칙적으로 자본에는 국경이 없다고 하지만 실제로는 여러 가지 이유에서 자본이 국경을 넘어 이동하는 것이 쉽지 않았다. 국내 자본과 국외 자본 사이에 법적·제도적 차별이 있었고 정치적·문화적 차이도 문제가 되었으며 지리적 거리에 의한 교통 및 통신의 한계도 있었다. 그러나 현재 이러한 제한들이 사라져가면서 자본이 자유롭게 국경을 넘나들 수 있게 되었다. 잘 조직된 집단들의 협상과 조율에 의한 사회적 시장경제는 분명한 경계가 있는 국가 단위에서 작동하는 모델이며, 자본이 자유롭게 이동하는 세계화 상황에서는 유지

독의 관점에 맞는 통일 독일에 잘 통합될 수 있었다 할지라도, 세계화된 경제는 독일의 제도들이 유지되기 어려울 정도의 새로운 압력을 부과했다"라고 말한다(Streeck, 1999).

되기 어려운 것이었다(Streeck, 1999).

세계적으로 통합된 금융시장이 등장하면서 금융자본은 높은 수익을 올릴 수 있는 기회를 가질 수 있게 되었다. 독일의 은행 및 금융사들이 기업의 후원자 역할을 그만두고 적극적인 투자 수익을 추구하는 쪽으로 방향을 바꾼 것은 이러한 상황과 관련이 있다. 독일의 금융자본은 영국 은행들의 높은 투자 수익에 자극을 받았고, 독일에서 가장 큰 은행인 도이체방크가 한때 본사를 프랑크푸르트에서 런던으로 옮길 것을 검토한 사실은 이를 상징적으로 보여준다.

산업자본에 대해서 말하자면, 세계화 시대 다른 초국적기업들처럼 비용이 싼 곳으로 생산기지를 옮기거나 하청을 줄 수 있게 되었다. 특히 1990년대 동유럽 사회주의권의 붕괴로 충분히 지리적으로도 가깝고 교육과 숙련 수준이 높은 동유럽 노동력을 이용하는 것이 가능해졌다. 실제로 독일 기업들은 사업장을 동유럽으로 옮기겠다는 위협으로 종업원평의회와의 교섭에서 양보를 얻어낼 수 있었다(강신준, 2001). 또한 이것은 대기업과 중소기업의 갈등을 빚었는데, 세계적인 경쟁 압력을 빌미로 대기업들이 하청 부품 공급업체들에게 단가 인하를 강요했기 때문이다. 전통적으로 독일에서 대기업과 하청 중소기업들은 장기적인 동반자 관계를 형성하고 있었으나 이제 대기업들이 동유럽 등지와 세계 각지에서 싼 부품을 공급받는다는 대안을 갖게 됨에 따라 국내 하청업체와의 협력에 한층 냉담해졌다. 대기업과 중소기업의 갈등은 앞서 말한 독일기업인연합의 반노동조합 캠페인에 영향을 미쳤다. 즉, 대기업과 갈등을 빚으며 단가 인하를 받아들여야만 했던 중소기업들은 대기업들과 비슷한 수준의 임금을 지불해야 하는 산업별 노사협약에 더욱 불만을 품게 되었던 것이다(Streeck, 2009).

결국 독일 기업들도 자본의 세계화라는 환경에서 사회적 시장경제 모델의 한 행위자이자 파트너에서 국경을 넘나드는 초국적기업으로 방향을 바꾸게 된다. 다임러(Daimler)의 사례는 그것을 가장 잘 보여준다. 다임러는 노사관계, 기술, 경영 등 모든 분야에서 모범을 확립하면서 사회적 책임을 가지고 독일 산업계를 이끌고 통합하는 리더 역할을 하는 기업이었다. 그러나 그 역할은 1990년대 중반에 끝났다. 다임러는 다른 독일 기업들과의 네트워크를 형성했던 공유 주식을 팔고 자사 주식을 뉴욕 주식시장에 상장했다. 또 미국의 크라이슬러 회사를 합병하고 일본의 미츠비시를 인수하려고 하면서 장차 유럽 - 미국 - 일본에 걸친 초국적기업으로 활동할 것이고 독일에 책임성을 가지지 않겠다는 점을 명확히 했다. 1990년대 이래 독일 대기업에서 공공기관 출신의 최고경영자 비율이 급격히 줄어들고 국제 경영과 투자 경력을 가진 경영자들이 이를 대체했으며, 최고경영자의 봉급이 크게 증가한 대신 재임기간이 급격히 짧아지고 경영실적에 대한 책임과 갈등으로 물러나는 경우가 많아졌다. 스트릭은 이 같은 사실을 독일 기업들이 세계적인 인수·합병, 투자 등을 통해 최대의 수익을 추구하는 초국적기업으로 활동하기 시작했다는 증거로 제시한다(Streeck, 2009).

말하자면 독일 모델은 그 자체로 자본의 세계화라는 환경에 조응할 수 없는 것이었기 때문에 붕괴한 것이라고 할 수 있다. 물론 독일 시스템 자체의 한계나 동학 또는 독일 통일과 같은 특수한 사건도 직접적으로 독일 모델의 붕괴를 촉진시켰지만, 더 근본적으로는 세계적 차원에서 자본축적 방식의 변화와 관련되어 있는 것이다. 즉, 자본의 세계화는 그 자본이 자유롭게 활동할 수 있는 신자유주의를 요구하게 되고, 신자유주의가 사회적 시장경제라는 독일 모델을 대체했다. 그 과정에서 비교적 평등하게 조직된 집단으로서의 노동자계급은 명백한 이중화 경향을 보임과 동시에 내부자로서의 핵심 노동과 외부자인 주변부 노동은 서로 다른 방식의 유연화를 겪고 있는 것이다.

6. 나가며

사회적 시장경제라는 독일 모델이 무너지면서 독일 노동자계급은 이중화 과정을 겪고 있다. 독일 산업은 전통적으로 개인서비스업이 미발달하고 제조업 중심이었으며 낮은 노동비용을 바탕으로 한 가격경쟁보다는 숙련 노동에 의한 고품질의 상품 생산에 경쟁력을 갖고 있었다. 독일의 노동자들은 높은 숙련 수준을 대가로 가족임금 이상의 고임금과 비교적 평등한 임금조건을 향유했다. 이러한 노동시장은 잉여노동인구를 사회보장으로 흡수하는 방법으로 유지되었다. 하지만 사회보장비용의 증가는 정부 재정에 타격을 주었고, 결국 적극적으로 일자리를 창출하고 사람들을 노동시장에 밀어넣는 방식으로 노동시장정책 및 사회정책이 전환되었다. 이를 위한 방법으로 채택된 것은 노동시장을 유연화해 다양한 형태의 비정규직 일자리를 창출하는 것이었다. 이로써 고용불안과 저임금으로 특징되는 주변부 노동력이 크게 확대되었다.

독일 모델은 또한 중앙집중적이고 포괄적인 노사관계 구조를 포함하고 있었다. 독일의 단체교섭은 기본적으로 산업별 노동조합과 산업별 사용자단체 사이에 이루어지며, 단체교섭의 높은 적용률과 선도교섭 관행에 의해 노동자들은 기업별, 산업별, 지역별로 격차가 비교적 크지 않은 평등한 임금 및 노동조건을 가질 수 있었다. 그러나 20여 년 전부터 이러한 교섭구조가 해체되고 분권화되기 시작했다. 우선 양적으로 단체교섭의 적용률이 떨어졌으며, 질적으로는 개방 조항의 증가로 사실상 산업별 단체협약에서 사업장별 종업원평의회와 기업 간의 협약으로 비중이 옮겨가기 시작했다. 이러한 기업 단위의 협약에서 종업원평의회는 일자리를 보전하는 대신 노동시간 및 임금 유연성을 받아들였고, 결과적으로 이러한 내부적 유연성을 통해 기업은 경영상의 위험을 노동자들에게 떠넘길 수 있게 되었다. 또한 핵심 노동자인 정규직 내부에서도 임금 격차가 심해져서 단체협약을 통한 평등주의는 옛말이 되어가고 있다.

노동자계급의 이중화는 내부인인 핵심 노동의 이익을 위해 외부인인 주변부 노동을 희생하는 것이라기보다는 자본의 노동력 활용 전략으로서 주변부 노동자와 핵심 노동자 양자에게 서로 다른 방식의 유연성을 부과해 노동자들을 불안정하게 만드는 것이다. 이것은 신자유주의의 일환이며, 독일에서도 노동시장 유연화와 더불어 워크페어, 민영화 등 전형적인 신자유주의 정책이 뚜렷하게 나타나고 있다. 또한 반노동조합주의, 주주가치의 부각, 시장원리의 강조 등 신자유주의 담론 또한 주류로 부상한다. 결국 독일 모델은 자본의 세계화라는 상황에서는 유지될 수 없는 것이었다. 자본은 전 지구적 차원에서 국가 간 경계의 제한을 철폐하면서 이윤을 최대화하고 있으며, 그러한 자본의 활동방식으로서 신자유주의는 독일 모델을 붕괴시키고 노동자계급의 이중화를 만들어내고 있다.

이런 측면에서 독일의 경우는 신자유주의 세계화의 예외적 사례가 아니라 오히려 그것의 일반성을 증명하는 사례에 가깝다. 비록 자본주의이지만 경제를 시장의 보이지 않는 손에 온전히 맡기기보다 노동과 자본을 비롯한 사회집단들의 협상과 합의에 의해서 조율하는 독일 모델은 한국의 일부 진보 진영에서도 오랫동안 대안적 모델로 간주되어왔다. 그러나 최근에는 오히려 박근혜 정부에서 독일의 고용정책을 배우자는 이야기가 나오고 있을 정도로 반전되었다.

물론 한국과 독일의 상황을 비교하기는 어렵다. 독일에서 비정규직이 급격히 늘었다고 해도 25% 정도이고, 한국은 임금노동자의 절반 가까이 비정규직이다. 독일의 산업별 교섭과 단체협약 적용률 60%는, 겨우 10% 남짓한 노동조합 조합원들만이 단체협약 혜택을 받을 수 있는 한국에서는 아직도 부러워할 만한 수준이다. 그러나 중요한 것은 그러한 전통을 가진 독일조차

도 자본의 세계화와 신자유주의 공세에 무너지고 있다는 점이다. 이것은 신
자유주의 세계화가 불가역적인 필연이라는 뜻은 아니다. 인간의 실천을 매
개하지 않은 필연적 법칙은 없다. 다만 신자유주의 세계화에 저항하기 위해
서는 이를 만들어내는 자본의 동학 자체를 저지해야 하며 표면적인 제도들
을 답습하거나 이식하는 것으로는 견뎌낼 수 없다는 점을 독일의 사례가 보
여준다.

참고문헌

강신준. 2001. 「독일 교섭체계의 발전과정과 신자유주의의 도전」. ≪산업노동연구≫, 7(1).

박명준. 2014. 「도입 10년, 미니잡에 대한 평가와 전망: 독일 내 정책옹호자연합별 담론들」. ≪노동리뷰≫, 통권 110호. 한국노동연구원.

이상호. 2014. 「독일 고용체계의 변화와 비정규노동」. 경상대학교 정치경제학과 박사학위논문.

이승협. 2006. 「독일 단체교섭체계의 구조와 변화」. ≪산업노동연구≫, 12(2).

＿＿＿. 2014. 「독일 미니잡의 고용 현황과 특징」. ≪노동리뷰≫, 통권 110호. 한국노동연구원.

Atkinson, John. 1987. "Flexibility or Fragmentation?: The United Kingdom Labour Market in the Eighties." *Labour and Society*, 12(1).

Clegg, Daniel. 2007. "Continental Drift: On Unemployment Policy Change in Bismarckian Welfare States." *Social Policy & Administration*, 41(6).

Davidsson, J. and M. Naczyk. 2009. "The Ins and Outs of Dualisation: A Literature Review." REC Working Paper 02/2009.

Doeringer, Peter B. and Michael J. Piore. 1971. *Internal Labor Markets and Manpower Analysis*. M. E. Sharpe.

Eichhorst, Werner and Paul Marx. 2011. "Reforming German labour market institutions: A dual path to flexibility." *Journal of European Social Policy*, 21(1).

Emmenegger, Patrick, Silja Häuserman, Pbruno Palier and Martin Seeleib-Kaiser. 2012. *The Age of Dualiztion: The Changing Face of Inequality in Deindustrializing Societies*. Oxford Universty Press(번역 : 2012. 『이중화의 시대 : 탈산업 사회에서 불평등양상의 변화』. 한국노동연구원).

Esping-Anderson, Gøsta. 1990. *The Three Worlds of Welfare Capitalism*. Princeton University Press.

Gernandt, Johannes and Friedhelm Pfeiffer. 2007. "Rising Wage Inequality in Germany." Discussion Paper No. 06-019. ZEW.

Gordon, David, Richard Edwards and Michael Reich. 1982. *Segmented work, divided workers: the historical transformation of labor in the United States*. Cambridge University Press

Kvasnicka, M. 2008. "Does Temporary Help Work Provide a Stepping Stone to Regular Employment?" NBER Working Paper 13843. National Bureau of Economic Research.

Lindbeck, Assar and Dennis J. Snower. 1986. "Wage Setting, Unemployment and Insider-Outsider Relations." *The American Economic Review*, 76(2).

Osterman, Paul. 1987. "Choice of Employment Systems in Internal Labor Markets." *Industrial Relations*, 26(1).

Rueda, D. 2005. "Insider-Outsider Politics in Industrialized Democracies: The Challenge to Social Democratic Parties." *American Political Science Review*, 99(1).

Streeck, Wolfgang. 1999. "German Capitalism: Does It Exist? Can It Survive?" in Crouch, Colin and Wolfgang Streeck(eds.). *Political Economy of Midwern Capitalism: Mapping Convergence and Diversity*. SAGE.

_____. 2009. *Re-forming Capitalism: Institutional Change in German Political Economy*. Oxford University Press.

제3장

남아공 민주주의 이행과 흑인 노동자의 계급적 분화*
생활조건의 변화를 중심으로

김영수 | 경상대학교 사회과학연구원 연구교수

1. 들어가며: 문제의식

남아공의 민주화 이행기는 1980년대 민주화를 위한 대립과 투쟁의 시기, 1990년대 민주화와 자유화를 위한 법·제도적 개혁의 시기, 그리고 2000년 대 민주주의의 '질적 조건'을 둘러싼 계급적 분화의 시기로 구분할 수 있다. 1990년 인종차별정책이 폐지되고 난 이후 2012년 현재까지, 남아공에서는 정치적 민주화가 급속하게 추진되어왔다. 흑인 노동자들은 참정권을 비롯해 각종 권리를 법·제도적으로 보장받으며 생활하고 있고, 노동현장에서도 기본적 권리를 행사하고 있다. 남아공에서는 민주적인 선거절차를 통해 의회나 정부가 구성되고 있으며, 인종차별주의체제에서 발생되었던 각종 비

* 이 글은 2010년 한국연구재단의 중점연구과제에 대한 지원(NRF2010-413-B00027)을 받아 수행된 연구이다.

민주적인 법과 제도들이 개혁되고 있다. 그런데 거의 20여 년 동안 민주화 이행과정을 밟아나가며 토지 및 광산에 대한 국유화 정책을 시도하고 있음에도, 아파르트헤이트 체제의 권위주의적 유산과 사회경제적 불평등의 구조적 모순은 극복되지 않은 채 계급적인 차별 및 분화가 재구성되고 있다.

그래서 민주주의 이행과정은 사회구성원들의 삶으로 현실화되는 사회적 하부구조(social infra-structure)의 실질적인 민주화를 동반하고, 그것을 둘러싼 또 다른 갈등을 발생하게 한다. 사회구성원들은 변화된 사회적 조건에 상응하는 새로운 '민주주의의 질'을 요구하거나 아예 '민주주의의 누적적 발전효과'의 주체로 나선다. 남아공의 흑인 노동자·민중들도 사회체제의 모순을 응축하고 있는 사회적 하부구조의 민주화를 요구하면서 '민주주의의 질'을 향상시키기 위한 투쟁을 전개하고 있다. 남아공의 실질적 민주주의를 위한 밑으로부터의 다양한 투쟁들이 이 연구를 하게 된 결정적 계기로 작용했다. 남아공에서 새롭게 대두되고 있는 계급적 갈등 및 계급적 분화의 문제를 민주화 이행과 연계시켜 분석하고 평가하는 주요 요인이 된 것이다.

이 글에서는 민주주의체제가 정치적인 갈등의 해소나 제도적인 수준의 개혁만으로 완성되지 않는다는 것을 흑인 노동자들의 구체적인 생활조건의 역사적 비교를 통해 규명하고자 한다. 많은 논자들은 이러한 문제의식을 매우 보편화된 것이고 누구나 제기할 수 있는 것으로 간주하기도 한다. 그러나 민주화 이행과정에서 변화된 사회구성원들의 생활조건, 특히 노동자들의 고용조건, 임금조건, 그리고 직업조건 등을 계급적 분화과정과 연계시켜 분석한 사례는 그리 많지 않다.

그래서 필자는 남아공에서 인종차별정책의 폐지와 동시에 추진되기 시작한 정치적 민주화로 사회경제적 평등이 강화되고 노동조건의 민주적 변화가 이루어지고 있는가를 구체적인 통계자료로 검증하려 한다. 검증하는 변인은 흑인 노동자들의 고용조건, 가구당 소득조건, 직업조건이다. 그리고 분석 방법은 아파르트헤이트 시기, 1994년 흑인 정부가 수립되기 직전, 그리고 아프리카 민족회의(African National Congress: ANC) 정부가 수립되고 난 이후의 시기를 역사적으로 비교하는 것이다. 이처럼 폭넓게 시기를 설정한 것은 흑인 노동자계급의 생활조건이 지배체제의 변화에 따라 어떻게 변화되었는가를 통시적으로 규명할 수 있을 것으로 판단했기 때문이다.

만약 남아공의 정치적 민주화가 노동자들의 계급적 이해와 연계된 상태에서 추진되고 있고 또한 사회경제적 민주화를 추동하고 있다는 것을 검증할 수 있다면, 정치적 민주화와 사회경제적 민주화 간의 상호 조응적 관계를 바탕으로 '민주주의 질'이 향상되고 있다고 볼 수 있다. 그런데 정치적 민주화와 사회경제적 민주화 간의 상호 조응적 관계가 검증되지 않는다면, 남아공의 정치적 민주화는 노동자들의 계급적 이해 및 사회경제적 민주화와 무관하게 추진되면서 노동자들의 계급적 분화를 촉진시키는 주요 요인으로 규명할 수 있을 것이다.

2. 남아공 민주화 이행의 기존 연구와 노동자계급

남아공 아파르트헤이트 체제는 법·제도를 중심으로 한 인종적 차별과 분리(segregation) 때문에 국내외적인 비판과 저항에 부딪혔다. 그 결과 1948년 이후 존재했던 남아공의 아파르트헤이트 체제는 1990년에 붕괴되고 1994년부터 현재까지 흑인 정권이 유지되고 있다. 아파르트헤이트 체제는 "백인 이외의 종족이나 인종들이 비자발적으로 혹은 억압적으로 제한된 조건에 구속된 상태에서 살아가게 하는 법·제도적 체제이자 체계적으로 억압하고 지배할 목적으로 자행되는 비인간적인 행동의 정당성을 보장하는 체제였다"(Marcuse, 2003: 9; 국제사법재판소, 2002).

아파르트헤이트 체제가 무너지고 선거를 통해 흑인 정부가 수립되기 직전인 1993년 말의 시점에서, 하루에 1달러로 살아가는 사람들이 25%였고 빈곤선 이하에서 살아가는 사람들은 약 50%였다. 남아공의 부유한 가구 10%가 국가 전체 소득의 50%를 차지했다. 그런데 2012년 말에도 남아공에서는 부의 불평등 현상이 완화되지 않고 있다. "민영화나 사회공공서비스의 사용자 부담정책이 오히려 가난을 심화시키고 있고, 부의 불평등 현상을 강화시키고 있다"(McDonald and Pape, 2002; Beall, Crankshaw and Parnell, 2002). 남아공 노동자계급은 2008년부터 가속화되고 있는 세계적인 경제위기의 영향을 받으면서 실업 증가, 가구소득의 감소, 연금의 축소, 사회서비스의 감축 등과 같은 현상에 직면해 있다.

남아공의 이러한 현상을 고려한다면, 남아공 민주주의의 이행 및 공고화를 연구하는 대표적인 학자들은 법·제도적인 차원에서 인종적 차별과 분리를 극복하기 위한 과정 및 과제를 중심으로 남아공 민주주의의 이행을 분석하고 평가할 수밖에 없었다.

오도넬(Guillermo O'Donnell)은 민주주의의 핵심을 공정하고 규칙적인 선거, 언론의 자유, 보편적 참정권 등으로 보았으며, 또한 비민주적 관행을 최소화하는 대신에 민주적 법치를 확립하는 것으로 규정했다(O'Donnell, 2005). 대부분 남아공이 민주주의 사회체제로 이행하기 위해서는 인종 간 통합과 협력이 필요하다는 주장이었다. 학자들은 "다양한 인종과 종족 간의 협력으로 무지개 국가를 새롭게 구축하는 사회적 정체성 구축, 사회적인 모순을 혁명적으로 해결하는 것이 아니라 인종과 종족 간의 동의와 합의에 기초하는 개혁적 전략의 보편화"(Nash, 1999: 18~27), "정부 - 자본 - 노동의 3자 협력관계를 바탕으로 남아공의 경제발전 및 국가경쟁력 강화 추구"(Charney, 1999: 33~52; Hewitt and Matlhako, 2001: 147~150) 그리고 "평화적인 협상의 확대 및 유권자의 확대"(Berman and Abdollahian, 1999:

229~244) 등의 정책기조가 필요하다는 점을 강조하고 있다. 백인 지배세력과 흑인 정치 엘리트가 이러한 정책기조에 조응하는 법·제도적, 정치적인 민주화 정책을 추진하면서 다양한 종족과 인종이 통합되고 통일되는 사회를 형성하고 강화해야 한다는 관점들이다.

이러한 관점들은 '정치적 지배 엘리트를 중심으로 하는 위로부터의 제한적 민주주의 이행'을 위한 국가적 차원의 정책적 지표들이라고 할 수 있다. 물론 남아공의 민주주의는 이러한 정책적 지표들을 위로부터 실현하는 과정에서 이행되거나 공고화될 수 있었다. 민주화는 기본적으로 자유선거제도, 의회민주주의, 그리고 3권분립 등의 법·제도적 특성을 전제로 하지만, 지배계급과 피지배계급 간의 다양한 투쟁관계로 그 형식과 내용을 규정한다. 민주주의가 제도 중심주의를 넘어서야만 할 이유이다.

그러나 이러한 연구결과들은 남아공의 역사적인 모순을 둘러싼 갈등과 투쟁의 결과, 즉 인종차별정책을 폐지하게 된 주요 원인인 백인과 흑인 간의 갈등을 구체적으로 해결할 수 있는 방안들을 간과하고 있다. 인종적 자본주의체제를 지탱해온 인종적·계급적 갈등의 주요 원인을 구체적으로 해결해 나가면서, 그것의 성과를 사회적 인프라로 구축하는 민주주의의 이행 동력을 규명하지 않고 있다.

민주주의 이행 및 공고화와 관련된 대표적인 연구결과들도 권위주의체제가 민주주의체제로 이행되는 과정에서 나타나는 현상과 과제들을 제시해 왔다. "높은 수준의 개혁, 사회적 합의체제의 구축, 민주적인 제도의 정착"(Bunce, 2000: 703~734), "정당한 경쟁을 보장하는 선거게임의 정착, 정치적 자유와 정치참여의 활성화, 정치참여제도의 민주적 개혁"(Gasiorowski and Power, 1998: 740~771), "다양한 경쟁체제의 정착, 정책의 결정과 집행에서 나타나는 높은 투명성, 정치적 행위에 조응하는 책임성, 과거사의 청산과 화해, 인종 간의 통합적인 시민사회의 형성"(Diamond, 1996: 227~240; 김영수,

2001) 등이었다.

이러한 논의들의 핵심적인 주장은 "권위주의체제가 무너지고 난 이후, 그동안 피지배세력들에게 부여되지 않거나 제한되었던 각종의 권리들을 법적으로 제도화하고, 이러한 법·제도적인 범주 내에서 이해를 둘러싼 경쟁과 책임을 보장하는 사회체제로 변화되어야 한다"는 것이다. 과거에 존재했던 법·제도적 모순들을 해결해나가면서 사회구성원들의 정치적 참여와 사회적 동의들을 이끌어내는 방식의 정치적 민주주의 이행을 강조하고 있다. 그러나 남아공의 민주화 과정을 노동자들의 입장에서 볼 때, 노동자계급의 정치는 법·제도적인 공간에 머무르면서 민주적이고 경쟁적인 선거게임에 참여하는 정치활동만으로 제한되었다. 이들의 논의는 민주화 이행을 법·제도적인 공간의 확장과 통합적인 시민사회 내에서의 경쟁체제로 제한시켰고, 노동자들을 탈계급적인 시민으로서의 정치활동에 머무르게 했다.

그런데 이러한 관점에서는 사회체제의 근본적인 모순에서 비롯되는 갈등 혹은 민주주의 이행의 과정에서 새롭게 나타나는 사회적 갈등, 특히 노동자계급의 생존조건을 둘러싼 갈등현상들이 민주화의 이행과정과 무관한 것으로 분석·평가될 수 있다.

권위주의체제를 무너뜨린 저항의 주체들과 그들의 이해를 분석하고 평가하는 과정에서, 민주주의 이행 및 공고화의 동력을 규명할 수 있어야 한다. "민주주의는 언제 어디서나 부르주아 계급인 지도세력에 대항하는 노동자·민중의 투쟁에서 비롯되기 때문이다"(Therbon, 1983: 271). 민주주의를 '민의 자기통치 및 자기지배'라는 관점에서 볼 때, 민주주의는 다양한 사회세력들 간의 투쟁이 전개되거나 활성화되는 장을 형성하고 유지하는 것이다. "민주주의 이행기에는 노동자·민중들의 전략이 중층적인 민주주의 이행단계의 요구를 표출하기 때문에 밑으로부터의 다층적인 대중투쟁을 특정한 이행단계로 구분하기 어렵지만, 사회적 모순이 단기적으로 해소되는 것이 아니라는 점을 고려하면 노동자·민중들의 대중투쟁전략을 독자적인 민주주의 이행단계로 설정할 수 있기 때문이다"(Marcuse, 1995: 40).

오도넬은 '민주적 질(democratic quality)'을 논의하면서 민주주의 개념을 확장시켰다. 그는 제도 중심의 민주적 개혁을 3단계 민주화 이행론의 핵심 과제로 제시하면서 민주주의의 개념을 확장시켰다. 그가 제시한 민주적 개혁과제는 자유로운 경쟁이 보장되고 제도화된 선거, 일반 민주주의적 권리와 자유를 보장하는 법과 제도, 그리고 사회적인 불평등과 차별을 예방할 수 있는 법·제도적 장치를 마련하는 것이었다. 이러한 과제들은 정치적 권리의 행위자인 모든 인간이 기본적인 수준을 넘는 능력과 인권을 향유해야 한다는 관점에서 도출되었다. 민주주의가 개인 행위자의 사회적 조건이나 생활과 긴밀하게 연관되는 삶의 환경도 부분적으로 포함할 수 있기 때문이다 (O'Donnell, 2004: 12, 62~63). 인종차별적인 권위주의체제가 무너진 남아공에서도 마찬가지이다.

남아공의 사례이지만, 민주주의 이행 문제를 노동자의 생존조건 및 계급적 이해와 연계시키는 민주주의 이행의 복합적 3중 모델이 제시되고 있다. <그림 3-1>에서 확인할 수 있듯이 복합적 3중 모델은 남아공의 민주주의를 위한 제도적 개혁과 사회적 하부구조의 개혁을 복합적으로 연계시키고 있으며(Webster and Omar, 2003; Bond, 2003; Munck, 2010; Holdt, 2003; 김영수, 2013), 남아공의 인종적 모순의 특수성과 자본주의체제의 일반적 모순을 통일적으로 고려하고 있다. 민주화 이행이 제도 중심의 사회통합적 과제 혹은 형식적이고 선언적인 수준을 넘어서서 사회구성원들의 생활에 실질적인 변화를 가져와야 한다는 것이다. 남아공의 민주화 이행 3중 모델은 정치적 민주화·사회경제적 민주화·인종적 민주화를 동시적으로 추진하면서 흑인 노동자들의 생존조건, 특히 흑인 노동자들의 생활과 긴밀하게 연계되어 있는 고용·소득·직업 문제를 실질적으로 변화시켜야 하는 전략적 과제를 제시

〈그림 3-1〉민주화 이행과 노동자의 생존조건: 3중 이행모델

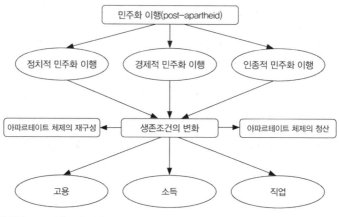

자료: Webster and Omar(2003); Munck(2010).

하고 있다. 남아공의 사례를 근거로 제시하고 있지만, 민주주의 이행의 복합적 3중 모델은 '민주주의 질(the quality of democracy)'을 사회구성원들의 생활과 직접 연계시키고 있다. 노동현장 및 아래로부터의 민주주의가 '민주주의질'을 좌우한다고 보고 있는 것이다.

민주화 이행은 노동현장 및 생활현장을 실질적으로 민주화하기 위해 사회경제정책의 변화, 새로운 노동체제의 도입, 그리고 노동체제에 조응할 수있는 사회구조를 정착시키고 또한 구체적인 정책으로 집행되어야 한다는주장이다(Webster and Holdt, 2005: 46~51). 이른바 민주주의의 공고화는 민주화의 과정에서 사회경제적인 하위주체들이 수용 가능한 수준으로 사회경제적 독점의 민주화가 이루어질 때 비로소 가능하다. 정치적 독점구조는 사회경제적 독점구조와 결합되어 존재하는 것이므로, 정치적 탈독점화와 함께 사회경제적 하위주체들이 감내할 수 있는 수준으로 사회경제적 탈독점화가 이루어질 때 비로소 민주주의는 공고화가 될 수 있다. 이러한 다층적인탈독점화를 통해 민주주의의 사회화가 이루어질 때, 다양한 세력들의 비적

대적 공존이 이루어지고 여기서 민주주의의 사회적 정착이 가능하게 된다
(조희연, 2007: 38).

그런데 2012년 12월 현재 남아공의 주요 사회적 담론은 대중들의 절대적
인 빈곤 문제, 광범위하게 확산되고 있는 실업 문제, 그리고 사회경제적인
불평등의 문제이다. 민주주의가 '민의 자기통치'를 실현해나가는 과정이라
고 볼 때, 이러한 담론들은 남아공 노동자계급과 민주화 이행 간의 상호관
계, 특히 남아공의 민주화 이행이 노동자계급을 사회적으로 통합시켰는가
혹은 분화시켰는가의 문제를 규명하는 주요 근거들이다.

3. 민주주의 이행과 생활조건의 계급적 분화

1) 민주주의 이행과 노동자들의 고용조건 변화

남아공의 아프리카민족회의, 남아공 공산당(South African Communist Par-
ty: SACP)과 남아공 노동조합회의(Congress of South African Trade Union: COS-
ATU)은 삼자동맹(Tripartite Alliance)을 형성해 1994년 재건·개발 프로그램
(Reconstruction and Development Programme, 이하 RDP)을 채택했다. 삼자동맹
의 주체들은 흑인 노동자들의 일자리 창출을 민주주의 이행과제의 주요 과
제로 제시했고, 흑인 노동자·민중들은 '남아공의 근본적인 전환'을 이루기
위해 '민주적이고, 비인종적이며, 비(非)성차별적인 미래'로 이끄는 '통합적
이고, 조화로운 사회 - 경제정책의 뼈대를 구축하려는 RDP의 실현을 요구
했다'.

문제는 RDP가 남아공의 사회구조를 민주적으로 변화시키기 위한 전략
과 정책뿐만이 아니라 자본의 경쟁력을 한층 강화시키기 위한 전략과 정책

〈표 3-1〉 실업 및 불안정 고용의 비율(%)

연도	1951	1960	1965	1970	1973	1977	1980	1982
비율	20.9	24.3	21.8	22.2	23.3	26.9	30.1	31.7

자료: Seekings and Nattrass(2005).

도 동시에 포괄하고 있었다는 점이다. 흑인 노동자·민중들은 1980년대 초반 이후 지속되고 있는 경제불황을 극복하면서 동시에 민주적인 탈인종차별체제의 구축을 요구했다. 1980년대 초반 이후로 지속되고 있는 마이너스 성장의 극복, RDP 재원의 확보, 30% 이상의 실업률 해소를 위한 일자리 창출 등을 위해 세계자본주의체제에 편입해 남아공 경제의 국제적 경쟁력을 강화시키려 했던 것이다. 이러한 과제는 소위 신자유주의 전략으로 규정되었던 '성장과 고용 그리고 재분배 전략(The Growth, Employment and Redistribution: GEAR)'과 '흑인경제력 강화(Black Economic Empowerment: BEE)'전략으로 현실화되었다. ANC 정부는 경제성장을 통한 분배전략으로 흑인들의 생활조건을 개선시키려 했다.

남아공의 GEAR는 투자자에게 신뢰를 부여해 경제성장정책을 추구하도록 하는 정책의 일환이었다. 수출 주도의 성장전략과 노동생산성 향상 전략, 그리고 고도성장전략이었다(GEAR, 1996). 이러한 전략은 급격한 자본의 압축적인 성장을 가능하게 만들었다. ANC-SACP- COSATU도 자본의 성장과 일자리의 창출을 연계시키지 않을 수 없었다. 남아공 흑인 노동자들은 역사적으로 일자리를 얻는 것 자체가 쉽지 않았기 때문이다. <표 3-1>에서 공식적인 직장에 고용될 기회를 박탈당한 실업 및 불안정 고용의 비율을 역사적으로 살펴보면, 그 비율은 1951년에 최저 20.9%였고 1982년에 최고 31.7%였다. 1951~1982년까지 남아공의 실업 및 불안정 고용의 평균비율은 25.15%이다.

〈표 3-2〉 실업률 변화

연도	1993	1997	2001	2005	2008	2012
전체						
실업률	13.6	20.5	29.6	26.4	23.4	25.2
인종별 실업률						
흑인	17.0	27.1	36.0	31.1	27.0	28.5
유색인	15.7	15.2	21.6	22.3	17.3	23.5
인도인	8.3	9.8	18.9	15.6	16.6	13.0
백인	3.2	3.9	6.0	4.9	10.3	5.6

자료: South Africa Government(2012a).

　남아공의 자본축적이 인종별 차별을 기반으로 삼았다는 점을 고려한다면, 흑인 노동자들의 실업 및 불안정 고용의 비율은 다른 인종에 비해 더욱 높았을 것이다. 이처럼 실업 및 불안정 고용상태에서 살아온 흑인 노동자들의 입장에서 볼 때, 탈아파르트헤이트(post-apartheid) 체제가 자신들에게 일자리나 보다 안정적인 생활조건을 제공할 것이라고 간주하지 않을 수 없었다. 그리고 ANC-SACP-COSATU는 경제성장과 함께 흑인 노동자들의 일자리를 만들 수 있다는 관점에서 자본의 신자유주의 세계화에 조응하는 GEAR 전략을 채택했다. 그러나 흑인 노동자들의 입장에서 볼 때 신자유주의 GEAR 전략은 RDP와 모순적인 내용으로 구성되었다.

　탈아파르트헤이트 체제는 노동자들에게 일자리를 제공하는 것이 아니라 오히려 일자리를 축소시켰다. ANC 정부는 1996년 GEAR의 채택으로 95만 개의 새로운 일자리 창출을 예상했지만, 오히려 1996~1999년 사이 비농업부문을 제외한 공식부문에서 50만 개의 실질 직업이 상실되었다(Bond, 2003: 41). <표 3-2>에서 ANC 정부가 공식적으로 발표했던 실업률의 변화를 역사적으로 살펴보면 그것을 확인할 수 있다.

　ANC 정부가 수립되기 직전이었던 1993년 말 당시 실업률은 13.6%였다.

하지만 ANC 정부가 수립되고 난 이후 실업률이 지속적으로 증가하여 2001
년 실업률은 29.6%에 달했다. 실업률이 2001년 이후 조금씩 낮아지고 있지
만, 2012년 현재 실업률은 25.2%이다. 2007년 9월 현재 노동자 1,720만 명
중에서 고용되어 있는 상태가 1,320만 명이고, 그 나머지 약 400만 명 정도
가 실업상태이다. 흑인 노동자와 유색인 노동자의 실업률이 1993년에 비해
2012년 1/4분기 현재 약 11% 정도 증가했다. 2012년 1/4분기 현재 실업자
는 460만 명 이상이고, 또한 실업자의 67%가 장기적인 실업상태에 처해 있
다. COSATU는 이러한 현상을 다음가 같이 평가하고 있다. "실업위기는 탈
아파르트헤이트 체제하에서 아파르트헤이트 경제구조의 모순을 극복하려
하지 않고, 오히려 일자리 창출이라는 미명하에 자본의 성장계획을 수립하
고 추진한 결과라 할 수 있다"(COSATU, 2012: 18).

ANC 정부가 1994년에 고용현황을 한층 정확하게 파악하고 그것에 맞는
고용정책을 마련하기 위해 법률적·정책적인 의미의 고용상태를 "1주일에 5
시간 혹은 그 이상의 노동으로 임금소득을 얻는 상태"(Muller, 2002: 9)라고
규정한 점을 고려한다면, 실업자는 아니라 하더라도 불안정 고용상태에 처
해 있는 노동자가 많이 존재할 수 있다.

불안정 고용상태에 처해 있는 노동자들은 대부분 시간계약직·임시직과
비공식부문에 종사하고 있다. "시간계약직 및 임시직 일자리는 1997년에
58만 1,639개였는데, 1999년에 120만 7,366개, 2000년 이후에는 250만 개
이상으로 증가했다"(Seekings and Nattrass, 2005: 320). <표 3-3>은 1993년
이후 2008년까지 시간계약(part-time)직 및 임시직 노동자들의 비율이다.

ANC 정부가 수립되기 직전인 1993년 시간계약직 및 임시직 노동자들의
비율은 14.5%였지만, 이후 지속적으로 증가하여 2008년 현재 30.8%이다.
이러한 현상은 ANC 정부가 축적위기를 극복하기 위해 채택했던 GEAR 전
략에서 "공식부문의 일자리를 축소하는 대신에 비공식부문이나 비정규직

〈표 3-3〉 시간계약직 및 임시직 노동자들의 비율

연도	1993	1997	2001	2005	2008
비율	14.5	15.2	26.0	26.0	30.8

자료 : Lipton and Simkins(2001); Seekings and Nattrass(2005).

일자리를 확대"한 결과라 할 수 있다.

1993년 말에는 노동자 약 1,200만 명 중에서 고용된 상태가 약 800만여 명이고, 2012년 말에는 약 1,800만 명 중 고용된 상태가 약 1,400만여 명이었다. 탈아파르트헤이트 체제는 20년 동안 약 600만여 명의 일자리를 창출했다고 볼 수 있다. 하지만 ANC 정부와 자본이 창출한 일자리는 대부분 비공식부문이었다. 비공식부문의 노동자들은 1997년부터 2000년까지 급격하게 증가했다. 이 기간 약 310만 명의 노동자들이 비공식부문으로 전락했다.

지난 20년 동안 새롭게 만들어진 일자리의 약 50%는 비공식부문, 즉 등록되지 않은 기업이나 소규모 기업에 고용되어 있는 시간계약직 및 임시직이었고, 25%는 형식상 공식부문일지라도 노동조건에서 실질적으로 비공식부문에 해당하는 중간틈새부문이었다. 결국 새롭게 만들어진 일자리의 25% 내외만이 공식부문에 해당했다. "2008년 말에 고용되어 있는 노동자 1,350만여 명 중에서 640만 명(47.4%) 정도가 비공식부문의 노동자들이고, 약 300만 명은 중간부문이다. 전체 고용된 노동자의 22.5%가 중간부문이었고, 28.1%인 380만 명만이 공식부문의 직업을 가지고 있었다"(Leibbrandt et al., 2010: 17).

그런데 흑인 노동자들은 주로 비공식부문에 종사하고 있다. 비공식부문에 종사하고 있는 노동자들을 인종별로 분류하면 <표 3-4>와 같다.

역사적으로 비공식부문에 종사하는 노동자들은 대부분 흑인들이었다. 비공식부문에서 흑인 노동자들의 비율은 1997년에 26.1%였고 2008년에는 33.4%였다. 흑인 노동자들이 ANC 정부가 창출한 비공식부문에 많이 종사

<표 3-4> 인종별 비공식부문 종사비율

인종별	1997	2001	2005	2008
흑인	26.1	36.7	37.1	33.4
유색인	13.4	18.4	14.0	16.2
인도인	6.1	8.2	7.6	8.7
백인	7.2	6.5	5.0	5.0

자료 : South Africa Government(2012a).

하고 있다는 것을 의미한다. 그런데 "공식부문 노동자들은 비공식부문 노동자들에 비해 약 3.5배 이상의 임금을 받고 있다"(Statistics South Africa, 1996, 1999; South Africa Government, 2005, 2010)는 점을 고려하면, 흑인 노동자들은 가난한 상태를 극복하기가 쉽지 않다. "왜냐하면 남아공 경제구조 대부분이 아파르트헤이트 시대로부터 계승되고 있고, 고용조건의 인종별 차별이 극복되지 않은 상태이기 때문에, 흑인 인구의 75%가 매우 가난한 상태이다"(Kingdon and Knight, 2000: 305).

2) 민주주의 이행과 가구소득의 변화

아파르트헤이트 체제는 1950년대 초반부터 노동자들의 임금분배전략을 다음과 같이 수립했다.

아파르트헤이트 체제는 기술·관료직이나 반(半)숙련 직종에 근무하는 백인 노동자 및 유색인 노동자들에게 최저임금을 보장하는 대신, 미숙련 흑인 노동자들에게는 임금교섭을 아예 배제하면서 인종 간의 불평등 혹은 흑인 내부의 불평등을 심화시키는 임금분배체제였다(Seekings and Nattrass, 2005: 130).

〈표 3-5〉 가구당 월 실질평균소득(란드(R))

연도	백인	유색인	아시아인	흑인	전체 평균
1972	1,472	458	528	269	695
1980	1,450	491	649	368	730
1989	1,459	585	828	474	796

자료: Lipton and Simkins(2001).

백인 중심의 자본은 1950년대 초반부터 1970년대 후반까지 흑인 노동자들의 저임금에 의존하는 수출 주도 성장전략을 바탕으로 백인들을 완전고용하기 위한 정책을 추진했고, 또한 인종 간의 임금차별정책으로 가구당 소득격차를 심화시켰다.

<표 3-5>는 1972년부터 인종차별체제가 무너지기 직전이었던 1989년까지 가구당 월 실질평균소득을 나타내고 있다. 차별적인 임금분배전략은 가구당 실질소득의 격차를 심화시키는 주요 요인이었다. 1972년의 경우 백인은 흑인에 비해 약 5.4배 이상 소득이 높았고, 1980년에는 약 3.9배 이상 소득이 높았다. 이 기간 백인의 소득은 늘지 않았지만, 흑인의 소득이 늘어나서 그 격차가 줄어든 것이다. 1989년에 이르러서는 그 격차가 3.1배로 줄어들었다. 그렇지만 인종별 소득격차는 상대적인 빈부격차의 요인으로 작용했다. "1993년 당시 흑인의 64.9%, 유색인의 32.6%, 인도인의 21.5%, 백인 0.5%가 가난했다"(Neff, 2006: 321). "1993년 가난한 가구 40%(인구의 52%)는 전체 소득의 10% 이하이다. 반면에 부유한 가구(전체 인구의 6%) 10%가 전체 소득의 40%를 차지하고 있었다"(Seekings and Nattrass, 2005: 190~191).

흑인 노동자들은 탈아파르트헤이트 체제하에서 소득의 증가뿐만 아니라 소득격차의 축소를 원하지 않을 수 없었다. ANC 정부 - SACP - COSATU도 자본의 신자유주의적 경제성장전략을 적극적으로 수용·추진하면서 흑인

〈표 3-6〉 남아공 GDP 성장률

연도	1993	1997	2001	2005	2008
비율	1.2	2.6	2.7	5.3	3.7

자료: Leibbrandt et al.(2010).

들의 희망을 실현시키려 했다. 전 대통령이었던 음베키(T. Mbeki)는 2000년 5월 샌프란시스코에서 다음과 같이 선언했다.

> 우리는 우리나라와 아프리카 대륙의 가난과 저발전의 종식을 위해 투쟁할 것이다. 우리는 아파르트헤이트의 실질적인 종식을 위해 투쟁하고 있다. 이를 위해서는 남아공과 아프리카가 더 많은 발전전략을 수립하고 집행해야 한다 (Bond, 2003: 134).

ANC 정부도 "수출 주도 성장전략으로 법·제도적인 차원의 고용을 촉진시켜 인종 간의 소득불평등을 완화시키는 소득재분배체제를 구축하려 했다"(Seekings and Nattrass, 2005: 5). ANC 정부와 자본은 경제성장이라는 전략적 지점에서 서로 동의했다. 이러한 전략은 GDP 성장률로 실현되었다. <표 3-6>은 1993~2008년까지 GDP 성장률을 정리한 것이다.

ANC 정부와 자본은 '선 성장 - 후 분배'라는 정책적 기조를 유지하는 대신 노동현장에 탈아파르트헤이트 노동체제를 허용하기로 했다. 그 효과는 약 15년 동안 평균 3.1%의 GDP 성장률로 나타났다. 1990년대 이후 경제위기의 국면이 지속되고 있다는 점을 고려하면, 남아공의 평균 경제성장률은 상당히 높다고 볼 수 있다. ANC 정부의 '무지개 발전국가 전략(Rainbow State)'이 효력을 발휘했던 것이다. 그 결과 남아공 전체 소득의 인종별 점유 비율이 변화되었다.

<표 3-7>에서 확인할 수 있지만, 백인 가구의 소득점유율은 1970년

〈표 3-7〉 인종별 가구당 소득점유율의 역사적 변화(1970~2000)

인종	1970	1980	1991	1995	2000
백인	71	65	60	52	46
흑인	20	25	30	34	40
유색인	7	7	7	9	9
아시아	2	3	4	5	5
합계	100	100	100	100	100

자료: Seekings and Nattrass(2005).

71%에서 2000년 46%로 줄어든 반면, 흑인 가구의 소득점유율은 1970년 20%에서 2000년 40%로 늘어났다. 1991년 아파르트헤이트 체제가 무너진 직후, 흑인 가구의 소득점유율이 30%였는데, 탈아파르트헤이트 체제 10년 만에 40%로 증가한 것이다. 그러나 흑인의 인구가 1991년 약 2,800만 명에서 2000년 약 3,200만 명 정도로 증가한 점을 고려할 때, 14.3%의 흑인 인구증가율에 비해 가구당 소득점유증가율은 10%에 지나지 않는다.

흑인 노동자들의 가구당 소득비율이 다른 인종에 비해 증가했다 하더라도, 그것이 가구당 실질소득의 증가를 의미하는 것은 아니다. <표 3-8>은 2008년 가구당 월간 소득수준을 인종별로 도표화한 것이다.

<표 3-5>에서 1989년 흑인의 가구당 월 실질소득이 평균 474란드(R)였다는 사실을 상기하면서 <표 3-8>에서 나타나는 주요한 특징을 두 가지로 정리할 수 있다. 하나는 일정한 소득 수준으로 비추어 볼 때, 인종 간의 소득 격차가 매우 크다는 점이다. 한 달에 약 57.7달러 이하의 소득으로 살아가는 흑인의 비율이 61.9%이고 유색인의 비율이 32.9%이지만, 백인의 비율은 1.2%에 지나지 않는다. 또한 한 달에 약 41.6달러 이하의 소득으로 살아가는 흑인의 비율이 46.7%이고 유색인의 비율이 19.5%이지만, 백인의 비율은 0.8%뿐이다. 다른 하나는 흑인 이외의 다른 인종들의 가구당 월 실질소

〈표 3-8〉 인종별 가구당 월 실질소득 수준(2008)(%)

	월 305란드(R) 이하	월 416란드(R) 이하	월 577란드(R) 이하
전체	26.3	38.9	52.3
흑인	32.0	46.7	61.9
유색인	9.8	19.5	32.9
인도인/아시아인	0	1.3	7.3
백인	0.6	0.8	1.2

자료: South Africa Government(2008/2009).

득도 증가했다는 점에 비추어볼 때, 인종별 실질소득의 격차가 심화되고 있다는 점이다. 이러한 현상은 "백인 중심의 자본이 인종차별적 성장전략을 고수하면서, 흑인 노동자들을 고용경쟁 및 저임금 강요체제로 내모는 반면, 백인 노동자들에게는 직업과 소득을 보전시켜주었고, 특히 전문화된 백인 노동자들을 임금 하락이나 노동자 간의 경쟁구조로부터 보호하고 있기 때문이다"(Barchiesi, 2011: 41; Seekings and Nattrass, 2005: 162). 그래서 기아생활로 고통을 받고 있는 사람들이 대부분 흑인 노동자라는 점을 고려하면, 아파르트헤이트 체제는 인종 간 소득격차를 축소시켰다고 보기 어렵다. <표 3-9>는 기아생활의 기준에 해당하는 인구비율을 나타내고 있다.

  <표 3-9>에 따르면, 1993년에 하루 1.25달러 이하로 생활하는 인구는 전체 인구의 20.7%로 약 830만여 명이었는데, 2008년에는 전체 인구의 10.7%로 약 520만여 명이었다. 하루 1.25달러 이하로 생활하는 인구의 수는 줄어든 것이다. 그런데 1993년에 하루 2.50달러 이하로 생활하는 인구는 전체 인구의 33.9%로 약 1,350만여 명이었는데, 2008년에는 전체 인구의 36.4%로 1,770만여 명이었다. 약 420만여 명이 더 늘어난 것이다.

  물론 ANC 정부는 탈아파르트헤이트 체제의 법·제도적인 차원에서 각종 연금 및 교육의 혜택에 대한 차별을 폐지시켜 가구당 소득격차를 보전시키

〈표 3-9〉 기아생활 인구비율

연도	전체 인구 수(명)	$1.25 이하(1일)	$2.50 이하(1일)
1993	40,002,316	20.7	33.9
2000	45,134,247	16.8	28.5
2005	46,971,312	16.8	31.5
2008	48,687,036	10.7	36.4

자료: Leibbrandt et al.(2010).

려 했지만, 그러한 정책만으로 인종 간 가구당 소득격차를 해소하지 못했다 (Seekings and Nattrass, 2005: 37~39). 왜냐하면 "흑인 노동자들은 이미 생활 조건의 상업화에 노출되어 있고, 또한 민영화와 위탁관리 등의 신자유주의 정책으로 공공영역이 축소되는 생활조건에서 살아가야만 하기 때문이다 (Barchiesi, 2011: 211~215).

3) 민주주의 이행과 직업군의 변화

아파르트헤이트 체제는 1983년 이전까지 지배권력의 핵심적인 직업군, 예를 들면 입법 - 행정 - 사법 등의 국가권력부문, 공공영역의 고위관리부문 및 전문부문의 직업들을 백인에게만 허용했다. 기술직이나 준전문직종 부문의 직업들은 대부분 유색인이나 인도 - 아시아인들의 몫이었고, 흑인 노동자들에게는 반숙련직종이나 단순보조직종 정도만이 허락되었다. 그래서 흑인 노동자들은 1970년대 후반부터 ANC - SACP와 흑인 노동조합을 중심으로 아파르트헤이트 체제를 무너뜨리기 위해 투쟁했다. 흑인과 유색인들 혹은 흑인 내부의 다양한 종족들이 서로 연대하면서 반아파르트헤이트 투쟁의 통일성을 강화했다. 반면 백인 지배세력은 1983년 백인 이외의 인종적 단결투쟁을 약화시켜야 한다는 전략을 수립했다. 구체적인 것은 1983년 유

<표 3-10> 인종별 상층 직업군 구성비율(명(%))

	입법자, 고위관료, 관리자		전문직	
	1996	2001	1996	2001
흑인	97,275(27)	139,509(27)	427,392(49)	241,578(36)
유색인	30,369(8)	42,202(8)	74,870(9)	47,599(7)
인도 - 아시아인	27,418(8)	46,591(9)	41,800(5)	48,192(7)
백인	205,652(56)	287,087(56)	316,718(36)	331,094(50)
	364,902(100)	515,389(100)	870,955(100)	668,463(100)

자료: Seekings and Nattrass(2005).

색인 - 인도·아시아인가 의회에 참여할 수 있는 권리를 합법적으로 보장해 국회를 백인 - 유색인 - 인도·아시아인으로 구성하는 '3원 의회제'의 도입이 었다. 백인 지배세력은 이를 통해 흑인들을 고립화시키고, 반아파르트헤이 트 투쟁에 대한 유색인종 및 인도인종들의 참여와 인종적 연대를 약화시키려 했던 것이다.

3원 의회제는 입법 - 행정 - 사법 등의 국가권력부문, 공공영역의 고위관리부문 및 전문부문의 직업들을 유색인 - 인도·아시아인에게 허용하는 실질적인 계기로 작용했고, 1990년이 되어서야 아파르트헤이트 체제의 공식적인 폐지와 함께 흑인들도 국가권력 및 공공영역의 직업에 진출할 수 있게 되었다. <표 3-10>은 ANC 정부 초창기와 아파르트헤이트 체제가 붕괴되고 10여 년이 지난 이후 국가권력부문과 전문영역에 종사하고 있는 노동자의 수와 비율을 인종별로 분류한 것이다.

ANC 정부 초창기인 1996년 당시, 흑인들은 국가권력부문의 직업에 9만 7,275명이 종사하고 있었지만, 백인들은 그 부문에 20만 5,652명이 종사하고 있었다. 흑인의 점유비율은 27%인 반면, 백인의 점유비율은 56%였다. 이러한 점유비율은 2001년에도 변함이 없다. 하지만 국가권력부문에 종사하는 흑인 노동자의 수는 4만 2,234명이 증가했고, 백인 노동자의 수는 8만 1,435명이 증가했다. 전체 인구의 구성비율에 비추어 본다면, 백인 노동자가 국가권력부문의 직업을 독과점하고 있다고 볼 수 있다.

그런데 전문직 분야의 직업에서도 유사한 현상이 나타났다. 1996년 당시 흑인 노동자 중 전문직 분야 종사자는 42만 7,392명이고, 그 점유비율은 49%였는데, 2001년에는 18만 5,814명이 줄어들어 점유비율도 36%로 떨어졌다. 그렇지만 백인의 경우 전문직 종사자는 1996년 31만 6,718명으로 점유비율이 36%였는데, 2001년에는 1만 4,376명이 증가했고 점유비율도 50%로 증가했다. 이러한 현상은 두 가지 의미를 내포하고 있다. 전문직 분야에서 20만 2,492개의 직업이 상실되는 과정에서 가장 피해를 본 것이 흑인 노동자였다는 점이다. 다음으로는 백인들의 전문직 직업은 상실되는 것이 아니라 오히려 증가되었다는 점이다.

그렇지만 공공부문의 관리영역에서 그 반대의 현상이 나타났다. 공공부문의 관리직에 종사하는 흑인 노동자의 비율은 대폭적으로 증가한 반면에 백인 노동자의 비율은 축소되었다. <표 3-11>은 공공부문의 관리직에 종사하고 있는 노동자들을 인종별로 분류한 비율이다.

1995년 당시 공공부문 관리직에 종사하는 흑인 노동자의 비율은 30.0%였지만, 2001년에는 51.1%로 증가했다. 이는 ANC가 1994년 정부를 수립하고 난 이후 새롭게 만든 공공부문의 관리직에 흑인을 임명하면서 나타난 현상이고, 또한 ANC 정부가 의욕적으로 추진했던 BEE 전략, 즉 흑인들의 경제적 역량을 강화시키기 위한 법·제도적 장치를 마련하는 전략의 성과였다고 할 수 있다. 반면 백인 노동자의 비율은 1995년 59.9%였지만, 2001년에는 36.6%로 축소되었다. 또한 <표 3-11>에서 확인되듯이 공공부문의 고위관리직에서도 비슷한 현상이 나타났다.

그런데 직업과 소득을 기준으로 계급구조를 분류할 때 국가권력부문, 전

〈표 3-11〉 공공부문 종사자의 인종별 비율

	공공부문 일반 관료		공공부문 고위관료	
	1995	2001	1995	2001
흑인	30.0	51.1	33.3	42.7
유색인	6.7	6.6	2.0	5.8
인디안	3.4	5.7	2.0	6.0
백인	59.9	36.6	62.7	45.5
전체	100	100	100	100

자료: Seekings and Nattrass(2005).

문직 부문, 그리고 공공부문의 직업에 종사하고 있는 흑인들은 상층계급 혹은 반전문가계급에 해당되는 사람들이었다.[2] 이 이외의 흑인 노동자들은 반숙련 혹은 미숙련 노동자로 고용되어 있는 핵심노동계급(core working class)이거나, 농장이나 가정에 고용되어 있는 주변노동계급(marginal working class)에 해당되었다. "1993년 당시 핵심노동계급에 해당하는 노동자들은 월 가구당 소득이 1,187란드(R)인 반면에 상층계급에 해당하는 노동자들은 한 달에 6,573란드(R)의 소득을 유지하고 있었다. 문제는 주변노동계급의 월 가구당 소득이 618란드(R)에 지나지 않았다는 사실이다"(Seekings and Nattrass, 2005: 253). 상층계급의 노동자들과 주변노동계급 노동자들 간의 소득격차가 약 10.5배 이상이었고, 핵심노동계급의 노동자들과 주변노동계급 노동자들 간의 소득격차는 약 1.92배 이상이었다.

---

2) 시킹스(J. Seekings)는 직업과 소득을 기준으로 남아공의 계급구조를 다섯 가지, 즉 상층계급(upper class: 자본가 및 전문 기술관료/UC), 반전문가계급(semiprofessional class: 교사 및 간호사/SPC), 중간계급(intermediate class: 사무노동자 및 관리·감독 노동자/IC), 핵심노동계급(core working class: 반숙련 혹은 미숙련 노동자/CWC), 주변노동계급(marginal working class: 농장노동자 및 가내노동자/MWC)으로 분류했다(Seekings and Nattrass, 2005: 247).

〈표 3-12〉 2006년 금속산업 노동자의 월 평균임금(란드(R))

	흑인	유색인 - 인도 · 아시아	백인
여성	1,500	2,000	5,050
남성	1,600	2,900	8,500

자료: COSATU(2007).

1993년 당시 핵심노동계급은 가구당 소득구성에서 임금이 차지하는 비율이 매우 높았다는 점, 즉 핵심노동계급의 임금비율이 89%이고 주변노동계급의 임금비율이 81%였다는 점을 고려하면, 노동자계급 내에 존재했던 임금 격차가 곧 가구당 소득격차로 나타났다고 할 수 있다.

1993년 금속산업에 종사했던 노동자들 중에서 흑인과 백인 간의 임금 격차가 최소 5배에서 최대 14배의 격차가 있었다는 사실에 비추어보면, 2006년 현재 인종 간의 임금 격차는 1994년 이전에 비해 줄어들고 있다. 2006년 금속산업 노동자들의 월 평균임금의 격차를 살펴보면 <표 3-12>와 같다.

2006년에도 핵심노동계급에 해당하는 흑인 노동자와 백인 노동자 간의 임금 격차가 적게는 3.36배에서 많게는 5.66배에 달한다. 인종 간의 임금 격차는 급격하게 축소되었지만 하층계급에 해당하는 노동자들의 조건은 개선되지 않고 있다. 시킹스(J. Seekings)는 다섯 가지의 계급구조를 다시 상층계급, 중간계급, 하층계급으로 재구성하면서, 핵심노동계급과 주변노동계급을 다시 분리시켰다. "핵심노동계급은 중간계급에 해당하고 주변노동계급은 하층계급이라는 것이었다"(Seekings and Nattrass, 2005: 253). <그림 3-2>는 계급별 가구비율과 소득비율의 역사적 변화를 나타낸다.

2008년 현재 상층계급의 가구비율 및 소득비율은 1993년에 비해 소폭 상승했다. 이러한 현상은 국가권력부문, 공공부문, 그리고 전문분야의 직업에 흑인 노동자들의 진입이 증가한 결과이다. 하지만 중간계급의 가구비율과 소득비율은 대폭 하락했다. 1993년에 48%를 차지했던 중간계급의 비율이

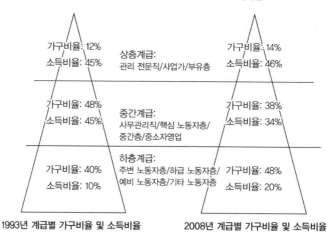

〈그림 3-2〉 남아공의 계급별 가구비율 및 소득비율

가구비율: 12%
소득비율: 45%

상층계급:
관리 전문직/사업가/부유층

가구비율: 14%
소득비율: 46%

가구비율: 48%
소득비율: 45%

중간계급:
사무관리직/핵심 노동자층/
중간층/중소자영업

가구비율: 38%
소득비율: 34%

가구비율: 40%
소득비율: 10%

하층계급:
주변 노동자층/하급 노동자층/
예비 노동자층/기타 노동자층

가구비율: 48%
소득비율: 20%

1993년 계급별 가구비율 및 소득비율   2008년 계급별 가구비율 및 소득비율

자료: Seeking(2010).

2008년에 38%로 격감했고, 소득비율도 45%에서 34%로 축소되었다. 이는 중간계급의 노동자들이 하층계급의 노동자로 전락하면서 노동자계급 내부의 다양한 층위가 발생하고 있다는 의미이다. 1993년 하층계급의 가구비율이 40%였다가 2008년에 48%로 증가했지만, 소득비율은 10%에서 20%로 증가되었다. 가구비율이 8% 증가했다는 점을 고려하면, 하층계급 노동자들의 소득비율은 1993년의 수준에 머물러 있다고 판단할 수 있다. 또한 하층계급을 구성하는 대표적 직업인 가내노동자 및 농장노동자의 비율이 지속적으로 증가했다. <표 3-13>에서 그 변화과정을 확인할 수 있다.

1993년 당시 주변노동계급의 비율은 14.8%이었지만, ANC 정부가 출범하고 난 이후에도 주변노동계급의 비율이 지속적으로 증가했다. 전체 고용 노동자의 수가 증가해왔다는 점을 고려하면, 주변노동자들의 수는 대폭적으로 증가했다. 2012년 말의 시점에서 주변노동계급의 비율은 24.1%이고, 그 수도 326만 명으로 증가했다. 남아공의 민주화 이행은 상층계급의 다인

〈표 3-13〉 주변노동계급의 변화(명)

	1993	1995	1997	1999	2000	2010	2012
전체 고용노동자	9,974,500	9,701,900	9,177,000	10,562,000	11,954,900	12,251,000	13,577,000
가내노동자	576,000	714,800	595,500	806,300	961,900	986,500	1,070,000
농장노동자	902,900	959,000	815,900	856,500	1,502,000	1,326,000	685,000
기타	-	-	28,400	92,300	560,200	975,000	1,505,000
비율(%)	14.8	17.3	15.7	16.6	25.3	26.9	24.1

자료: Muller(2002: 21); South Africa Government(2012b).

종적 구성비율을 약간 증가시킨 반면 중간계급이나 하층계급 노동자들의 노동조건을 악화시켰다. 흑인 노동자계급 내부가 구성에서뿐만 아니라 노동조건에서 계층별로 급속하게 분화되고 있는 것이다.

4. 나가며

흑인 노동자들은 COSATU를 중심으로 아파르트헤이트 체제를 무너뜨리는 역사적인 투쟁의 주체이자 ANC 정부를 구성하는 정치적 주체였다. 또한 흑인 노동자들은 민주화 이행과정에서 민주주의의 공고화 및 '질적 발전'을 추구하면서 ANC 정부와 대결하기도 했다. 남아공의 민주화 이행은 흑인 노동자들에게 법·제도적 차별의 폐지라는 선물을 주었다. 특히 흑인 노동자들은 노동현장에서 고용기회의 차별 혹은 직업의 차별 등과 같은 인종차별적 노동체제에서 벗어났다. 흑인 노동자들은 법·제도적인 차원에서 기본적인 권리를 행사하는 탈아파르트헤이트 노동체제를 구축하게 되었다. 그런데 흑인 노동자들은 오히려 탈아파르트헤이트 노동체제에서 일자리 상실, 인종 간 임금 격차의 지속, 그리고 실질적인 소득의 하락 등으로 일상적 생활의 고통을 겪고 있다. 흑인 노동자들의 일부가 국가권력을 매개로 하는 공공부문, 전문적인 영역, 그리고 공식적인 직업에 고용되어 상층계급이나 중간계급으로 존재하지만, 그 이외의 노동자들은 하층계급으로 분화된 상태에서 계급 간 차별의 고통에 시달리고 있다. ANC 정부가 수립되기 이전부터 2012년까지 변화되어왔던 흑인 노동자들의 고용조건, 임금조건, 그리고 가구당 소득조건에서 확인했듯이, 인종차별정책의 폐지와 동시에 추진되기 시작한 정치적 민주화와 함께 사회경제적 평등이 강조되었지만 노동조건의 민주적 변화는 이루어지지 않았다.

남아공의 사례가 시사하는 점은 민주주의가 제도 중심의 정치적 민주화를 넘어서서 계급적인 이해와 분화에 조응할 수 있는 생활조건의 실질적인 변화를 추구할 때 '질적인 발전'을 이룩할 수 있다는 점이다. 또한 정치권력을 중심으로 한 '위로부터의 제한적 민주화'는 노동자들의 계급적 분화를 촉진시키는 주요 요인이자, 새로운 계급적 투쟁의 과제들을 제기하는 동력으로 작용한다. 물론 흑인 노동자들이 계급적으로 분화되는 또 다른 기제들을 분석하고 평가해야 할 연구과제들은 남아 있지만, 이 글은 민주주의 질적인 문제가 아래로부터의 투쟁으로 제기되는 계급정치의 과제이자 계급적 분화의 현상과 실질적으로 연계되어 있다는 것을 생활요소에서 규명하고 있다.

참고문헌

국제사법재판소. 2002. *International Convention on the Suppression and Punishment of the Crime of Apartheid.*

김영수. 2001. 『화해는 용서보다 기억을 요구한다』. 동인.

_____. 2013. 「국가와 정당 간 권력카르텔과 진보정당: 남아공과 한국의 사례를 중심으로」. 경상대 사회과학연구원. ≪마르크스주의 연구≫, 10권 1호.

조희연. 2007. 「"민주화 이후 민주주의"의 복합적 갈등과 위기에 대한 새로운 접근을 위하여」. ≪동향과 전망≫, 69호. 한국사회과학연구소.

ANC. 1994. RDP white Paper. ANC.

_____. 1996. *The Growth, Employment and Redistribution.* ANC.

Barchiesi, F. 2011. *Precarious Liberation.* New York : State University of New york Press.

Beall, J., O. Crankshaw and S. Parnell. 2002. *Uniting a Divided City: Governance and Social Exclusion in Johannesburg.* London: Earthscan

Berman, Dianne R. and Mark Andrew Abdollahian. 1999. "Negotiating the Peaceful Expantion of the South Africa Electorate." *Journal of Conflict Resolution*, 43(2), April.

Bond, P. 2003. *Against Global Apartheid-South Africa meets the World Bank, IMF and International Finance.* London and New York: Zed Book Ltd.

Bunce, Valerie. 2000. "Comparative Democratization: Big and Bounded Generalization." *Comparative Political Society*, 33(6), August-September.

Charney, Craig. 1999. "Civil Society. Political Violence. and Democratic Transition: Business and peace process in South Africa. 1990 to 1994." *Society for Comparative Study of Society and History*, Vol.99.

COSATU. 2007. *Shopsteward*, June/July.

_____. 2012. *Shopsteward*, Apr/May.

Diamond, Larry. 1996. "Toward Democratic Consolidation." in Larry Diamond and Marc F. Plattner(eds.). *Developing Democracy-Toward Consolidation.* Baltimore and London: The Johns Hopkins Univ. Press. pp.227~240.

Gasiorowski, M. J. and Timothy J. Power. 1998. "The Structural Determinants of Democratic Consolidation-Evidence from the Third World." *Comparative Political Society*, 31(6), September.

Hewitt, Cynthia Lucas and Mamadi Matlhako. 2001. "History Education in Post-Apartheid South Africa-African identity and Regional Economic Integration." *Society for Comparative Study of Society and History*, 78(1), April.

Holdt, Karl Von. 2003. *Transition From Below*. Pitermaritzburg: University of Natal Press.

Kingdon, G. and J. Knight. 2000. "Are Searching and Non-Searching Unemployment Distinct States when Unemployment is high? The Case of South Africa." Working Paper No. WPS/2000-2, Centre for the Study of African Economies, University of Oxford.

Leibbrandt, Murray, Ingrid Woolard, Hayley McEwen and Charlotte Koep. 2010. "Employment and Inequality outcomes in South Africa." Southern Africa Labour and Development Research Unit(SALDRU) and School of Economics, University of Cape Town.

Lipton, M. and C. Simkins. 2001. *State & Market in Post Apartheid South Africa*. Johannesburg: Witwatersrand University Press.

Marcuse, P. 1995.11. "Transition in South Africa: To What?" *Monthly Review*, Vol.47, No.6.

_____. 2003. "Migration and Urban Spatial Structure in a Globalizing World: A Comparative Look." Paper prepared for Conference on African Migration in Comparative Perspective, Johannesburg.

McDonald, D. and J. Pape(eds.). 2002. *Cost Recovery and the Crisis of Service Delivery*. Pretoria: Human Science Research Council.

Muller, Colette. 2002. *Measuring South Africa's Informal Sector: An Analysis of National Household Surveys*. Durban: University of Natal.

Munck, Ronaldo. 2010. "Globalisation, labour and development: a view from the South." *Transformation: Critical Perspectives on Southern Africa*, No.72/73. Published by Transformation.

Nash, Andrew. 1999. "Mandela's Democracy." *Monthly review*, 50-11, April.

Nattrass, N. 2000. "The debate about unemployment in the 1990s." *Studies in Economics and Econometrics*, 24(3).

Neff, Daniel F. 2006. "Subjective Well-Being, Poverty and Ethnicity in South Africa: Insight from an Exploratory Analysis." Sociology of Work Unit(SWOP), Johannesburg: University of the Witwatersrand.

O'Donnell, Guillermo. 2004. "Human Development, Human Rights, and Democracy." in Guillermo O'Donnell, Jorge Vargas Cullell, Osvaldo M. Iazzetta(eds.). *The Quality of Democracy: Theory and Applications*. NotreDame, Indiana: University of Notre-Dame Press.

_____. 2005. "Why the Rule of Law Matters." in Larry Diamond and Leonardo Morlino (eds.). *Assessing the Quality of Democracy*. Baltimore, Maryland: The Johns Hopkins University Press.

Seekings, Jeremy. 2003. "Center for Social Science Research Social Stratification and

Inequality in South Africa at the End of Apartheid." CSSR Working Paper No.31, University of Cape Town Published by the Centre for Social Science Research.

_____. 2010. "Race, class and inequality in the South African City." CSSR Working Paper No.283.

Seekings, Jeremy and Nicoli Nattrass. 2002, "Class, Distribution and Redistribution in Post-Apartheid South Africa." *TRANSFORMATION*, 50.

_____. 2004. "The Post-Apartheid Distributional Regime." CSSR Working Paper No.76, University of Cape Town Published by the Centre for Social Science Research.

_____. 2005. *Class, Race, and Inequality in South Africa*. London: Yale University Press.

South Africa Government. 2005/2010. *labour Force Survey*.

_____. 2008/2009. *Living Condition Survey*.

_____. 2012a.12. *Quarterly Employment Statistics*.

_____. 2012b.4. *Quarterly Labour Force Survey*, Quarter.

Statistics South Africa. 1996, 1999. *October Household Survey*.

Therbon, Goran. 1983. *States and Society*. Oxford: Martin Robertson

Webster, E. 2004. "Sociology in South Africa:it's past, present and future." Sociology of Work Unit(SWOP). Johannesburg: University of the Witwatersrand.

Webster, E. and Rahmat Omar. 2003. "Work restructuring in post-Apartheid South Africa." *Work and Occupations*, Vol.3x, No.x.

Webster, E. and Karl Von Holdt(ed.). 2005. *Beyond the Apartheid Workplace Studies in Transition*. Pitermaritzburg: University of Kwazulu Natal Press.

제4장

세계경제위기와 동아시아의 이주노동
이주의 위기인가 노동의 투쟁인가?

장대업 ∣ 런던 아프리카아시아대학(SOAS) 개발학과 교수

1. 들어가며

이 글은 여전히 진행되고 있는 세계경제의 위기가 동아시아의 지역발전에 깊이 뿌리박은 이주노동자들에게 미치는 영향을 파악하는 것을 목적으로 한다. 최근에 발생한 신자유주의의 전 지구적 위기는 동아시아 상품의 주요 수출국들의 경기를 침체시키면서 동아시아에도 악영향을 미쳐왔다. 사실, 2008년과 2009년의 경기침체는 동아시아의 주요 노동수입국들이 이주노동자들을 희생양으로 삼는 정책들을 도입하도록 부추겼으며 중국 등 수출의 어려움을 겪은 동아시아 국가에서는 내부(농촌에서 도시로의) 이주노동의 흐름이 한동안 멈추기도 했다. 동아시아의 국민국가들은 1997~1998년에 걸쳐 발생한 아시아 경제위기 때와 비슷하게 강력한 규제장치의 도입을 통해 이주노동을 통제하려 할 것이라는 전망이 곳곳에서 나왔다. 하지만 동

아시아에서 이주노동의 흐름이 지구적 자본주의의 중심축이 되어가는 동아
시아 경제의 불가결한 일부분이 되었기 때문에 반이주적 노동정책들을 도
입하는 것은 20년 전보다 훨씬 더 모순적인 결과들을 만들어낸다. 불황을 맞
은 동아시아 국가들이 한층 엄격한 이주정책을 도입하려 하지만, 이주노동
에 의존하는 동아시아의 자본가들은 엄격한 국경관리로부터 직접적인 이익
을 얻을 수 없다는 사실을 잘 알고 있다. 따라서 그들은 이주노동의 흐름을
제약하기 위해서가 아니라 이주노동의 값을 싸게 만들기 위해서 민족주의
적 반이주캠페인에 참여한다. 중국, 홍콩, 한국, 그리고 태국 등지에서 이주
노동의 정치적 주체성이 구성되는 과정에 대한 우리의 논의는 엄격한 (말뿐
이든 실제적이든) 국경통제나 이주노동자들에 대한 강화된 착취 모두 이미 확
장하는 자본의 지역적 순환에 완전히 통합된, 그리고 그 과정에서 스스로가
가진 협상능력을 잘 알고 있는 이주노동자들의 저항을 불러온다는 사실을
보여준다. 자본주의적 발전의 위기는 이주의 위기로 이어지는 것이 아니라
오히려 이주노동의 투쟁으로 이어진다.

2. 세계경제의 위기와 동아시아에서 이주의 위기

최근의 세계경제의 위기는 동아시아에서 이주의 위기(crisis of migration)를
야기할 것이라고 예견되었다. 경제위기가 이주노동에 대한 위협으로 받아
들여진 것은 위기가 이주노동자들의 대량해고를 야기할 것이라는 전망 때
문이었다(Abella and Ducane, 2009; Macabuag, 2009). 이런 대량해고에 대한 우
려는 경제위기 때마다 국민국가들은 이주노동에 대한 통제강화, 불법노동
에 대한 단속강화 등을 거론한다는 사실에 의해 증폭된다. 이런 불길한 전망
의 한층 근원적인 원인은 더 독립적인 동아시아의 부상에 대한 기대를 불러

일으켰던 동아시아 경제, 특히 중국 경제의 서구 선진국으로부터의 '분리' (decoupling)가 기대했던 것보다 느리게 진행되고 있다는 사실이 경제위기를 통해 드러났기 때문이다. 바로 이런 기대에 못 미치는 '분리'가 미국과 유럽 의 경제위기가 동아시아에 심각한 타격을 주는 상황을 허용하게 되었다는 것이다.

그동안 이런 '분리'에 대한 희망을 부추겨온 것은 동아시아가 세계자본주 의의 중요한 중심축들 중의 하나로 부상하게 된 것이 상당 부분 증가하는 동 아시아 역내 투자와 무역에 의한 것이었다는 사실이다. 실제로 아세안 (ASEAN) 국가들과 한국, 일본, 중국 그리고 홍콩과 타이완을 합친 15개 동아 시아 경제들로 유입되는 해외직접투자의 대부분은 역내로부터 들어온다. 최근의 동아시아의 수출 주도 성장과 수직적 통합을 가능하게 했던 직접투 자에 의존한 중국의 빠른 수출산업화 역시 이런 추세에서 벗어나지 않는다. 중국으로의 해외투자 대부분 역시 동아시아로부터 유입되기 때문이다. 증 가하는 역내 무역 역시 동아시아 경제발전의 주요한 원동력이다. 아시아 개 발은행에 따르면 1995~2004년에 이르는 10년간 동아시아 역내무역은 12.96억 달러에 달해 전체 무역에서 차지하는 비중이 두 배로 증가했다 (ADB, 2007: 87). 2011년 아시아태평양 지역의 모든 공산품 수출의 55%가 역내의 다른 국가와 지역으로 향했다(ADB, 2012: 212). 이러한 점을 본다면 동아시아가 세계자본주의의 중심축으로 부상했다는 주장, 또 이 과정이 외 적인 영향에 근거하기보다는 동아시아 내부의 역동적 자본축적과 운동에 근거한다는 주장도 일리가 있어 보인다.

그러나 이처럼 동아시아 '스스로가 주도하는' 지역의 발전이 결코 선진 자본주의 경제의 기복으로부터 자유로운 것은 아니다. 오히려 역내무역의 증가는 부품과 부속의 거래의 증가에 의한 것이고 이들은 사실상 동아시아 가 아닌 선진 자본주의 경제의 수요를 충족시키는 최종생산품을 위해 생산되고 거래된다. 즉, 역내무역을 통해 생산된 최종생산품이 결국 사용되는 곳은 여전히 미국과 유럽의 시장인 것이다. 중국이 주도하는 수직적으로 통합된 생산 네트워크를 통한 역내무역의 빠른 증가는 중국이 최종수출을 위해 미국과 유럽에 더욱더 의존하는 과정과 함께 일어났으며 따라서 동아시아 경제 전체의 서구 선진 자본주의에 대한 의존도는 크게 줄지 않았다. 중국의 이들 시장에 대한 의존도는 적어도 2000년대 중반까지 꾸준히 늘어났다. 한마디로 말해서 동아시아의 생산자들은 중국으로 수출하기보다는 중국을 통해 기존에 그들이 완성품을 수출해왔던 바로 그 시장, 즉 동아시아 외부의 선진 자본주의로 수출하고 있는 것이다. 2001년을 기준으로 약 73% 정도의 동아시아 역내무역이 이러한 최종상품을 만드는 데 소모되는 중간재들로 이루어져 있으며 이들 중 절반은 동아시아 외부에서 소모되는 상품을 만드는 곳에 쓰였다(ADB, 2007: 69). 따라서 단지 동아시아 경제들이 수출하는 가치의 약 21.2%만이 실제로 동아시아에서 최종소비된 것이다(ADB, 2007: 69). 동아시아에만 국한된 수치는 아니지만 아시아 전체에 대한 더 최근의 통계는 이러한 경향이 아시아 전역에서 여전히 지속되고 있음을 보여준다. 2008년을 기준으로 약 71% 정도의 수출가치가 아시아 외부의 시장에서 소모되었다. 그중 미국이 약 23.9%, 유럽연합이 약 22.5%의 아시아 수출가치를 소모했다(ADB, 2010: 52).

미국의 금융위기로 시작되고 유럽의 재정위기로 심화된 세계경제불황에 동아시아가 큰 타격을 입은 것은 바로 이렇게 선진 자본주의 시장에 의존하면서 이루어지는 동아시아 자본주의 발전의 특이한 성격을 그대로 반영한다. 동아시아 수출의 호황은 이들 선진 자본주의 국가들에서, 특히 미국에서 위기가 형성되는 과정과 밀접하게 연결되어 있다. 기본적으로 부채의 증가와 신용의 확장에 의존했던 미국의 성장은 동아시아 경제들이 1997년, 1998년 경제위기로부터 회복하는 것을 도움으로써 동아시아가 다시금 세계

자본주의의 생산기지로서 확고하게 부활하는 것에 기여했다. 동아시아 경제위기는 종종 지역적 금융위기로 오해되곤 하는데 사실상 그것은 현재의 신자유주의적 위기의 전조였다(McNally, 2011). 현재의 지구적 위기의 진원지가 미국이라면 1990년대 중후반 세계자본주의 위기의 진앙은 동아시아였던 셈이다. 이 동아시아 경제위기의 생성은 동아시아 금융·투자시장의 급속한 자유화 덕분에 급속히 늘어난 동아시아로의 자본 유입에서 시작했다. 거의 끝없이 보급할 수 있는 값싸고 잘 훈련된 노동을 가진 동아시아는 신자유주의 개방 이후 지역적 생산능력을 급격하게 확장했고 주목을 받는 세계의 공장이 되었다. 그러나 맹목적인 신자유주의 개방정책을 십여 년 동안 추진하면서 동아시아에 자본이 과잉축적되었고 과도하게 부풀어버린 생산능력이 문제를 일으키기 시작했다. 그 결과 1990년 중반에 이르러 1세대, 그리고 2세대 개발도상국들이 동일한 수출시장을 노리고 경쟁적으로 생산하던 거의 모든 산업분야에서 이윤율이 꾸준히 감소하기 시작했다. 과도하게 가열된 경쟁 속에서 감소하는 이윤율을 극복하기 위해서 개별 자본들은 단기적 이득을 노리고 동아시아로 흘러드는 유동성 강한 자본에 의존하기 시작했다(Chang, 2009: 121~126). 엉성하게 관리되는 금융·투자시장은 이러한 핫머니들의 유입과 유출을 허용했고 단기이득을 노린 투기적 자본흐름이 이미 과도하게 가열된 시장을 한계로 밀어붙였다. 동아시아의 호황이 끝나가는 조짐이 뚜렷해진 1996년을 지나면서 외국자본들은 동아시아를 빠져나가기 시작했다. 은행과 금융기관들이 상환기간의 연장을 거부하기 시작했고 상당수는 많은 자금들이 회수되지 못한 채 파산했다. 금융위기는 곧바로 위기의 진원지인 산업부문으로 번졌고 마침내 부채에 과도하게 의존하고 있던 기업들의 붕괴, 이들로 인한 금융기관들의 붕괴 그리고 심지어 재정건전성이 높은 개별 자본의 붕괴로 이어졌다. 국제통화기금이 주도한 구제금융과 긴축정책에 의해 발생한 거대한 규모의 추가적 자본청산이 있고 나서야 동아시아는 회복의 기미를 보이기 시작했다.

중국은 동아시아의 모든 주요 경제로부터 엄청난 양의 직접투자를 유치함으로써 이 과정의 견인차 역할을 했다. 동아시아 자본들은 중국을 중심으로 한층 효과적이고 통합된 생산 네트워크를 건설하려 했다. 값싸고 잘 훈련된 농민공이 가격경쟁력을 보장하고 거대한 인구 규모를 가진 (기존의 주요 수출시장을 보족할 수 있는) 시장 형성의 잠재력 덕분에 중국이 선호되었다. 중국의 수출산업의 호황이 본격적으로 시작되고 중국 경제의 높은 성장 드라이브가 지속되면서 동아시아 부흥에 대한 희망은 다시금 등장했다.

중국에서 동아시아의 초국적 자본들이 생산능력을 다시 늘려가고 있을 때 미국 시장이 이 동아시아 기업들이 생산해낸 메이드인차이나 상품들의 상당 부분을 흡수했다. 미국 소비자들의 구매력의 저변에는 바로 부채에 의존하는 주택시장 호황이 있었고 이것은 이후에 세계공황의 도화선이 되었다. 이 호황 속에서 부채는 서브프라임 모기지를 통해 미국의 저소득층에 값싸게 제공되었고, 다시 증권화되어 금융기관들에 의해 이윤을 위해 거래되었다. 2005년에 이르러 미국의 주택시장 호황은 625억 달러의 서브프라임 론과 함께 그 정점에 이르렀고 이 중 약 500억 달러 정도가 증권화되어 팔렸다(McNally, 2011: 103). 이 와중에 미국의 노동자계급은 동아시아 자본들이 중국에서 값싸게 생산한 상품들을 소비할 수 있었고 그것은 이른바 윈 - 윈 시나리오를 미국 소비자들과 중국에 근거한 생산자본에게 제공했다. 그러나 이것은 물론 지속가능한 것이 아니었다. 이 단기적인 호황을 뒷받침한 신용의 급속한 확장과 허구적 자본의 증가는 2007년 발생한 서브프라임 모기지 위기로 끝이 나게 되었다. 그와 동시에 1998년 아시아의 경제위기 이후 지속되어온 동아시아의 수출호황도 타격을 입었다. 위기가 깊어가면서 금융위기는 재정위기로 전환되었는데, 특히 유럽에서 심화된 재정위기는 동아시아 경제에 어두운 그림자를 드리웠다. 대부분의 수출 주도 경제들이 즉

각적인 타격을 입었다. 말레이시아, 태국, 대만, 싱가포르 모두 2009년에 각
각 -1.6%, -2.3%, -1.8%, -1%의 마이너스 성장을 경험했고 한국도 0.3% 성
장하는 데 그쳤다(ADB, 2012). 중국의 주요 수출시장들에서 수요가 하락하
면서 중국의 생산부문도 심각한 타격을 받았다. 중국의 제조업은 개방 이래
처음으로 2007년에 마이너스 성장(-4.2%)을 경험했고 중국의 수출성장도
2007년 이래 급격히 둔화되어 2009년에 이르러서는 16% 마이너스 성장을
경험했다.

마이너스 성장을 겪은 동아시아의 노동수입국가들 대부분은 불황기에 노
동이주정책을 재점검하기 시작했고, 이주노동자들의 대량해고와 국경통제
의 강화를 수반하는 이주의 위기가 닥칠 것을 예고했다. 싱가포르와 말레이
시아 정부는 경영상의 어려움을 겪는 고용주들이 외국인 노동자를 먼저 해
고할 것을 종용했다(Abella and Ducane, 2009: 9). 2009년에 말레이시아 당국
은 이주노동자들을 고용할 때 고용주들에게 부과되는 세금을 두 배로 인상
함으로써 이주노동자 수를 줄이겠다는 정책을 발표했다(Kanapathy, 2010: 7).
한국 정부는 뒤따라 이주노동자 대신 한국인 노동자를 고용하는 기업주들
에게 보조금을 지급할 것을 천명했다(Abella and Ducane, 2009: 9). 2009년 초
에 한국 정부는 매년 새로 입국하는 이주노동자 수를 경제위기 이전 수준의
3분의 1까지 감축시키는 한층 강력한 이주통제정책을 도입할 것을 발표했
다(Jeong, 2009: 56). 한국, 태국, 말레이시아 모두 신규 고용허가의 발행을 일
시적으로 중단할 것을 발표했고 미등록 외국인 노동자들에 대한 단속을 강
화했다(Abella and Ducane, 2009: 9). 한국 정부는 추가로 미등록 외국인 노동
자들이 스스로 한국을 떠날 시에 불법체류기간에 대한 벌금을 면제하는 방
안을 내놓았다. 태국 정부는 2009년 약 50만 명의 외국인 노동자들에 대해
서 고용허가가 갱신되지 않을 것이라는 방침을 내놓았다(Gibb, 2009: 6). 이
렇게 계속되는 반이주정책들의 발표 속에서 동아시아의 이주노동자 중 최

대 500만 명 정도가 직장을 잃을 것으로 예견되었다(Macabuag, 2009).

경제위기는 농촌에서 도시로 향하는 내부 이주노동자들 역시 공격했다. 일례로 2000년대의 고속성장 후 2009년 제로성장을 경험한 캄보디아에서는 격감하는 대미 수출로 인해 가장 많은 이주노동자들을 고용하는 의류산업이 위기를 맞이했다. 캄보디아의 공산품 수출은 2009년 -14.2% 성장을 기록했다(ADB, 2012). 2008년 8월부터 1년 동안 약 42곳의 의류공장이 도산했고 약 4만 9,000명의 의류노동자들이 직장을 잃었다. 이는 의류산업 전체 노동자의 약 14%에 달하는 규모였다(Khin and Kato, 2010). 선진국 시장으로부터 줄어드는 주문량은 직장을 유지하고 있는 노동자들이 초과노동을 할 필요가 없게 만들었고 초과노동수당의 감소로 노동자들의 실질임금이 하락하면서 이들이 농촌의 가족들에게 보내는 송금도 줄어들었다(Kang, Sok and Liv, 2009: 25~26).

중국도 예외는 아니었다. 약 1,000만 명의 노동자들이 2008년의 마지막 달에 일자리를 잃었다(Development Research Centre on Migration, Globalisation and Poverty, 2009: 3). 2008년 말에는 약 절반 정도의 농민공들이 그들의 고향으로 돌아갔다(Chan, 2010: 666). 이는 부분적으로 춘절 이전에 나타나는 일반적인 현상으로 볼 수 있지만, 찬(Chan, 2010)의 분석에 따르면 고향으로 돌아가는 농민공의 비중이 비정상적으로 컸으며 이것은 도시에서 급속도로 고용기회가 줄었기 때문이다. 약 2,300만 명 정도의 농민공들이 돌아간 자신들의 고향이나 다른 도시에서 2009년 3월까지 일자리를 찾지 못한 것으로 추산된다(Chan, 2010: 667).

사실 정부들에 의해서 도입된 반이주정책과 그에 뒤따르는 대량해고, 임금 동결 및 삭감 등을 통한 이주노동자 희생양 삼기는 1997년과 1998년에 벌어진 아시아 경제위기 이후의 상황을 상기시킨다. 경제위기에 부딪힌 말레이시아, 태국, 한국 등이 앞 다투어 반이주적 노동시장정책을 도입하며 급증하는 실업의 문제를 이주노동자의 탓으로 돌리고, 그럼으로써 국내노동자들의 불만을 잠재우려 하는 과정에서 약 100만 명 정도의 이주노동자들이 동아시아에서 일자리를 잃었던 것으로 파악된다(Macabuag, 2009). 이 대량해고를 피해 살아남은 이주노동자들은 악화되는 노동조건, 삭감된 급여 그리고 수당의 감소 등을 감내해야 했다. 하지만 이들 국가들에서 이주노동자의 감소는 이들 경제의 영구적인 특징이 되지 않았다는 점이 중요하다. 사실 정반대로, 경제회복의 기미가 보이자마자 동아시아 주요 경제들에서 이주노동자의 숫자는 다시 증가하기 시작해서 짧은 시일 안에 위기 전 수준을 초과해 버렸다. 심지어 경제위기의 한가운데에서도 강력하고 대담한 반이주정책은 사실상 실질적이라기보다는 수사(rhetoric)에 가까웠다. 정부와 고용주들 모두가 이주노동자들이 이미 자신들의 경제 일반과 특정 산업부문의 필수불가결한 일부가 되었으며 이들을 다른 노동자들로 대체하는 것은 불가능에 가깝다는 것을 잘 인지하고 있기 때문이다. 이는 동아시아 경제발전에서 '이주노동자의 수요가 가지고 있는 구조적 성격'을 잘 말해준다(Wickramasekera, 2002: 27).

3. 이주노동 위에 지어진 경제기적들

사실 이주노동자 수요의 구조적 성격과 더 나은 삶의 기회를 찾기 위한 노동자들의 끊임없는 이동은 동아시아에서 전혀 새로운 것이 아니다. 오히려 동아시아 전체의 근대사를 관통하는 중요한 특징들 중 하나이다. 최근의 세계경제위기를 비롯한 자본주의의 위기는 이러한 구조적인 수요를 억제하는 역할을 하지만, 결코 이주노동에 대한 구조적 수요의 증가라는 장기적인 경향을 뒤바꾸지는 못한다. 이주노동자에 대한 구조적 의존성의 증가는 동아시아를 넘어 전 지구적 경향과도 일치한다(Castles and Vezzoli, 2009; Castles, 2012; Koser, 2009). '동아시아의 부상(the rise of East Asia)'이라 불리는 역사적 순간들은 — 일본의 산업화, 이른바 동북아와 동남아의 타이거 경제들의 등장, 그리고 중국의 세계 공장으로의 부상에 걸쳐 — 언제나 역내에서 혹은 지역을 뛰어넘는 노동이동을 동반했다. 사실 동아시아 경제발전의 기적은 처음부터 이주노동에 의존해왔다고 말해도 전혀 과언이 아니다. 자본주의 발전의 시작, 혹은 시초 축적의 과정은 토지와 다른 생산과 생계수단을 박탈당한 이동하는 노동인구의 창출과 사용에 의존했다. 종종 식민화를 동반했던 동아시아의 자본주의적 근대화의 과정에서 사람들은 그들의 공동체가 처한 어려움을 피해 집을 떠났다. 대규모의 국제적 노동이동은 일차산업 생산품의 생산을 위해 동양과 서양 사이에 만들어진 최초의 국제적 노동분업을 가능하게 함으로써 동아시아의 자본주의 발전에 공헌했다. 19세기 후반과 20세기 초반에 걸쳐 중국과 남아시아 대륙의 노동자들은 이미 존재하던 그들의 해외 네트워크를 통해 동남아시아로 대규모 이동을 감행함으로써 이 노동분업을 완성했다. 식민권력은 이들 노동자들이 새로운 민간 소유의 플랜테이션에서 일하는 것을 적극 권장했는데 그것은 이들 이주노동자들이 토착노동자들에 비해 착취에 용이하고 토착노동자들과 이들 이주노동자 간의 이질성이 식민통치를 원활하게 했기 때문이다(Kaur, 2004: 52). 이들 이주노동자들은 장거리 이주 뒤에 그들이 마주하게 된 노동환경이 '자유임금노동'보다는 노예노동에 가까웠다는 점에서 한편으로는 극단적 이동성을, 또 한편으로는 극단적 비이동성의 성격을 가진다. 보통 '자유의사에 의해 이주했음에도 불구하고' 그들은 종종 자유로운 이동이 불가능한 외딴 곳에서 일했고 그들이 맺는 노동계약 역시 종신적 성격을 지니고 있었기 때문에 일단 도착한 이주노동자들의 이동성은 심각하게 제약되었다(Kaur, 2004: 53). 물론 그들은 노동자들을 길들이는 수단으로 종종 사용된 공개처형까지도 포함하는 자본가들의 사적인 처벌과 훈육의 대상이 되었다(Breman, 1989).

한국과 대만 등 동아시아의 1세대 산업화 국가들의 산업화 초기 단계 역시 농촌으로부터 산업 중심지로의 대규모 노동이동에 의존했다. 많은 여성 노동자들이 도시의 공장들에 취업하기 위해 농촌마을을 떠나왔는데, 이들이 떠나온 곳에서는 자급을 위한 생계형 농사가 여전히 중요한 재생산의 수단이었다. 해외시장으로의(주되게는 미국) 수출을 위한 의류와 섬유 등 경공업제품을 생산하는 공장에서 반숙련 혹은 비숙련 노동을 수행하는 이들 이주노동자들이 1세대 대중노동자층을 형성했다(Gills, 1999; Kim, 2001; Faison, 2007; Macnaughtan, 2005; Tsurumi, 1990). 홍콩이나 싱가포르와 같은 도시경제에서는 계속해서 유입되는 국제이주자들이 급속하게 성장하는 산업자본가들에게 값싼 노동을 공급했다. 지난 수십 년간 동아시아를 새로운 세계자본축적의 중심지로 전환시킨 동아시아 경제들의 역동적인 세계화 과정 역시 이주노동에 상당히 의존했다. 동아시아 경제들 간의 한층 단단하고 불균등한 통합과 동아시아의 세계경제로의 통합을 주도한 '지역화하는 자본순환(the regionalising circuit of capital)'이 이들 이주노동을 형성하고 활용했다. 지역화하는 자본순환은 동아시아 경제들 사이에 새로운 노동분업을 형성했다. 이 노동분업의 새로운 점은 그것의 규모가 방대하고 포괄적이며 많은 동아시아 국가들로부터 다수의 참여자를 포함한다는 사실에 그치지 않는다. 더 결정적으로 이 새로운 분업을 과거의 것과 구분하는 것은 이 분업이 상대적으로 발전한 일본, 한국, 싱가포르, 홍콩, 대만 그리고 중국의 국가들과 초국적 자본들에 의해서 추구되는 자본의 이동성과 자유시장적 정책들에 의존하고 있다는 점이다. 이러한 특징은 특히 아시아 경제위기 이후에 뚜렷해졌는데, 그것은 아시아 경제위기에 대한 국제통화기금 등 국제금융기구들, 그리고 동아시아 선진국들의 국민국가가 내놓은 처방이 중국을 축으로 하는 동아시아 시장의 통합과 자유화였기 때문이다. 자유시장의 추구를 지상 목표로 하는 동아시아의 통합은 지역적으로 균형 잡힌 통합이나 조화로운 통합이라기보다는 노동분업 참가자들 간의 대단히 불균등한 발전이라는 특징을 지닌다.

한층 단단한 지역통합과 가속화되는 불균등 발전의 공존은 이주노동으로 가득한 지역 노동시장 형성의 가장 적합한 환경을 제공한다. 투자와 상품시장의 자유화를 통한 자본 이동성의 향상과 이를 지원하는 국민국가들 덕분에 '확장하는 자본순환(expanding circuit of capital)'은 동아시아 인구의 대부분을 생존을 위해서 자본순환의 다양한 계기들에서 창출되는 일자리를 찾아 끊임없이 이동하는 자본주의적 노동자로 전환시킨다. 이들 확장하는 자본순환이 요구하고 만들어내는 자본주의적 노동은 지역과 국가적 경계들 안에 고정되어 있지 않다. 이들은 일자리와 직업들, 농촌공동체와 국제적 도시들, 그리고 빈국과 부국 사이를 끊임없이 이동하는 유동노동(流動勞動, mobile labour)으로 존재한다. 다른 한편 공장과 사무실, 상업농장과 도로들, 철도와 발전소들을 짓기 위해 덜 발전한 지역으로 확장하는 자본은 수탈에 의한 축적(accumulation by dispossession)을 동반하는데, 이 과정은 농촌의 노동인구를 그들의 토지와 공동체로부터 방출한다. 이러한 과정을 뒤따르는 것은 수직적으로 통합된 생산 네트워크를 이루는 기업들의 진출이다. 이들 기업들은 값싸고 일회용품처럼 사용가능한 떠돌아다니는 노동력들을 이용해 생산하고 이윤을 획득한다. 지역통합은 자본주의적 산업화가 덜 발달한 지역에서 이동하는 노동을 대규모로 양산하는 것 외에 또한 선진국의 자본들이 새롭게 부상하는 지역적 이주노동시장을 활용할 수 있게 해준다. 동아시아에는 약 1,300만 명의 이주자가 거주하고 있는데 이들은 대부분 다른 아시아 지역으로부터 동아시아 각국으로 이주한다. 동아시아 안에서, 또 동아시아를 넘어서는 이주노동의 끊임없는 증가는 사람들의 이주라는 과정이 지역화하는 자본순환에 의해 촉발되는 폭넓은 사회적 전환으로부터 분리될 수 없으며 그 과정의 일부로서 단단히 자리 잡고 있다는 것을 보여준다 (Castles, 2010).

지역통합과 지역적 노동시장 형성의 결과는 수출 주도 국가들의 핵심 경제부문들의 이주노동에 대한 구조적 의존이 심화되는 것이다(Gibb, 2009: 7). 이 구조적 의존은 몇몇 산업부문들에만 국한되는 예외적인 상황이 아니라 제조업 핵심부터 재생산의 영역에 이르는 확장하는 자본순환의 다양한 국면들에서 발견되는 일반적인 현상이다. 지구 북반구의 시장으로 최종생산품을 수출하는 조립가공의 중심지로서 중국이 수행하는 핵심적인 역할은 세계 역사상 가장 극적인 이주로 기록될 농촌과 내륙에서 동남부의 산업도시들을 향한 농민공들의 이동에 의존한다. 중국의 통계에 따르면 2010년에 들어 이 이주농민공의 수는 무려 1억 5,000만 명을 넘어섰다. 이들이 이제 도시 노동인구의 절반 이상을 차지함으로써 이주노동은 개방 초기의 보조적 역할에서 벗어나 '새로운 중국 노동자계급의 주요한 부분'이 되었다 (Leung and Pun, 2009: 552). 국영기업의 사유화와 사유기업에 대한 국가통제의 자유화를 통해 사회주의 생산단위가 자본주의적 기업으로 전환되는 과정, 그리고 사회주의의 주체였던 국영기업 노동자들이 대량해고와 계약노동의 도입을 통해 자본주의적 임노동자로 전환되는 과정과 함께, 이 새로운 유동노동의 창조는 중국의 자본주의로의 전환에 필수불가결한 부분이다. 국영기업과 국영기업 노동자들이 강력한 자본주의적 개혁을 경험하고 있을 때 바로 이들 이주노동자들이 중국 동남부 연안에 진출한 다국적기업들에 노동을 공급했다. 사회주의 시절 농촌으로부터 도시로의 인구유입을 막기 위해 만들어진 호구제도는 이들이 일하는 도시지역에서 농민공의 영주를 허용하지 않음으로써 농민공들이 현지 주민들과 동일한 사회혜택을 누리는 것을 방해하고 이를 통해 도시의 기업들이 이들을 보다 값싸게 이용할 수 있는 기회를 제공한다. 이주노동은 그들의 훈육된 노동을 복지비용의 추가적 부담 없이 고용주들에게 제공함으로써 더 높은 이윤을 실현하게 해준다.

국제이주노동 역시 1차 산업 상품생산(광업이나 상업형 농어업)과 경공업(식품가공, 의류나 섬유)에서 상대적으로 부가가치가 높고 자본집약적인 일반기계, 소비전자와 자동차 부품산업에 이르는 전체 산업에 단단히 뿌리박았다. 값싼 이주노동은 이들 산업들이 경쟁력 제고를 위해서 비용 절감에 의존하는 한, 그리고 노동비 절감이 비용 절감의 가장 쉬운 방법으로 남아 있는한 이들 산업들에게 필수적인 요소이다. 이주노동은 말레이시아와 태국과같은 신흥 산업국들의 수출가공지역으로 외국인투자가 계속 영입되는 것을돕는다. 이들 지역으로의 노동력 공급은 상대적으로 값이 싼 캄보디아, 미얀마, 인도네시아와 라오스 등 인접국가로부터 오는 이주노동의 순환적 흐름에 크게 의존한다. 말레이시아는 다양한 산업부문에서 주로 다른 동남아 혹은 남아시아 국가들로부터 온 단기체류 이주노동자를 고용하는데, 그 대부분은 이웃인 인도네시아에서 온 노동자들이다. 노동허가를 받은 이주노동자는 2006년에 180만 명을 넘어섰고 건설, 전자전기, 농업과 어업에 종사하는약 100만 명의 미등록 외국인 노동자가 있는 것으로 파악된다. 말레이시아가 주요 수출산업으로 전략적으로 개발하는 전자산업에서는 전체 노동자의20% 이상이 고용대행업체들을 통해 채용된 이주노동자들인 것으로 알려져있다(SOMO, 2013: 19). 이들 고용대행업체들이 사실상의 법적 고용주의 역할을 할 수 있도록 2012년부터 허용되었기 때문에 전자산업에 투자하는 외국인 고용주들은 노동자의 복지와 노동계약에 대한 법적인 책임으로부터 면제된다(SOMO, 2013: 22). 태국의 전체 이주노동자 수를 가늠하기는 힘들지만 약 150만~300만 명에 이르는 수가 농업, 어업, 건설, 식품가공, 경공업그리고 가사노동에 종사하고 있으며 이들 이주노동자는 대부분 미얀마에서왔다(Pearson and Kusakabe, 2012: 47). 1차산업 생산에 종사하는 이주노동자들은 최저임금 이하의 보수를 받으며 국제시장에서 태국산 농산품의 가격경쟁력을 보장하며, 제조업에서는 대형업체의 하청업체로 기능하는 소규모 생산업체들의 가격경쟁력을 뒷받침한다(Arnold and Hewison, 2005).

또한 이 순환적 이주노동의 흐름은 1세대 산업국들의 중소기업들의 생존에도 기여하는데, 이른바 방문노동자들을 사용함으로써 절감되는 비용이 신흥 산업국으로부터 오는 경쟁의 압력을 어느 정도 완화해주기 때문이다. 한국은 1991년에 해외진출기업을 위한 산업연수생 제도를 도입했는데, 이 제도는 해외의 한국기업 지부들로부터 한국기업으로 방문노동자들을 수입하도록 허가한다. 이 제도는 이후 1993년부터 모든 종류의 중소기업들이 합법적으로 외국인 노동자들을 수입할 수 있도록 '외국인 산업연수생 제도'로 개명되어 확대 실시되었다. 이 제도의 도입은 1987년 이후 가속된 노동조합 조직화로 인해 고용주들이 더는 노동비용의 절감에 의존해 수출경쟁력을 확보하던 기존의 축적방식을 고수할 수 없게 된 현실에 대한 대응으로 도입된 것이다(Chang, 2009: 118~121). 신흥 개발도상국에 존재하는 값싼 노동을 겨냥해 1980년대 말부터 크게 증가한 해외 직접투자와 더불어 값싼 노동을 수입하는 것이 상대적으로 자본 재배치역량이 떨어지는 중소기업들이 경쟁에서 살아남는 주요한 동력이 되었다. 이 제도하에 고용된 외국인 노동자들은 작업장 이동의 제한과 극히 짧은 노동계약과 더불어 언어폭력과 신체적 체벌, 강요된 초과노동과 임금체불 등의 학대에 시달렸다. 현대판 노예제도로 지목되어 비판받던 이 제도는 2004년 고용허가제로 부분적으로 대체되었다. 2007년에 개정된 고용허가제가 도입되면서 산업연수생 제도는 마침내 폐기되었다. 새로운 제도는 고용주의 동의가 있는 한에서 이주노동자의 작업장 변경을 허용하고 최장 체류기간을 3년에서 5년으로 연장했다(Kong et al., 2010: 681). 한국 정부는 방글라데시, 캄보디아, 중국, 동티모르, 인도네시아, 키르기스스탄, 몽고, 미얀마, 네팔, 파키스탄, 필리핀, 스리랑카, 태국, 우즈베키스탄 그리고 베트남 등 총 15개국과 이 제도를 위한 양해각서를 맺고 있다. 1993년 산업연수생 제도의 도입 이후 외국인 노동자 수는 약 10배 가까이 증가해서 2010년에는 한국에서 일하는 외국인 노동자가 약 72만 명에 이르렀고, 그중 약 24%가 미등록자인 것으로 파악된다. 이들 이주노동자는 소규모 제조업, 건설업, 농업과 어업에서 중요한 위치를 차지한다.

이주노동자는 지역화하는 자본순환의 생산적 부문에서뿐만 아니라 재생산에서도 중요한 역할을 차지한다. 가장 극명한 예는 2011년을 기준으로 그 수가 31만 명에 이르는 홍콩의 '수입된 가정주부'들이다. 그들은 2011년 전체 홍콩 여성노동자의 16.7%, 약 700만 명에 이르는 전체 거주자의 약 4.2%, 홍콩 전체 외국인 노동자의 절반 정도를 차지한다. 홍콩이 사회를 재생산하기 위해 이렇게 많은 수의 가사노동자를 필요로 하는 것은 홍콩에서의 노동의 여성화와 성차적 노동분업(gendered division of labour)과 연관이 있다. 여성의 노동시장으로의 최초 인입은 1950년에 호황을 구가하던 경공업을 통해서이다. 의류산업으로 대표되던 이 산업부문은 여성화된 해외 프롤레타리아(feminised off-shore proletariat)에 선진국 소비자시장이 의존하기 시작하면서 호황을 누리기 시작했다(Sassen, 2000). 그러나 노동의 여성화는 전통적인 성차적 노동분업을 끝내지 못했고 여전히 성차에 근거한 노동분업의 재구성을 낳았다. 여성이 취업하는 일자리들이 여전히 실을 잣고 옷감을 짜는 등 전통가정에서 이루어지는 여성노동을 연상케 하는 작업들에 한정된 것 외에도 그들의 노동은 남성노동에 비해 항상 부차적이고 값싸게 팔렸다. 노동의 여성화의 두 번째 파고는 제조업에서 서비스와 금융산업으로의 전환에서 발생했는데, 이 전환은 마침내 '집에서 부불(不拂) 가사노동에 종사하고 공장노동을 하려고는 생각도 해보지 않았던 중간계급 여성들'을 노동시장으로 끌어들였다(Constable, 2007: 26). 1986년에 이르러 절반이 넘는 여성들이 노동시장에 참여하게 된다. 많은 여성들이 서비스산업에 자리를 잡았지만 여성의 서비스노동에 대한 성차적 관념은 없어지지 않았고, 이 부문에서 여성들의 임금은 가족임금으로 취급된 것이 아니라 부수입으로 취급되었다. 다른 국제도시들과 마찬가지로 국제적 '돌봄 사슬'을 통해 가사노동을 값싼 외국인에게 외주하는 방식이 가사노동의 공백을 메우는 주요 수단으로 부상했다(Perrons, 2004: 106). 1980년대 이후 홍콩의 가사노동자 수는 급격하게 증가했다. 대개 필리핀, 인도네시아, 태국 등지에서 온 이주여성 가사노동자들은 고립된 환경에서 일하며 종종 극도의 착취에 시달린다. 이들이 소개업체와의 노예계약, 임금 미지불, 가족구성원에 의한 비인간적 대우, 체벌과 성폭행 등의 문제에 부딪히는 것은 매우 흔하다.

이처럼 이주노동이 생산과 재생산 영역에서 동아시아 자본주의적 경제발전에 필수불가결한 부분이 되면서 노동유치국 정부로서는 경제위기의 상황에서도 대규모 추방이나 엄격한 국경관리가 더는 쉽지도, 바람직하지도 않은 정책이 되어가고 있다. 왜냐하면 일반적으로 이주노동자가 중요한 부분을 이루는 산업분야는 이제 현지 노동자들에게 탐탁한 일자리가 아닌 경우가 흔할 뿐만 아니라, 통합되고 있는 아시아 시장에서 그들 산업의 경쟁력이 저임금에 의존하기 때문이다. 2008년과 2009년의 불황을 겪으면서도 노동유치국들이 대규모로 이주노동자들을 추방하지 못한 것은 이러한 현실의 반영이다. 한국 정부의 반이주적 수사에도 한국의 외국인 노동자 수는 2008년 68만 425명에서 2009년 67만 5,096명으로, 그리고 2010년 66만 8,381명으로 감소 폭이 미미했다(Kim, 2012: 684; Seol, 2012: 122). 2011년에 들어서는 위기 전 수치를 넘어서 71만 6,000명으로 늘어났다. 이는 1997~1998년 위기와 비교하면 둔한 감소이며 빠른 회복이다. 1997년 당시 24만 5,399명이던 이주노동자 수는 1년 뒤 15만 7,689명으로 급감했으며 2000년이 되어서야 위기 전 수준으로 회복되었다(Kim, 2012: 684). 이주노동자에 대한 경제발전의 의존성은 동아시아에서 상대적으로 부유한 홍콩이나 싱가포르의 경우 더 확실하게 드러난다. 세계은행의 수치에 따르면 홍콩에 거주하는 이

주민 수는 2005년 272만 1,139명에서 2010년 274만 1,800명으로 불황 속에서도 오히려 증가했다. 홍콩의 경우는 1997~1998년 경제위기의 상황에서도 이주노동자의 감소를 경험하지 않았다. 또한 싱가포르에서도 아시아 경제위기 당시 증가하는 실업률에도 외국인 노동자가 1996년 30만 명에서 1998년 53만 명으로 오히려 증가했다. 전체 노동력 중 외국인 노동이 차지하는 비율도 지속적으로 늘어나서 1990년 16.1%에 불과하던 것이 2000년 28.1% 그리고 2010년에 이르러서는 34.7%가 되었다(Yeoh and Lin, 2012). 최근에 수출산업을 중심으로 겪고 있는 불황도 이러한 일반적 경향을 뒤집지는 못했다. 싱가포르 정부는 이주노동에 의존하는 경제를 근본적으로 재고할 만한 어떤 실효적인 정책도 도입하지 않았다. 정부가 발행하는 노동허가는 2008~2009년 사이를 제외하고는 계속 늘어났다. 싱가포르 인력부(Ministry of Manpower)의 발표에 따르면 전체 외국인 노동자의 수는 2010년 12월에 이르면 위기 전 수치를 이미 초과해 111만 3,200명에 이르렀다.

통계의 부재로 인해서 태국에서의 정확한 이주노동자 숫자의 변화를 파악하기는 힘들지만 태국의 최근 이주노동 추세도 지역적 경향과 크게 차이를 보이지 않는 것으로 파악된다. 1997~1998년 위기 시에는 약 30만 명의 미얀마 노동자들이 강제추방된 것을 비롯해 많은 이주노동자들이 거센 단속에 시달렸다. 그 결과 이주노동자 수는 1998년 98만 7,000명에서 1999년 65만 2,000명으로 줄어들었다(Manning, 2002: 374). 그러나 2008년 세계경제위기 발발 이후 현재까지 그러한 규모의 대규모 단속과 추방은 이루어지지 않았고 이주노동자 수는 불황기에 아주 조금 줄어든 것으로 파악된다(Chlamwong, Meepien and Hongprayoon, 2012). 2010년을 기준으로 전체 이주노동자 수는 약 200만~310만 명 정도로 추산된다(Chlamwong, Meepien and Hongprayoon, 2012; Huguet, Chamratrithirong, 2011).

말레이시아가 이주노동자 규모에서 가장 큰 변화를 보이는데 이것은 아마도 정부의 비교적 강력한 자국민 우선주의 정책 때문인 것으로 보인다. 아시아 경제위기 시에 말레이시아의 총 이주노동자 수는 1998년 112만 7,652명에서 2000년 79만 9,685명으로 급격히 감소했다(Green and Winters, 2010: 14). 말레이시아 정부의 반이주적 수사에 비추어 2008년의 위기도 비슷한 결과를 가져올 것으로 예견되었다(Koser, 2009). 하지만 이주노동 유입의 장기적 경향을 살펴보면 단기적인 이주노동자 수의 감소에도 장기적인 증가추세가 변하지는 않은 것으로 파악된다. 말레이시아 당국이 2009년 발표한 이주노동자 고용에 따르는 세금을 인상하기로 한 계획도 고용주들의 반발로 취소되었다(Kanapathy, 2010: 7). 전체 이주노동자의 수는 2005년 202만 9,208명에서 2010년 235만 7,603명으로 경제위기를 거치면서 이주노동이 오히려 늘어났음을 보여준다. 이러한 반복되는 경제위기에도 이주노동이 지속적으로 증가하는 지역적 경향은 이주노동자들의 송금액을 보더라도 드러나는데, 주요 노동송출국으로의 송금은 2005~2010년 사이에 일반적으로 증가한 것으로 나타난다(<표 4-1> 참조).

이주노동자들이 경제위기를 겪으면서 전혀 어려움을 경험하지 않은 것은 아니다. 위에서 본 것처럼 노동자들은 위기 시에 정부의 반이주적 수사를 뒤에 업은 고용주들로부터 노동강도의 강화와 임금삭감 압력을 이겨내야만 한다. 캄보디아와 중국의 경우에서 보듯이 수출물량의 급격한 감소는 일시적인 실업난을 만들어내고 도시로의 이주노동의 흐름을 일시적으로 마비시킨다. 하지만 이주노동에 대한 자국 경제의 의존성을 인지하고 있는 국가와 자본은 이주노동의 흐름을 끊는 쪽보다는 이주노동을 더 값싸고 착취 용이한 것으로 만드는 것에 더 관심이 있다. 하지만 이주노동에 대한 구조적 의존성의 심화 속에서 이주노동자에 대한 착취의 강화는 쉬운 일이 아니다. 이러한 조치들은 종종 갈등을 불러일으킨다. 동아시아 통합 초기에 이주노동자들이 노동유치국에 경제적으로 필수불가결한 존재가 되었다면, 아시아

〈표 4-1〉 주요 동아시아 노동송출국으로의 송금(US 100만 달러)

	2005	2010
중국	23,626	52,460
인도네시아	5,420	6,916
필리핀	13,561	21,369
태국	1,187	3,580
베트남	3,150	8,260

자료: World Bank(2014).

경제위기 이후의 강고한 지역통합과 지역 이주노동시장의 구성, 그리고 그에 따라 증가한 이주노동자에 대한 구조적 의존성은 이주노동자들의 정치적 주체성이 형성될 수 있는 배경을 만들어냈다. 이것은 우리가 다음 절에서 살펴볼 세계경제위기 속에서 자본과 이주노동 그리고 국가들 사이에 새로운 관계의 발전을 가져왔다.

4. 이주의 위기에서 이주노동자의 투쟁으로

경제발전에 필수불가결한 존재가 되어버린 이주노동자들과 이주노동자들을 더 착취함으로써 위기를 돌파하려고 하는 자본과 국가 사이에서 긴장이 발생한다. 이런 긴장 속에서 동아시아 이주노동의 새로운 정치적 주체성이 드러나고 강화된다. 이주노동자들은 자신들이 수행하는 역할의 중요성과 이에 따라 강화되는 협상력에 대해서 잘 파악하고 있다. 이주노동자들에 대한 착취가 더는 그렇게 용이한 선택은 아니라는 것은 한국, 태국, 홍콩, 중국 등 동아시아 여러 국가들이 세계경제위기를 경험하는 과정에서 표출되었다(Chang, 2012). 중국의 농민공들은 흔히 어려운 노동조건과 저임금에도 묵묵히 일할 수 있는 노동자들로 알려져 있다. 하지만 2007년 이후에 농민 공들은 착취를 강요하는 고용주와 국가에 대해 충분히 집단적으로 저항할 의사가 있음을 보여주었다. 새로운 이주노동의 주체성은 신세대 농민공이라고 불리는 새로운 세대의 이주노동자들 사이에서 드러난다. 약 60% 정도의 농민공들이 1980년 이후에 태어난 신세대 농민공으로 분류된다(China Labour Bulletin, 2011: 13). 이들은 경제위기 기간 불어닥친 대량실직 사태 이후에 벌어진 일련의 투쟁들에서 자신들을 착취의 대상이 아닌 활동적인 정치적 주체로 표현했다. 1세대 농민공과 비교할 때 이들은 사회적 권리에 대한 요구가 더는 금기시되지 않는 중국의 도시문화에 훨씬 밀접하게 맞닿아 있다. 이들은 자신들의 고향이 농촌임에도 스스로를 농민으로 규정하기보다는 자신들이 거의 대부분의 시간을 보내는 일터가 있는 도시의 거주자로 파악한다. 교육수준 역시 1세대 농민공에 비해서 높고 사회의 부패 문제와 불평등 및 환경파괴 문제들을 비판적으로 다루는 매체들에서 진행되는 논쟁에도 익숙하다.

1997년과 1998년 경제위기 시기와는 달리 2007년 시작된 불황 이후 중국의 이주노동자들은 한층 조직된 투쟁을 전개했다. 500명 이상의 대중이 참여하는 대중봉기가(mass incidents)가 2009년에 약 9만 건 발생했는데, 그중 약 3분의 1이 노동분쟁과 관련이 있다(China Labour Bulletin, 2011). 이렇게 급증하는 노동분쟁들은 오랜 기간 축적된 불만에서 기인한다. 사실 경제위기로 인해 상대적 박탈감이 급격히 높아지기 전에도 이미 노동자들의 투쟁은 수적 증가 추세에 있었고 그 형태도 점차 '급진화'되어갔다(Leung and Pun, 2009). 1993~2005년 사이에 공식적으로 파악된 대중봉기는 1만 건에서 7만 5,000건으로 매년 약 20%의 증가 추세를 보였다(Leung and Pun, 2009: 553). 그중 약 70%에 달하는 대중봉기가 토지 문제로 인한 농민봉기나 노동자들의 저항으로 파악된다(Leung and Pun, 2009: 553). 한발 더 나아가서 자동차산업부문의 노동자들은 2010년에 불황으로부터의 회복 기미가 보이자마자 매우 효과적인 집단행동을 조직했다(Wong, 2010; Globalisation Monitor, 2010; China Labour Bulletin, 2011). 심각한 불황으로 인해 공장들이 문을 닫으면서 이주노동자들은 실업에 시달렸지만 불황 뒤에 흔하게 찾아오는, 노동에 일방적인 희생을 강요하는 노사관계의 재편이 시작되기 전에 이주노동자들은 공세적 자세를 취했다. 결국 노동자의 희생을 담보로 한 경기회복은 시도되지 못했다.

홍콩에서는 이주가사노동자들이 세계경제위기에 공세적으로 맞섰다. 이주가사노동자들은 1997~1998년 경제위기 속에서 20% 임금삭감을 시도한 홍콩 정부에 맞서 패배한 경험을 가지고 있다. 아시아 경제위기 이후로 이주가사노동자들의 운동은 양과 질 모두에서 큰 발전을 경험했다. 무엇보다 이주노동자 조직들이 느슨하게 조직된 상조조직들로부터 벗어나 노동조합으로 발전했다. 아시아 경제위기 직후에 홍콩 인도네시아인 그룹(the Indonesian Group of Hong Kong)이 인도네시아 이주노동자 노동조합(the Indonesian Migrant Workers Union)으로 전환한 것을 출발로 많은 이주노동자 노조들이 설립되었다. 필리핀 이주노동자 노동조합(the Filipino Migrant Workers Union, 1998), 필리핀 가사도우미 일반노동조합(the Filipino Domestic Helpers General Union, 2003), 네팔 가사노동자 노동조합(the Union of Nepalese Domestic Workers, 2005) 그리고 태국 이주노동자 노동조합(the Thai Migrant Workers Union, 2009) 등이 뒤를 이었다. 곧이어 이주가사노동자와 현지 가사노동자 간의 연대를 도모하기 위한 오랜 노력이 결실을 맺었다. 홍콩 노총 산하에 태국, 인도네시아, 필리핀, 네팔 그리고 홍콩 현지인 가사노동자들을 단일한 조직으로 포괄하는 홍콩 아시안 가사노동자 연맹(the Federation of Asian Domestic Workers Unions in Hong Kong)이 2010년 11월 결성되었다(Choi, 2011).

이주노동자운동이 발전하면서 그들의 운동은 민주주의, 반신자유주의 국제연대, 정착의 권리 등 한층 넓은 범위의 문제들을 다루게 되었다. 이주노동자 단체들은 2005년 홍콩에서 제6차 세계무역기구 회의기간 중 벌어진 국제적 저항행동에 적극적으로 참여했다. 강제추방의 위험을 무릅쓰고 필리핀, 인도네시아, 태국에서 온 수천 명의 이주가사노동자들이 이 투쟁에 참여했고 한국과 홍콩의 노동자 - 농민단체들에 이어 세 번째로 큰 대열을 형성했다. 2000년대에 들어 이주가사노동자들은 홍콩의 민주화 투쟁에도 적극적인 지지를 보내면서 홍콩의 현지 사회운동과 긴밀한 연대를 맺어왔다. 이러한 과정은 상호적인 것으로, 이주노동자들의 현지 사회운동에 대한 연대는 홍콩 사회운동의 이주노동자운동에 대한 지지를 이끌어냈다. 이주노동자들이 자신들의 정치적 주체를 되찾고자 하는 노력은 현지 사회운동의 지원 없이는 힘든 것이었다. 2010년에 이주노동자들은 여성 이주노동자들에 대한 차별적 대우의 대표적인 상징에 대해서 법적인 저항을 벌였다. 이들이 저항한 것은 많은 이주노동자들 사이에서도 유독 홍콩의 이주가사노동자들은 이들이 거주한 기간과 관계없이 영주권을 신청할 자격이 주어지지 않는다는 현실이었다. 2013년 홍콩의 최종항고법원이 정부의 제한조치가 기본법에 위배되는 것이 아니라는 결론을 내리기는 했지만, 이 캠페인은 홍콩에서 이주노동자의 권리를 정치적으로 쟁점화시키는 것에 성공했다.

이주노동자운동은 한국에서도 발전했다. 산업연수생 제도의 강도 높은 노동착취의 긴 역사와 이주노동자들이 미등록 이주노동자가 되게끔 부추기는 결점 많은 노동허가제, 그리고 정기적으로 반복되는 출입국관리소의 악명 높은 미등록 노동자 단속과 추방이 상당히 전투적인 이주노동자운동을 만들어냈다. 국내의 사회운동과 노동운동의 긴밀한 협조 속에서 발전한 이 운동은 산업연수생들의 기본적 인권을 지키기 위한 투쟁에서 비롯되었다. 1994년에 산업재해와 고용주들의 인권침해 피해자들이 산업연수생 제도를

현대판 노예제도로 규정하고 연수생들의 기본권보장을 요구하면서 투쟁을
조직했다(Jung, 2012: 67). 1995년에는 네팔 산업연수생 13명이 한국 민주화
투쟁의 성지로 알려진 서울의 명동성당에서 점거농성을 시작하면서 이주노
동자운동은 주목받기 시작했다. 이주노동자들이 제기했던 "우리는 노예가
아니다", "우리를 때리지 마세요" 등의 슬로건들은 한국의 1987년 노동자
대투쟁에서 보았던 노동자들의 요구를 상기시켰고(Kim, 2012: 683), 한국 노
동자들에게 이러한 문제들이 과거의 것이 아니라는 사실을 일깨워줬다. 이
러한 산업연수생 제도에 대한 네팔 이주노동자들의 절박한 투쟁은 한국의
사회운동단체들에게 이주노동자와의 연대행동을 조직해야할 필요성을 각
인시켰다. 네팔 노동자들의 점거농성투쟁 이후 1995년에는 전국에서 약 38
개의 시민·노동·종교단체들이 참여하는 외국인 이주노동자대책협의회(the
Joint Committee for Migrants in Korea)가 설립되었다(Kim, 2012: 682).

그 뒤로 이주노동자운동은 산업연수생 제도에 저항하는 한층 잘 조직된
투쟁과정에서 성장했다. 이주노동자들이 주도한 2002년 69일간의 명동성
당 점거농성 그리고 2003년과 2004년 사이 380일 점거투쟁은 이주노동자
들이 한국 시민의 도움이 필요한 가난한 나라에서 온 불쌍한 외국인이 아니
라는 사실과 비록 한국인 노동자계급의 일부는 아닐지라도 한국의 노동자
계급의 일부라는 사실을 명확하게 함으로써, 이후 한국 이주노동자운동의
주체형성에 중요한 영향을 미쳤고 산업연수원제도의 폐지에 공헌했다. 한
국의 이주노동자운동은 이후에 두 갈래로 분화하는데, 하나는 계급적 관점
을 가진 이주노동자운동이고 다른 하나는 인도주의적 관점을 중심으로 하
는 운동이다. 이주노동자들과 이주노동운동에 계급적 접근을 지지하는 한
국인 활동가들은 2001년 일반노동조합인 서울경기 평등노조하에 이주노동
자 지부를 설립한 데 이어서 2005년 이주노동자 노동조합(Migrant Trade
Union)을 설립했다. 그렇게 함으로써 그들은 종교단체나 박애주의적 비정부

기구들뿐만 아니라 한국의 주요 노동조합들의 연대를 이끌어낼 수 있었다. 이주노동자가 한국으로 들어오기 시작한 초기에 전노협으로 대표되던 한국의 노동운동은 이주노동자들에 대한 인도주의적 지원에 초점을 맞추었다. 이후 이주노동자들이 점차 증가하던 시기에 민주노총을 비롯한 한국의 노동조합들은 노동자계급의 국제적 단결이라는 수사를 즐겨 썼음에도 한국 노동운동의 참여자로서 이주노동자들을 바라보며 조직하고 연대하기보다는 그들에 대한 보호와 지원에 초점을 맞추었다(Jung, 2012: 69~71). 하지만 2003년과 2004년 사이에 벌어진 이주노동자들의 점거농성은 민주노총으로 하여금 이주노동자운동에 더 적극적인 태도를 가지도록 할 수 있었고 2005년부터 이주노동자 노동조합은 민주노총 서울본부에 소속되었다. 또한 민주노총은 민주노총 본부에 상근 이주노동자 활동가를 두었다. 최근에는 한국인 노동자들 사이의 반이주노동자 정서에도 더 많은 기업별노조와 지역, 산별노조들이 이주노동자들을 조직하기 시작했다. 예컨대 2005년부터 이주노동자가 금속연맹에 가입할 수 있게 되었고 금속노조 산하의 삼우정밀공업, 한국보그워너 창원노조, 영진산업 노동조합 등의 기업별노조는 이주노동자들을 조직하고 이들을 단체교섭에서 대변했다. 한국에서의 이주노동자운동은 여전히 많은 도전에 직면해 있다. 고용허가제가 이주노동자들에게 제도화된 차별을 강요하는 것 외에도 이주노동자들은 여전히 미등록 노동자들과 이주노동자운동 자체를 범죄화하려는 한국 정부의 폭력에 시달린다. 이주노동자 노동조합은 2005년 설립 이래로 법적인 인정을 받지 못하고 있으며, 대부분의 이주노동자 노동조합의 지도자들이 그들의 체류여건의 합법/불법성과 관계없이 경찰과 출입국사무소에 의해 체포되고 추방되는 일이 반복되고 있다. 그럼에도 이주노동자운동은 한국노동운동의 일부로서 계속 발전하고 있다. 이 과정에서 이주노동자들은 값싼 노동으로 한국 경제의 일부가 되는 것뿐만이 아니라 한국 사회에 견고하게 밀착된 정치적 주체가 되어가고 있다.

이주노동자들의 정치적 주체성은 한국과 홍콩처럼 잘 조직된 현지 노동 운동의 연대를 이끌어낼 수 있는 지역에서만 형성되는 것이 아니라 그런 종류의 연대를 찾아보기 힘든 지역에서도 형성된다. 그러한 예로 태국과 미얀마 국경에 위치한 태국의 작은 공업도시인 메소(Mae Sot)에서의 미얀마 이주노동자들의 투쟁을 볼 수 있다. 샨, 카렌, 바마, 몬 등 민족적 배경이 다양한 미얀마 이주노동자가 태국 전역에 걸쳐 약 100만 명 있는 것으로 알려져 있다. 태국과 미얀마 국경이 2,532km에 이르기 때문에 많은 미얀마 노동자들이 태국으로 매일같이 넘어오리라는 것은 상상하기 어려운 일이 아니다. 1988년의 민주화 투쟁에 대한 미얀마 군부의 살인적 탄압 이후로 이주의 흐름은 더욱 본격화되었다. 그 뒤에 더욱 심화된 무장한 소수민족 반군과 정부군 간의 내전은 이주의 흐름을 부추겼다. 태국 쪽에서는 1980년대 시작한 수출 주도 산업화의 호황이 값싼 노동력을 불러들였다. 외국기업과 태국의 기업들이 값싼 노동력을 이용하기 위해 메소 등의 국경 도시들에 투자를 시작했고, 태국 법률이 정한 최저임금을 줄 필요가 없는 이주노동자들을 고용했다. 노동의 공급이 필요한 시기에 태국 정부는 국경을 엄밀하게 관리하지 않았다. 이들 이주노동자들이 태국 노동자들의 임금상승을 억제하는 기능도 했기 때문이다. 미등록 노동자들이 묵인되는 경우가 많았다. 1996년에 태국 정부는 이들에 대해 상당히 관용적인 정책을 도입했는데 태국의 노동자들이 취업을 꺼리는 약 11개 산업부문에서 이들 비숙련 노동자들이 등록해서 합법적으로 취업할 수 있도록 한 것이다. 2년짜리 노동계약을 위해 등록한 미얀마 노동자들은 총 26만 3,782명이었는데, 이는 전체 등록 이주노동자의 87%에 해당하는 것이었다(Arnold and Hewison, 2005: 321). 하지만 1997년 경제위기가 닥치자 상황은 반전되었다. 태국 정부는 급증하는 태국 노동자들의 실업을 이주노동자들의 탓으로 돌리고 이들을 추방함으로써 문제를 해결하려 했다. 그 결과 1999년에만 약 29만 명의 이주노동자들을 미얀마로 추방했다. 그 후 2001년에 들어서야 태국 정부는 10개 산업에 걸쳐 이주노동자들의 등록을 허용하는 정책을 재개했다.

메소에는 미얀마 노동자가 2009년 추산으로 약 12만 명인 것으로 알려졌다(The Economist, 2009). 이들은 대부분 국경의 체크포인트에서 하루 방문비자를 받고 태국으로 들어와 취업을 한다. 이주노동자들은 태국 정부에 등록하기를 꺼리는 경우가 많은데, 등록비를 고용주들이 월급에서 삭감하기 때문이고 등록은 특정 고용주에 고용되어 있는 한해서만 유용하기 때문이다. 미등록 노동자들은 종종 경찰의 단속과 체포, 추방을 경험한다. 노동환경에 대해 이의를 제기하면 곧바로 해고와 강제추방을 당하기 쉽다. 이주노동자들은 최저임금을 받을 권리가 있지만 최저임금을 주지 않는 것이 관례이기 때문에 이들은 태국 노동자들보다 낮은 임금을 받고 일한다. 일반적으로 이주노동자들은 순수입이 하루 2달러 정도로 낮다. 이들은 보통 하루 10시간씩 일주일에 6일을 일한다.

외딴 도시인 메소에 있는 미얀마 이주노동자들에 대한 비인간적 착취는 오랫동안 아무런 주목을 받지 못했다. 2000년대 초반에 들어서 이주노동자 자신들과 영치우(새벽) 노동자 연합 등 이주자들이 스스로 세운 노동단체들이 고용주들에 대한 투쟁을 시작했다(Arnold and Hewison, 2005; Pearson and Kusakabe, 2012). 2000년대에 메소의 이주노동자운동은 갖가지 노동자들이 처한 문제에 대한 몇몇 집단적인 저항을 조직했다. 이런 움직임은 고용주들과 태국 정부의 탄압을 불러왔다. 예컨대 넛니팅 파트너십(Nut Neating Partnership)이라는 공장의 노동자들이 미등록 노동자들의 해고와 체포에 맞서 2002년 집단행동을 조직했을 때 노동자들은 고용주가 고용한 현지 폭력배들의 공격을 받았다. 하지만 노동자들은 이에 대항해서 이주노동자 최초의 법적 투쟁을 시작했다. 이들 이주노동자들은 탁(Tak) 주의 노동법원으로부터 고용주가 최저임금법을 어겼으며 이들에게 4.5백만 타이 바트를 지급해야 한다는 판결을 받아내는 데 성공했다. 비록 고용주의 항소로 최종선고에서 보상액수가 감소하기는 했지만 이주노동자들이 고용주에 대항한 집단행동에서 이길 수 있다는 사실을 보여주었다(Arnold and Hewison, 2005). 그렇지만 모든 이주노동자들의 집단행동이 넛니팅 노동자들의 경우처럼 끝나는 것은 아니다. 추방과 해고가 더 보편적인 결과임에는 틀림없다. 하지만 이주노동자들은 끊임없이 저항한다. 이것은 심지어 메소의 이주노동자들의 대부분을 고용하는 태국의 의류산업이 이번 세계경제위기로 심각한 타격을 입고 있을 때도 이어졌다. 계속되는 이주노동자들의 해고, 임금삭감과 미지급에 맞서서 메소의 이주노동자들은 워크아웃을 조직하고 직접 대표들을 선출해서 고용주들과 교섭하려 했고 노동보호사무소에 문제를 제기했으며 작업장을 점거하는 투쟁도 벌였다(Pearson and Kusakabe, 2012: 139~150). 이러한 집단행동은 미얀마 노동자들의 증가하는 정치적 주체성을 보여준다. 이들은 확실히 이전만큼 고분고분하지는 않다.

5. 나가며

증가하는 동아시아의 이주노동은 지역화하는 자본순환을 통한 동아시아 통합과정에 단단히 연계되어 있다. 이 통합과정은 지역 간의 불균등 발전을 초래하고 노동인구를 공동체와 토지로부터 분리시키며 지역적 이주노동시장을 창출한다. 증가하는 이주노동은 한마디로 현재의 동아시아가 형성되는 과정의 필수불가결한 일부이다. 이주노동은 죽은 노동의 경제적 주체로 이 통합과정에 수동적으로 인입될 뿐만 아니라 살아 있는 노동의 정치적 주체로서 이 과정에 참여한다. 최근 동아시아 곳곳에서 볼 수 있는 이주노동자운동의 발전은 이주노동자들이 한때 그랬던 것처럼 마냥 고분고분하지 않다는 사실을 보여준다. 이주노동자들은 그들의 노동이 동아시아 발전의 대체할 수 없는 중요 부분이 되는 것과 비례해서 자신들이 일하고 사는 사회에 깊이 연계되며 그 속에서 정치적 주체성을 되찾는다. 이주노동을 유치하는 국가와 지역의 사회적·경제적 발전과정에 깊게 뿌리박은 이주노동자들은 경제위기를 이주노동자들의 희생을 통해 극복하고자 하는 시도들에 곳곳에서 맞선다. 따라서 세계경제위기는 이주의 위기를 초래하는 것이 아니라 이주노동자들의 투쟁을 양산한다.

참고문헌

Abella, M. and G. Ducanes. 2009. "The Effect of the Global Economic Crisis on Asian Migrant Workers and Governments' Responses." Retrieved May 20, 2012, from http://www.unitar.org/ny/sites/ unitar.org.ny/files/Abella%20and%20Ducanes%20 Economic%20Crisis%20and%20Labour%20Migration%20in%20Asia.pdf

Arnold, D. and K. Hewison. 2005. "Exploitation in Global Supply Chains: Burmese Workers in Mae Sot." *Journal of Contemporary Asia*, Vol.35, No.3, pp.319~340.

Asian Development Bank(ADB). 2007. *Asian Development Outlook 2007: Growth amid Change*. Hong Kong: ADB.

_____. 2010. *Asian Development Outlook 2010 update: The Future of Growth in Asia*. Retrieved May 12, 2011, from http://www.adb.org/sites/default/files/pub/2010/ado 2010-update.pdf

_____. 2012. *Key Indicators for Asia and Pacific*. Retrieved March 12, 2013, from http://www.adb.org/sites/default/files/ki/2012/pdf/ki2012-rt4-globaliza tion.pdf

Breman, J. 1989. *Taming the Collie Beast: Plantation Society and the Colonial Order in South East Asia*. Oxford: Oxford University Press.

Castles, S. 2010. "Understanding Global Migration: A Social Transformation Perspective." *Journal of Ethnic and Migration Studies*, Vol.36, No.10, pp.1~22.

_____. 2012, "Migration, Crisis and the Global Labour Market." *Globalization*, Vol.8, No.3, pp.311~324.

Castles, S. and S. Vezzoli. 2009. "The global economic crisis and migration: temporary interruption or structural change?" *Paradigmes*, Iss.2, pp.68~74.

Chalamwong, Y., J. Meepien and K. Hongprayoon, 2012. "Management of Cross-border Migration: Thailand as a Case of Net Immigration." *Asian Journal of Social Science*, Vol.40, pp.447~463.

Chan, K. W. 2010. "The Global Financial Crisis and Migrant Workers in China: There is No Future as a Labourer; Returning to the Village has No Meaning." *International Journal of Urban and Regional Research*, Vol.34, No.3, pp.659~677.

Chang, D. 2009. *Capitalist Development in Korea: Labour, Capital and the Myth of the Developmental State*. London: Routledge.

_____. 2012. "The neoliberal rise of East Asia and social movements of labour: four moments and a challenge." *Interface: a journal for and about social movements*, Vol.4, No.2, pp.22~51.

China Labour Bulletin. 2011. "Unity is Strength: Workers' Movement in China 2009-

2011." Retrieved January 5, 2012, from http://www.clb.org.hk/en/files/share/File/research_reports/unity_is_strength_web.pdf

Choi, S. 2011. "Domestic Workers in Asia- campaign and organising updates." Retrieved May 5, 2012, from http://www.amrc.org.hk/system/files/Domestic%20Workers%20in%20Asia%202011.pdf

Constable, N. 2007. *Maid to Order in Hong Kong, Stories of Migrant Workers*. Ithaca: Cornell University Press.

Development Research Centre on Migration, Globalisation & Poverty. 2009. "Migration and the Financial Crisis: How will the Economic Downturn Affect Migrants?" Retrieved March 5, 2013, from http://www.migrationdrc.org/publications/briefing_papers/BP17.pdf

Faison, E. 2007. *Managing Women: Disciplining Labor in Modern Japan*. Berkeley: University of California Press.

Gibb, H. 2009. "Impact of the Economic Crisis: Women Migrant Workers in Asia." a paper presented in IWG-GEM Conference 2009, July 13-14 2009, New York. Retrieved December 12, 2012, from http://www.levyinstitute.org/pubs/GEMconf2009/presentations/Heather_Gibb-Panel_IV.pdf.

Gills, D. S. 1999. *Rural Women and Triple Exploitation in Korean Development*. London: Palgrave Macmillan.

Globalisation Monitor. 2010. "Special Report on Honda Foshan Strike." Retrieved April 1, 2012, from http://www.worldlabour.org/eng/files/u1/pecial_Report_on_Honda_Strike_gm_june2010_1_.pdf

Green, T. and L. A. Winters. 2010. "Economic Crises and Migration: Learning from the Past and the Present." Working Paper T-31, Department of International Development, University of Sussex. Retrieved May 5, 2013, from http://r4d.dfid.gov.uk/PDF/Outputs/MigrationGlobPov/WP-T31.pdf

Hugo, G. 2012. "International Labour Migration and Migration Policies in Southeast Asia." *Asian Journal of Social Science*, Vol.40, pp.392~418.

Huguet, J. W. and A. Chamratrithrong(eds.). 2011. *Thailand Migration Report 2011*. IOM Thailand. Retrieved February 11, 2013, from http://www.un.or.th/documents/tmr-2011.pdf

IOM. 2008. *Situation Report on International Migration in East and South-East Asia*. from http://publications.iom.int/bookstore/free/Situation_Report.pdf

Jeong, Y-C. 2009. 「세계경제위기와 이주노동자」. ≪월간사회운동≫, May-June, 47~60쪽. from http://www.movements.or.kr/bbs/download.php?board=journal&id=2016&idx=4.

Jung, Y-S. 2012. 「한국의 노동운동과 이주노동자의 아름다운 연대는 가능한가?」. *e-Journal*

Homo Migrans, Vol.5, No.6, pp.65~84.

Kanapathy, V. 2010. "Impact of the Economic Crisis on International Migration in Asia a Year After: Country Report for Malaysia." Retrieved April 20, 2013, from http://www.smc.org.ph/misa/uploads/country_reports/1285919888.pdf

Kang, C., S. Sok and D. Liv. 2009. *Rapid Assessment of the Impact of Financial Crisis in Cambodia*. Retrieved January 20, 2013, from http://www.ilo.org/wcmsp5/groups/public/---asia/---ro-bangkok/documents/meetingdocument/wcms_101593.pdf

Kaur, A. 2004. "Labour Dynamics in the Plantation and Mining Sector." in Rebecca Elmhirst and Ratna Sapptari(eds.). *Labour in Southeast Asia: Labour processes in a globalised world*. London: RoutledgeCurzon.

Khin, P. and R. Kato. 2010. "the Impact of the Global Economic Crisis on Cambodia." Discussion Paper No. A-1, Centre for Risk Research, Faculty of Economics, Shiga University. Retrieved January 20, 2013, from http://www.econ.shiga-u.ac.jp/10/2/3/res.9/DPA1PiseyKato201008.pdf

Kim, H. M. 2001. "Work, nation and hypermasculinity: the women question in economic miracle and crisis in South Korea." *Inter-Asia Cultural Studies*, Vol.2, No.1, pp. 53~68.

Kim, N. 2012. "The Migrant Workers' Movement in the Democratic Consolidation of Korea." *Journal of Contemporary Asia*, Vol.42, No.4, pp.676~696.

Kong, D., K. Yoon and S. Yu. 2010. "The Social Dimension of Immigration in Korea." *Journal of Contemporary Asia*, Vol.40, No.2, pp.252~274.

Koser, K. 2009. "The Impact of Financial Crises on International Migration: Lessons Learned." *IOM Migration Research Series*, Vol.37. Retrieved July 20, 2013, from http://www.iom.ch/jahia/webdav/shared/shared/mainsite/published_docs/serial_publications/mrs_37_en.pdf

Law, S. 2012. "Globalized Capital, Keeping Women in the Homes." Retrieved May 20, 2012, from http://left21.hk/wp/en/wd/

Leung, P. N. and N. Pun. 2009. "The Radicalisation of the New Chinese Working Class: a case study of collective action in the gemstone industry." *Third World Quarterly* Vol.30, No.3, pp.551~565.

Macabuag, L. 2009. "Migrants and the Global Economic Crisis." Retrieved January 20, 2013, from http://www.unitar.org/ny/sites/unitar.org.ny/files/MFA%20global%20econ%20crisis%20final.pdf

Macnaughtan, H. 2005. *Women, Work and the Japanese Economic Miracle: The Case of the cotton textile industry 1945-1975*. London: RoutledgeCurzon.

Manning, C. 2002. "Structural Change, Economic Crisis and International Labour Migration in East Asia." *The World Economy*, Vol.25, Iss.3, pp.359~385.

McNally, D. 2011. *Global Slump: The Economics and Politics of Crisis and Resistance*. Oakland: PM Press

Pearson, R. and K. Kusakabe. 2012. *Thailand's Hidden Workforce: Burmese Migrant Women Factory Workers*. London: Zed books.

Perrons, D. 2004. *Globalization and Social Change: People and Places in a Divided World*. London: Routledge.

Sassen, S. 2000. "Counter-Geography of Globalization and the Feminization of Survival." *Journal of International Affairs*, Vol.53, No.2, pp.504~524.

Seol, D-H. 2012. "The Citizenship of Foreign Workers in South Korea." *Citizenship Studies*, Vol.16, No.1, pp.119~133.

SOMO, 2013. "Outsourcing Labour - Migrant Labour Rights in Malaysia's Electronics Industry." Retrieved May 12, 2013, from http://makeitfair.org/en/the-facts/news/reports/outsourcing-labour

The Economist. 2009.3.19. http://www.economist.com/node/13334070/print.

Tsurumi, E. P. 1990. *Factory Girls: Women in the Thread Mills of Meiji Japan*. Princeton: Princeton University Press.

Wickramasekera, P. 2002. *Asian Labour Migration: Issues and Challenges in an Era of Globalization*. ILO. Retrieved March 20, 2012, from http://www.ilo.org/wcmsp5/groups/public/---ed_protect/---protrav/---migrant/documents/publication/wcms_201784.pdf

Wong, S. 2010. "Decoding the New Generation of Chinese Migrant Workers." Retrieved February 3, 2012, from http://www.eu-china.net/web/cms/upload/pdf/materialien/eu-china-hintergrundinformation8-10_10-09-02.pdf

World Bank. 2014. "Annual Remittances Data". Retrieved June 30 2014, from http://siteresources.worldbank.org/INTPROSPECTS/Resources/334934-1288990760745/RemittanceData_Inflows_Apr2014.xls

Yeoh, B. S. A and W. Lin. 2012. "Rapid Growth of Singapore's Immigrant Population Brings Policy Challenges." Retrieved August 2, 2013, from http://www.migrationinformation.org/feature/print.cfm?ID=887

제5장

NAFTA 이후 20년, 미국과 멕시코 농업구조 변화*

장상환 | 경상대학교 경제학과 교수, 사회과학연구원 책임연구원

1. 들어가며

1994년 북미자유무역협정(NAFTA)이 시행된 후 20년이 되었다. NAFTA가 시행되었을 때 미국 정부와 멕시코 정부는 무역과 해외직접투자, 수출의 증가로 멕시코인의 소득과 생활수준이 향상될 것이라고 이야기했다. 무역협정은 이민을 감소시키고, 더 많고 좋은 일자리를 창출하며, 일용품가격을 떨어뜨리게 될 것이라는 것이다.

NAFTA 발효 이후 1993년부터 2007년까지 멕시코의 수출은 311% 증가했다. 제조업 비중은 43%에서 77%로 증가하고, 농산물 수출은 2배 증가했

---

* 이 글은 서강대학교, <맑스코뮤날레 2013>(2013.5.10)에서 경상대학교 사회과학연구원, ≪마르크스주의 연구≫, "세계자본주의와 계급구조 변화: 국제사례" 주제 아래 발표된 글이다.

다. 외국인직접투자(Foreign Direct Investment: FDI)는 3배나 증가(그중 58%는
미국으로부터 투자)했다. 인플레이션율도 1980년대의 80% 이상에서 5% 이
하로 진정되었다. 연방정부 재정적자는 1% 이하로 감소했다. 대외 채무는
감소했고, 생산성은 80% 상승했다.

　그러나 NAFTA 시행 이후 20년이 지난 현재의 상황을 보면 멕시코에서
교역과 해외직접투자는 크게 늘어났을지언정 생활수준이 향상된 사람은 전
체 인구의 10%에 지나지 않는다. NAFTA는 멕시코에서 저성장·저투자, 거
시경제 불안정, 미약한 고용창출, 저임금 지속, 영속하는 빈곤과 불평등, 환
경파괴 등의 부정적인 결과를 불러왔다. 1992년부터 2007년까지 연평균 성
장률은 1.6%에 그쳤는데, 이는 1960년부터 1979년까지의 연평균 성장률
3.5%와 크게 대조된다. 라틴아메리카 국가 중 최하위이고 인도, 브라질, 중
국보다 훨씬 낮다.

　외국인투자 증가에도 총투자율은 1982년 이전의 24%에서 19% 내외로
하락했다. 많은 국내 기업들은 수입 증가 압력 때문에 사업을 포기했고, 외
국인투자의 상당 부분은 신규 기업 설립보다는 국내 기업 인수였다. 제조업
에서 수입 원자재 사용이 증가해, 예컨대 마킬라도라 제조업 전체에서 원자
재 국내 조달 비중은 3%에 그친다. 외국인투자기업과 국내 기업과의 연계
가 약하다. 재정적자 감축이라는 거시경제조정 강행으로 공공투자가 급감
하고 이를 민간투자가 메워주지 못했다.

　긴축정책으로 페소화가 과대평가되었고, 그 결과 멕시코 생산자들은 수
출경쟁에서 어려움을 겪었다. 이로 인해 국제수지가 악화되고 결국 투기자
본의 페소화 공격에 취약해지는 결과를 불러왔다. 2008년에 석유 제외 무역
수지 적자는 GDP의 6.2%에 달했다. 멕시코 정부 수입의 30%를 국영석유
회사가 부담하는 반면, GDP 대비 조세부담은 15%에 그친다(OECD 국가 평
균 36%). 대미 수출이 전체 수출의 85% 이상을 차지한다(1990년에는 70%).

2008년 이후의 미국 경제 침체로 2009년 10월까지 경제가 7%나 수축했다. 해외송금액이 NAFTA 체결 이후 6배나 증가해 2007년에 240억 달러에 달하고 이는 FDI보다 많았다.

NAFTA 발효에 따른 고용창출 효과는 미미하다. NAFTA 발효 이후 제조업 고용이 50만에서 60만 명가량 증가했다. 마킬라도라에서는 66만 명이 증가해 2006년에는 120만 명에 이르렀다. 그러나 마킬라도라 이외의 지역 제조업에서 종사하는 노동자의 수는 2008년 8월 기준 124만 명으로 NAFTA 발효 이후 오히려 16만 명이나 감소했다. 수입품과의 경쟁 격화와 생산성 향상, 많은 기업의 비지(飛地, enclave) 경제적 성격의 결과이다. 전체 고용에서 서비스부문의 비중은 비공식부문을 포함해 50%에서 60%로 상승했다. 관광산업, 미국식 대형마트와 슈퍼마켓, 석유유통과 소매부문, 사교육부문 등에서 고용이 증가했다. 1993년부터 2003년까지 비금융서비스업 고용은 400만 명 증가했다.

멕시코는 식량자급도가 하락하고 미국 의존도가 높아졌다. 엄청난 국가보조를 받는 미국 농업이나 고효율의 대규모 캐나다 농업에 비해 현저히 불리한 영세소농구조의 멕시코 농업 자체는 존폐의 위기에 처하게 되었다.

미국으로부터 싼 상품이 수입되면서 수백만의 일자리가 경쟁력을 잃고 없어지자 많은 멕시코인들은 일자리를 찾아 북쪽으로 이민을 가는 것 말고는 다른 선택의 여지가 없었다. 1994년 NAFTA 시행 이후 매년 멕시코로부터 미국으로 이주한 사람은 23만 5,000명에서 57만 7,000명으로 배 이상 늘어났다. 현재 미국에 거주하고 있는 미등록 멕시코인의 3분의 2는 1994년 NAFTA 시행 이후 입국했다.

이 글은 세계화와 농산물 무역자유화가 농업구조에 어떠한 영향을 미치는가를 1994년 NAFTA가 시행된 지 20년이 경과한 미국과 멕시코의 사례를 통해 점검하는 것을 목적으로 한다. 우선 2절에서 NAFTA를 계기로 미국과 멕시코의 농산물 무역이 증가하는 내용을 살펴본다. 미국에서 옥수수와 축산물 수출이 증가하고 멕시코산 과일과 채소의 수입이 증가한 것을 확인할 수 있다. 3절에서는 미국 농업의 구조 변화를 4절에서는 멕시코 농업의 구조 변화를 분석하고, 5절에서는 요약과 한미 FTA의 전망에 주는 함의를 간단히 언급한다.

2. NAFTA 이후 미국과 멕시코 간 농산물 무역

1) 미국과 멕시코 간 농산물 무역 증가

NAFTA는 농산물에 관한 모든 비관세장벽을 즉각적으로 철폐하고, 옥수수, 콩, 우유와 같은 민감 품목에 대해서는 단계적으로 관세를 철폐할 것을

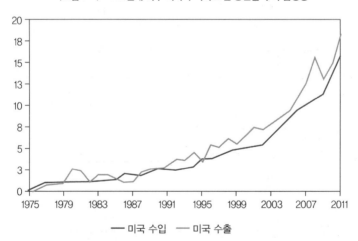

〈그림 5-1〉 1980년대 이후 미국과 멕시코 간 농산물 무역 급성장

자료: 미국 농무부 경제조사국[미국 농무부 해외농업국, 세계농산물무역통계(1989~2011) 및 미국농무부, 미국해외농산물무역통계(1975~1988) 이용].

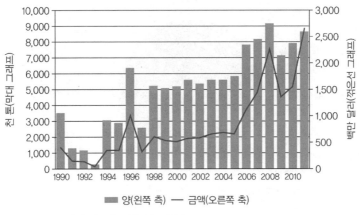

〈그림 5-2〉 멕시코의 미국산 옥수수 수입 증가

양(왼쪽 측) ── 금액(오른쪽 축)

자료: 미국 농무부 해외농업국, 「무역통계집」 당해년도.

규정했다. 이에 따라 멕시코는 2007년 말에 미국 옥수수 수입관세를 철폐했다. NAFTA를 계기로 미국과의 교역이 크게 늘어나면서, 멕시코는 2011년 시점에서 중국, 캐나다의 뒤를 이어 세 번째로 미국의 물품을 많이 수입하는 국가가 되었다.

멕시코는 미국과의 무역에서 곡물과 축산물 수입이 증가했고 과일과 채소 수출이 증가했다. 미국에서 멕시코로 수출되는 농축산물은 1991~1993년 평균 34억 7,500만 달러에서 2008~2010년 평균 143억 3,900만 달러로 4배 이상 증가했다. 2008~2010년 수출 내역을 보면 축산물이 38억 6,400만 달러, 곡물과 사료가 41억 8,700만 달러, 콩이 27억 2,800만 달러로 대부분을 차지한다. 특히 NAFTA 체결 이후 미국으로부터 옥수수 수입은 체결 이전 10년에 비해 4배나 증가해 2008년에는 멕시코 옥수수 생산의 40%에 달했다.

멕시코에서 미국으로 수출되는 농축산물은 1991~1993년 평균 25억 4,200만 달러에서 2008~2010년 평균 119억 5,300만 달러로 4배 이상 증

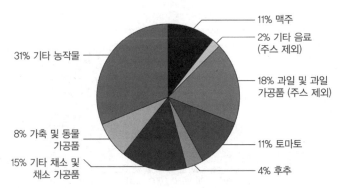

〈그림 5-3〉 미국의 멕시코산 농산물 수입 내역

11% 맥주
2% 기타 음료 (주스 제외)
18% 과일 및 과일 가공품 (주스 제외)
11% 토마토
4% 후추
15% 기타 채소 및 채소 가공품
8% 가축 및 동물 가공품
31% 기타 농작물

주: 2011년도 수치(미국의 멕시코산 농산물 수입액 158억 달러)에 근거.
자료: 미국 농무부 경제조사국(미국농무부 해외농업국, 세계농산물무역통계 이용).

가했다. 2008~2010년 평균 수출 내역은 과일 21억 1,800만 달러, 채소류 37억 8,700만 달러, 맥주 15억 59만 달러 등이다.

2) 미국의 농산물 보조금에 의한 덤핑

'덤핑'이란 생산가격 이하의 가격이나 생산국의 시장가 이하의 가격으로 제3의 국가에 판매하는 행위를 말한다. 수입국가에서 농산물이 생산되는 가격 이하로 수입농산물이 들어가 판매될 경우 그 국가의 농민은 경쟁력을 잃고 파산에 빠지게 된다.

과거에는 수출보조금 정책이 농산물 수출 덤핑을 유발시켰던 반면 최근에는 시장의 집중화에 따른 약소 공급자의 퇴출과 미국, 유럽 정부가 지원하는 가격정책 등이 곡물과 가축 가격을 지속적으로 하락시켜 결국 덤핑이 되도록 하는 주요 원인으로 작용한다.

미국산 농산물의 수출가격이 농가 생산비(수송과 처리비를 포함)를 밑도는

〈표 5-1〉 멕시코 농민을 대상으로 한 미국의 덤핑

	미국		멕시코		
	수출 증가율 (1990~1992 → 2006~2008)	덤핑 마진 (1997~2005 평균)	생산자가격 실질 페소화 (1990~1992 → 2005)	생산량 변화 (1990~1992 → 2006~2008)	덤핑 손실 (1997~2005, 미화 백만 달러)
옥수수	413%	19%	-66%	50%	6,571
대두	159%	12%	-67%	-83%	31
밀	599%	34%	-58%	-7%	2,176
면화	531%	38%	-65%	-3%	805
쌀	524%	16%	-51%	-8%	67
쇠고기	278%	5%	-45%	31%	1,566
돼지고기	707%	10%	-56%	40%	1,161
가금류	363%	10%	-44%	133%	455
합계					12,832

자료: Wise(2009b).

정도를 덤핑이라고 정의할 수 있다. 와이스(Wise, 2009b)가 1997년[1]부터 2005년(상품가격이 투기적으로 상승한 세계경제위기의 영향이 없었던 해)까지의 미국산 농산물의 멕시코 덤핑상황을 보면 <표 5-1>과 같다.

3) 미국의 농산물 보조금 지불

미국은 1995년 우루과이 라운드 타결과 WTO 설립 후 1996년 「농업법」을 통해 시장 지향적인 농정개혁을 시행했다. 「농업법」에서는 종전의 부족불지불을 직접지불로 전환함과 동시에 생산제한조건을 폐지했고, 이것은 농산물 과잉생산과 가격 폭락을 유발했다. 2002년 「농업법」은 다시 보호농

---

1) 와이즈(Timothy A. Wise)에 의하면 1996년에 NAFTA 농업조항들이 시행되고 미국 농업법이 제정되었으며, 2006년 이후 농산물 가격이 비정상적으로 상승했기 때문에 덤핑 분석기간은 그 사이인 1997년부터 2005년까지로 한다.

〈표 5-2〉 범주별 미국 농무부 농장보조금 지불: 총액 2925억 달러(1995~2012)

연도	휴경보조금 지불액/ 수령농가수	재해보조금 지불액/ 수령농가수	작물보조금 지불액/ 수령농가수	작물보험료 보조금 지불액/ 보조대상 수	농무부 보조금 총액 지불액/ 수령농가수
1995	$1,904,452,900 432,904	$657,973,426 145,206	$4,679,764,533 1,025,820	$889,372,304 2,454,932	$8,131,563,163 1,336,234
1996	$1,804,021,315 414,145	$147,623,843 54,643	$5,322,161,233 1,352,473	$982,062,670 2,231,091	$8,255,869,060 1,570,744
1997	$1,732,828,816 387,122	$105,935,165 55,460	$5,616,337,125 1,338,946	$902,794,419 1,847,715	$8,357,895,525 1,529,392
1998	$1,548,032,756 347,367	$42,394,671 9,544	$10,767,204,784 1,312,575	$946,312,180 1,744,944	$13,303,944,390 1,458,747
1999	$1,584,294,106 345,573	$2,263,991,556 370,858	$17,723,999,810 1,372,191	$1,391,886,240 1,798,333	$22,964,171,712 1,634,585
2000	$1,731,207,875 399,615	$1,436,475,735 392,292	$20,224,659,339 1,656,422	$1,347,891,738 1,938,026	$24,740,234,687 1,901,965
2001	$1,945,843,939 415,896	$2,405,487,177 392,840	$18,121,985,726 1,621,693	$1,774,055,666 1,909,850	$24,247,372,508 1,880,186
2002	$1,990,918,128 429,667	$1,358,519,027 469,191	$8,977,525,994 1,319,080	$1,741,410,009 1,888,143	$14,068,373,158 1,705,592
2003	$2,021,149,009 445,068	$2,951,001,044 492,035	$11,102,042,019 1,556,770	$2,042,030,619 1,922,526	$18,116,222,690 1,836,511
2004	$2,084,040,924 461,281	$546,881,095 83,783	$10,233,612,451 1,228,635	$2,477,423,738 1,988,947	$15,341,958,208 1,456,500
2005	$2,641,569,915 512,094	$3,073,941,281 358,881	$16,249,676,440 1,270,899	$2,343,826,824 1,969,461	$24,309,014,460 1,546,398
2006	$2,961,370,758 546,274	$166,038,477 26,653	$11,225,800,325 1,223,350	$2,682,005,763 1,952,696	$17,035,215,324 1,481,848
2007	$3,010,779,205 549,054	$461,957,503 92,064	$7,134,343,060 1,111,311	$3,823,326,892 1,933,719	$14,430,758,109 1,391,051
2008	$3,068,376,110 543,578	$2,063,638,823 412,032	$6,209,452,127 1,089,889	$5,690,885,527 1,956,132	$17,032,492,997 1,454,211
2009	$2,898,921,121 533,033	$245,990,134 38,164	$7,749,760,769 1,029,954	$5,426,820,133 2,047,618	$16,321,523,606 1,323,049
2010	$2,228,588,914 463,255	$2,532,598,972 178,481	$5,891,480,018 1,010,021	$4,711,079,811 2,031,288	$15,364,353,500 1,279,295
2011	$1,925,165,431 446,463	$1,215,287,760 143,662	$5,036,792,545 971,739	$7,459,526,601 2,067,144	$15,651,591,041 1,243,212
2012	$1,804,467,669 427,021	$795,259,247 58,451	$5,325,744,921 947,665	$6,950,022,492 2,106,506	$14,875,494,329 1,194,844
합계	$38,886,028,890 1,368,168	$22,470,994,936 1,384,956	$177,592,343,218 2,939,474	$53,582,733,626 35,789,071	$292,548,048,468 3,707,878

자료: EWG, Farm subsidy Database(2012a).

정으로 회귀했다. 마케팅론(Marketing Assistance Loans)은 최저가격보장의 역
할을 했다. 여기에 고정직접지불(Direct Payment)이 더해졌고, 가격 폭락 시
소득 하락을 보전해주는 경기대응소득보조(Counter-Cyclical Payment)는 목표
가격제의 성격을 띠었다. 2008년 「농업법」에서는 경기대응소득보조의 대
상품목을 확대하고, 일부 품목의 목표가격을 상향조정했다. 마케팅론의 대

〈표 5-3〉 미국 농작물보조금 상위 프로그램(1995~2012)

순위	프로그램	수령농가수 1995-2012	보조금 총액 1995-2012
1	옥수수 보조금**	1,641,615**	$84,427,099,356
2	밀 보조금**	1,375,760**	$35,505,320,839
3	면화 보조금**	264,952**	$32,872,036,249
4	휴경 프로그램	924,513	$31,516,796,340
5	대두 보조금**	1,044,937**	$27,829,683,988
6	재해 지불	1,384,956	$22,470,994,936
7	쌀 보조금**	70,033**	$13,341,211,596
8	수수 보조금**	615,810**	$6,564,314,365
9	낙농제품 프로그램 보조금	161,463**	$5,334,467,679
10	환경보전 인센티브 프로그램	278,322	$4,236,372,426
11	축산 보조금**	815,282**	$4,059,323,611
12	땅콩 보조금	91,571**	$3,620,895,155
13	보리 보조금**	353,028**	$2,702,684,742
14	담배 보조금	399,698**	$1,518,567,410
15	해바라기 보조금**	61,701**	$1,007,819,351
16	습지 보존 프로그램	6,579	$532,964,462
17	카놀라 보조금**	20,468**	$471,196,412
18	귀리 보조금**	640,182**	$278,391,644
19	사과 보조금	8,586**	$261,540,987
20	사탕무 보조금	9,071**	$242,064,005

주: 작물별 보조금 총액은 추정치. EWG(Environmental working Group)가 받은 2009~2011 자료에는 전년
도처럼 미국 농무부가 직접지불이나 경기대응 소득보조를 작물별로 구별하지 않음. EWG는 2008년도
작물별 직접지불 비중에 따라 2009~2011년 직접지불액을 작물별로 배분함. 작물별 직접지불 수령농
가수는 추정하지 않았음.
자료: EWG, Farm subsidy Database(2012b).

〈표 5-4〉 작물 보조금 지불 집중도, 1776억 달러(1995~2012)

수령농가 비중	지불액 비중	수령농가수	지불액 총액 1995~2012	1인당 지불액
상위 1%	26%	29,460	$45,465,277,840	$1,543,288
상위 2%	38%	58,921	$66,747,741,860	$1,132,835
상위 3%	46%	88,381	$82,489,724,613	$933,342
상위 4%	53%	117,842	$94,883,354,890	$805,174
상위 5%	59%	147,302	$104,986,300,905	$712,728
상위 6%	64%	176,763	$113,402,709,549	$641,552
상위 7%	68%	206,223	$120,512,708,522	$584,381
상위 8%	71%	235,684	$126,572,500,442	$537,043
상위 9%	74%	265,144	$131,786,361,987	$497,037
상위 10%	77%	294,605	$136,310,492,208	$462,689
상위 11%	79%	324,065	$140,262,306,210	$432,822
상위 12%	81%	353,526	$143,734,146,994	$406,573
상위 13%	83%	382,986	$146,797,979,759	$383,299
상위 14%	84%	412,447	$149,510,978,885	$362,497
상위 15%	86%	441,907	$151,926,390,918	$343,797
상위 16%	87%	471,368	$154,087,884,008	$326,895
상위 17%	88%	500,829	$156,026,991,893	$311,537
상위 18%	89%	530,289	$157,772,237,276	$297,521
상위 19%	90%	559,750	$159,348,468,448	$284,678
상위 20%	91%	589,210	$160,776,991,186	$272,869
나머지 80% 수령농가	9%	2,356,843	$16,815,352,032	$7,135

자료: EWG, Farm subsidy Database(2012c).

상품목도 확대해 융자단가를 인상했다. 대신 고정직접지불 지급면적은 소폭 축소했다. 그리고 수입보전직접지불(Average Crop Revenue Election: ACRE)을 새로 도입했다. 1995년부터 2012년 간 농가에 지불된 보조금 총액은 2,925억 달러에 달했는데 주요 내역은 농작물 보조 176억 달러, 농작물보험료 보조 536억 달러, 휴경 보조 389억 달러, 재해 보조 225억 달러 등이다.

〈그림 5-4〉 미국의 연도별 옥수수 보조금 지불액, 738억 달러(1995~2009)

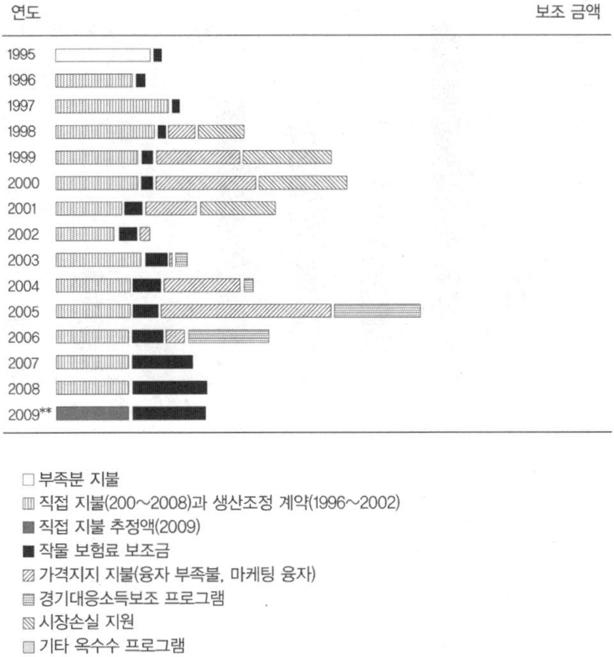

연도	보조 금액

□ 부족분 지불
▥ 직접 지불(200~2008)과 생산조정 계약(1996~2002)
■ 직접 지불 추정액(2009)
■ 작물 보험료 보조금
▨ 가격지지 지불(융자 부족불, 마케팅 융자)
▤ 경기대응소득보조 프로그램
▧ 시장손실 지원
▥ 기타 옥수수 프로그램

4) 멕시코의 식량수입 의존도 심화

2006년 멕시코 주요 곡물 자급도는 쌀 28.6%, 콩 2.1%, 밀 54.9%, 깨 72.4%, 옥수수 74.8% 등이다. 농산물 무역은 크게 늘어났으나 미국과의 역조는 더욱 커졌다. 즉, 1984~1993년 대비 1994~2003년 수출은 49% 늘어난 데 비해 수입은 53% 증가한 것이다. 특히 멕시코의 수출 증가는 채소류 (75%)와 과실류(100%)에 집중되어 수출비중도 14%에서 21%로 높아진 반면 보리, 밀, 옥수수, 콩 등 6개 식량작물의 수입량이 88%나 증가되어 농산물 총수입량의 50%를 넘어서게 되었다. 당연히 채소·과실류의 면적, 생산량, 생산성은 크게 늘어났고 비중도 1994년 19%에서 2002년 35%로 높아

〈그림 5-5〉 멕시코 식량자급도 하락

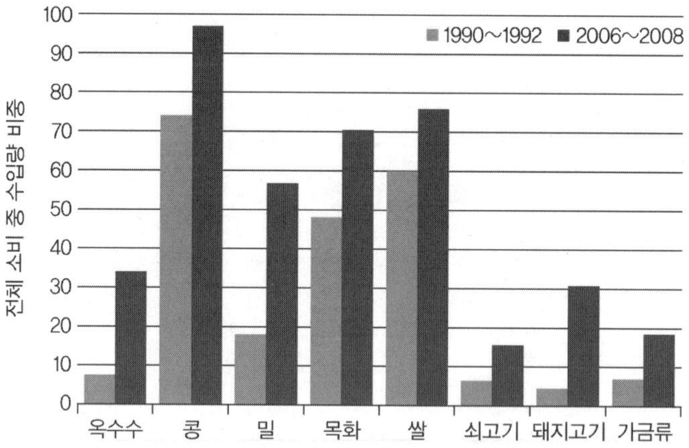

자료: 미국 농무부 해외농업국, 생산, 공급 및 분배통계(2009).

졌으며 경영구조도 개선되었다. 반면 수입이 늘어난 식량작물은 현저히 위축될 것으로 예측되었는데 실제로는 오히려 늘어난 것이 예상 밖이었다. 대표작물인 옥수수의 1991~1994년 면적 829만 ha는 2001~2003년에도 거의 같았으나 ha당 수확이 2.0톤에서 2.4톤으로 20% 증가해 생산량이 1,689만 톤에서 1,985만 톤으로 늘어났다. 콩과 밀만 크게 줄었으나 보리, 두류, 수수가 증가한 까닭에 6개 작물 평균 생산성이 ha당 1.9톤에서 2.6톤으로, 합계 생산량이 2,605만 톤에서 3,547만 톤으로 늘어났다.

5) 초국적 농식품자본의 멕시코 농산물식품시장 지배

(1) 초국적 농식품 자본의 멕시코 옥수수 시장 지배

미국의 식품가공업체들은 저임금과 저렴한 농산물 수입의 이점을 이용하려고 멕시코로 직접투자를 늘렸다(<표 5-5>). 캐나다와 멕시코로부터 미국의 식육 수입은 나프타가 시행된 이후 130% 증가했고 현재 소비액이 13억

⟨표 5-5⟩ 식품산업에 대한 미국과 멕시코 간 해외직접투자

		미국의 대 멕시코 직접투자(백만 달러)	멕시코의 대 미국 직접투자(백만 달러)
1994	식품 및 관련산업	2,660	(D)
1995		2,929	(D)
1996		3,579	(D)
1997		4,484	306
1998		4,723	1,092
1999		1,281	1,060
2000		1,427	1,058
2001		1,250	1,102
2002	식품산업	2,159	(D)
2003		2,134	(D)
2004		2,203	1,934
2005		2,790	3,043
2006		2,610	(D)
2007		2,835	(D)
2008		2,549	1,934
2009		(D)	3,043

자료: Zahniser and Roe(2011).

⟨표 5-6⟩ 12개 주요 농산물 및 식품 부문 시장집중

	시장규모 (억 달러)	시장 점유율 (%)	회사 수	최대회사 시장점유율 (%)	최대 시장 점유율 회사
밀 제분	20.0	100	7	15.6	모리네라
하이퍼 마켓	166.7	98	5	38.6	월마트
맥주 양조	99.5	97	2	55.9	모델로그룹
유아 식품	15.5	85	3	60.5	네슬레
요구르트/젖산우유	113.7	85	5	24.2	다농그룹
채종유 착유	17.0	85	5	23.3	Proteinas y Oleicos SA de CV
소프트 음료/생수	216.0	75	3	39.8	코카콜라
그중 쥬스	21.2	71	3	28.9	Jugos del Valle SAPI de CV
조식 시리얼	18.0	75	3	45.3	켈로그
스낵	28.9	74	2	60.3	펩시콜라
동물사료	50.0	72	3	30.5	아메파
액상 우유	27.7	69	2	44.8	라라산업그룹
육계 생산	49.1	64	3	38.0	Industrias Bachoco SAB de CV

자료: Market Concentration in Selected Agricultural and Food Subsectors, GAIN Report No. MX1042, USDA Foreign Research Service, 2011.

달러에 달한다. 멕시코의 주요 식품가공 및 유통시장의 집중은 두드러진다
(<표 5-6>). 1994년에만 하더라도 월마트가 14개뿐이었지만 현재는 1,724
개의 소매 및 도매점이 있다. 미국 월마트 점포수의 거의 절반에 이른다.

(2) 토르티야 위기 발생

멕시코인들의 주식인 토르티야 가격은 2000~2005년까지 50% 상승했
으며, 2006~2008년까지 3년 동안 100% 이상 상승했다. 2007년 5월부터
2008년 5월까지 쌀 33.6%, 식용유 50.6%, 빵 21.7%, 그리고 밀가루는
30.4%의 가격이 상승했다(임수진, 2010: 170). 토르티야의 주재료가 되는 옥
수수는 수입에 의존하는 노란 옥수수가 아니라 멕시코 내에서 거의 자급하
는 하얀 옥수수이다. 토르티야 가공분야를 다국적 식품기업이 장악하고 있
기 때문에 하얀 옥수수의 가격은 싼데도 토르티야 가격은 오르는 현상이 나
타난 것이다(de Ita, 2008).

3. NAFTA 이후 미국의 농업구조 변화

농산물 수출 확대에 힘입어 미국에서는 농산물 판매액이 1978년의 1,730
억 달러에서 2007년 2,972억 달러로 증가했다. 그 가운데 대규모 농가의 판
매액 비중이 증가한 반면 다수의 소규모 농가는 농외소득에 크게 의존하게
되었다. 농자재 생산 및 농산물가공·유통자본의 시장지배 강화로 소비자지
불가격 중 농민수취소득의 비중이 과거의 20% 수준에서 7%로 내려갔고,
이로 인해 수출 증가의 가장 큰 수혜자는 농기업자본이 되었다.

미국에서는 2007년 현재 소규모 가족농장이 전체 농가의 88%를 차지한
다.[2] 대규모 가족농장은 비중은 9%이지만 농업생산의 66%를 차지한다. 농

〈표 5-7〉 미국 농장 수, 농업총생산, 농가자산 분포(2007)(%)

농장 형태	농장 비중	농업생산 비중	농장 자산 비중
소규모 가족농			
은퇴농장	18.4	1.6	12.9
거주/생활양식 농장	45.1	4.2	26.0
전업농			
저판매	19.8	4.0	17.3
중간규모 판매	5.1	6.6	7.9
대규모 가족농			
대규모 판매	4.3	12.2	9.3
거대규모 판매	5.0	53.7	20.1
비가족농	2.4	17.7	6.6
합계	100	100	100

주: • 은퇴농장(Retirement farms): 1,000달러 이상의 농산물을 판매하는, 가구주가 은퇴자인 농장
　• 거주/생활양식 농장(Residential/Lifestyle farms): 주업이 비농업인 농장
　• 전업농(Farming-occupation farms): 주업이 농사인 소규모 농장
　• 저판매 농장: 판매액 10만 달러 이하 농장
　• 중간규모 판매 농장: 판매액 10만~25만 달러 농장
　• 대규모 판매 농장(Large family farms): 판매액 25만~50만 달러 농장
　• 거대규모 판매 농장(Very large family farms): 판매액 50만 달러 이상 농장
　• 비가족 농장(Non-family farms): 농장주 및 관련자가 농장 경영의 대부분을 소유하지 않는 농장
자료: Hoppe and Banker(2010).

장 경영은 여전히 가족사업이다. 98%의 농장이 가족농장이고, 이들이 농업 생산의 82%를 담당한다. 비가족농의 농업생산 비중은 17.7%에 지나지 않

---

2) **미국 가족농(family farm)의 정의**(Hoppe and Banker, 2010: 2): 미국에서는 가족농을 '가족이 소유와 통제의 대부분을 차지하는 농장'으로 정의한다. 농장 경영의 대부분을 농장주와 관련자들(농장에 거주하지 않는 가족도 포함해)이 지배하는 농장을 의미한다. 비가족 농장은 농장운영주와 관련자들이 농장 경영의 대부분을 소유하지 않는 농장이다. 여기에는 회사법인 농장뿐만 아니라 세 명의 파트너가 함께 소유하는 농장, 부재 소유주를 위해 고용된 경영자가 운영하는 농장 등을 포함한다. 가족들끼리 출자해서 회사를 세우는 형태로 가족소유기업(family owned business)도 생겨나고 있다. 그러나 가족농이 가족기업 내지 공장식 농장(industrial farm)과 결정적으로 다른 점은 경영상, 금융적 위험을 가족이 감당한다는 것이다. 가족소유기업 내지 공장식 농장에서는 위험을 가족 구성원 여부와 관계없이 출자자들이 분담한다.

는다. 판매액 25만 달러 이상의 대규모 판매농가 중에서도 가족농의 비중이 높다. 소규모 가족농이 농장 자산의 64%, 농지의 63%를 차지한다.

1978~2007년 사이에 70에이커 이하 경영 농장은 12%포인트 감소한 반면 1,000에이커 이상 농장은 1%포인트 증가했다. 그 중간에 있는 모든 농장 수는 감소했다. 1,000에이커 이상 농장의 경영지 비중은 12%포인트, 판매액 비중은 15%포인트 증가했다(Hoppe and Banker, 2010: 4).

한편 농식품기업의 집중도 심화되어갔다. 쇠고기 생산에서 카길, 타이슨, JGF, 내셔널비프 등 4개 회사의 점유율은 1990년 69%에서 2011년 82%로 높아졌다(Hendrikson, 2014). 닭고기, 돼지고기, 밀제분, 기타 부문에서도 같은 양상이 나타났다. 극소수 대기업이 점차 농식품 생산의 큰 몫을 지배하게 되자 농부들은 공정한 가격을 받는 것과 농업생산소득으로 생계를 유지하는 것이 더 어려워졌다. 미국 농식품 대기업들은 캐나다에서 소, 멕시코에서 돼지를 사육한 뒤 미국으로 들여와 도살해 판매한다. 그 영향으로 미국의 독립 양계·양돈 농가는 거의 사라졌고 NAFTA 세 국가 모두에서 환경오염은 심해졌다(Hansen-Kuhn, 2013).

4. NAFTA 이후 멕시코 농민층 몰락

1) 소농의 몰락

멕시코에서는 NAFTA 이전부터 농업 시장화 개혁이 추진되어왔다. 1965년부터 국영기업 '생계지원청(Compañía Nacional de Subsistencias Populares: CONASUPO)'은 1990년까지 12개 기본 작물(보리, 옥수수, 면화씨, 쌀, 참깨, 수수, 콩, 밀, 해바라기씨, 야자씨 등)의 수매, 가공, 저장, 분배의 보조지원 및 수입허가 등 농업의 전 분야를 통제해왔다. CONASUPO는 멕시코 전체 옥수수 생산량의 최고 50% 이상을 정부에 의해 제시된 보장가격으로 사들이면서 옥수수 가격이 하락하는 해에도 손해를 보지 않도록 지원했다. 그러나 1989년부터 NAFTA 가입 선결조건으로 CONASUPO의 기능을 축소시키면서 옥수수와 프리홀레스를 제외한 10가지 기초작물에 대한 수매를 중단하기 시작했고, 보장가격으로 투입되는 예산을 줄여나가다 1998년에는 옥수수에 대한 보장가격 수매마저 중단하게 된다. 옥수수 소비와 관련해 CONASUPO는 토르티야의 '상한가격'을 정하고 시와 저소득가구들에 대해서는 토르티야를 무상으로 제공했다. 그러나 1991년 옥수수와 콩을 제외한 9개 품목에 대한 보증가격제도의 철폐를 시작으로 1996년까지 대부분이 폐지 또는 민영화되거나 농민단체에 이관되었고, 1999년에는 최후로 옥수수와 콩에 대한 가격지지가 폐지되면서 이 기구 자체가 없어졌다.

1992년 멕시코 정부는 20세기 초 멕시코혁명의 성과인 헌법 제27조의 수정을 통해 종래 점유권만 인정되던 공동경작지인 '에히도(ejido)'에 대한 소유권과 매매권을 인정했다. 이로써 기존의 공동경작지에 속했던 토지들이 거래될 수 있었고 이 과정에서 많은 농민들이 농업에서 이탈했다. 2000년 이후 260만 명의 농민들이 자가농업부문에서 이탈한 것으로 조사되었다. 1992년에는 「농지개혁법」 개정으로 농지분배가 사실상 끝나고 대신 경작자의 농지소유권이 명확하게 됨과 함께 농촌 빈민에 대한 영양, 건강, 교육 등을 지원하는 '사회개발부'가 창설되었다. 1993년에는 UR 타결과 NAFTA의 발효에 즈음해 종전의 주요 작물에 대한 가격지지와 자재보조를 대체하는 '생산자 직접지불제도(PROCAMPO)'가 농축수산·식품·농촌개발부 산하 마케팅 및 농업시장 개발청(ASERCA)에 의해 실시되었다. 옥수수에 대한 정부의 보장가격제도가 소멸되자 국제 가격보다 높게 유지되던 멕시코 국내 옥수수 가격이 국제 가격 수준으로 수렴하기 시작했다. 가격 하락 압력을 견디지 못한 수

많은 소농들은 옥수수 재배를 포기했다. 1995년에는 주로 과실·채소류의 농업생산성과 안전도 향상을 위한 투자증진을 목적으로 지방정부 중심의 '농촌개발 연대'가 창설되었고 이차보전과 정책금융의 비중을 줄이는 대신 민간부문 농촌금융의 활성화를 촉진하는 정책이 채택되었다. 1997년에는 농촌의 인간자본 개발을 촉진하는 PROGRESA 정책이 도입되었다.

멕시코의 농업부문 고용은 1990년대 초의 810만 명에서 2008년 2분기에 580만 명으로 230만 명이나 감소했다. 미국으로부터 보조금 혜택을 본 곡물과 유지작물의 수입 증가는 멕시코의 과일, 채소, 육류 수출을 상회했다. NAFTA 이후 미국의 농업보조금 지급은 증가한 반면, 멕시코는 지원을 줄임으로써 농가경제를 더욱 압박했다. 수출작물부문은 공업화된 농업이 지배하게 되면서 고용증가가 미미했고 계절노동의 증가로 일시 국내 이주노동자가 증가했다. 곡물, 특히 옥수수 생산에서는 멕시코가 NAFTA 이행조건으로 수입자유화를 가속화하면서 가격이 50%나 하락한 결과 전통적인 많은 소농들이 일자리를 상실했다. 농가인구의 40%, 약 300만 농가는 옥수수 생산 종사자였다. 퇴출되지 않고 잔존한 자영농민의 월평균 소득은 1991년 1,959페소에서 2003년 228페소로 하락했다(White et al., 2003).

농촌가구소득 중 농업 분야에서 발생하는 소득의 비중은 1992년 37.7%에서 2004년 17.3%로 급감했다. 반면 비농업 분야 소득의 비중은 62.3%에서 82.7%로 높아졌다. 특히 농업 임노동소득과 비농업 임노동소득, 해외송금을 합친 노동소득의 비중은 1992년 33.8%에서 2004년 48.5%로 높아졌다. 이른바 '노동의 계급(Class of Labor)'이 대거 생겨나고 있다고 할 수 있다(Bernstein, 2009, 2010). 실제로 농촌가구소득 중 임금 및 급여소득 등 노동소득의 비중이 1994년 34%에서 2004년 42%로 높아졌다(OECD, 2006: 55). 농촌지역 빈곤율은 1989년 56.7%에서 2010년 42.9%로 내려갔으나 아직도 아주 높은 수준이고, 도시지역의 빈곤율 32.3%보다 10%포인트나 높다. 극

〈표 5-8〉 농촌가구의 소득 원천(%)

소득 원천	1992	2004
자영 농업	28.7	9.1
농업 임노동	9.0	8.2
농업 분야 소득 소계	37.7	17.3
자영 비농업 활동	15.5	18.6
비농업 임노동	22.8	36.3
이전소득(Oportunidades, PROCAMPO)	0.1	4.2
국내 가족 간 송금	8.6	4.6
해외 송금	2.0	4.1
연금	1.6	3.7
자산소득과 기타소득	11.6	11.2
비농업 분야 소득 소계	62.3	82.7

자료: Burstein(2007); OECD(2006)의 데이터를 이용.

빈율도 같은 기간에 27.9%에서 21.3%로 하락했으나 도시지역 8.5%의 두 배가 넘는다(ECLAC, 2012: 204).

2) 빈곤과 비만 문제 심화

국제통화기금(IMF)에 따르면 멕시코의 1인당 실질 GDP 성장률은 NAFTA 발효 전에는 13년간 중남미 32개국 중에서 16번째였지만, 발효 후 13년간에는 18번째였다. 국제노동기구(ILO)에 따르면 1994년 NAFTA가 발효된 이후 10년간 멕시코의 고용률(15세 이상 인구 중 취업자 수 비율)은 60.2%에서 57.1%로 2.9% 떨어졌다. 유엔무역개발회의(UNCTAD) 자료에 따르면 1994년 NAFTA 발효 이후 FDI 유입효과는 거의 없었다. 또한 이 자료를 보면 NAFTA 체결 전 6년과 체결 후 6년 사이 멕시코로의 FDI 유입액은 209% 증가했다. 그러나 같은 시기 전 세계 각국으로의 FDI 유입액은 평균 196% 증가해 멕시코와 큰 차이를 보이지 않았다.

멕시코 농촌에서 살길을 잃은 농민들은 대도시로 이주했다. NAFTA 시행 이후 멕시코는 매년 100만 명의 노동력이 증가했다. NAFTA의 사회적 적자는 대부분 고용적자다. 공식부문은 농업부문에서 퇴출된 노동력과 신규 진입 노동력을 흡수하는 데 턱없이 부족한 일자리를 제공할 뿐이다. 그 결과 전체 고용 중 비공식 고용의 비중은 1992년 52%에서 2004년 57%로 증가했다(Zepeda et al., 2007). 멕시코에서 마약 관련 마피아가 번창하는 배경에는 대량의 실업과 불안정취업자가 있다.

빈곤율은 1992년 53%에서 2006년 43%로 하락했고, 극빈곤율은 같은 기간에 21%에서 14%로 하락했다. 해외송금수입 증가와 인구구조 변동이 빈곤가구의 소득 증가에 기여했다. 2006년에 43%의 멕시코인들은 의식주, 의료, 공중교통, 교육 등 기본시장바스켓(basic market basket)을 확보하지 못하고, 14%가 필수식품을 확보하지 못하는 극빈곤 상태에 있다. 농촌의 상황은 더욱 나빠 빈곤율은 55%, 극빈곤율은 25%에 달한다. 불평등은 별로 낮아지지 않았다. 그러나 NAFTA 시행 이후 20년이 되어가면서 빈곤은 다시 악화되었다. 2012년 구매력 부족 빈곤층 비율은 52.3%로, 식품 부족 극빈곤층 비율은 20%로 올라갔다. 라틴아메리카 각각 평균 28.2%, 11.3%에 비해 훨씬 나쁜 상태다(Weisbrot et al., 2014). 지니계수는 1992년 0.550에서 2004년 0.511로 약간 개선되었으나 아주 높은 수준이고, NAFTA는 멕시코 남부지역과 북부지역의 불평등을 악화시켰다(Zepeda et al. 2009).

NAFTA 이후 싼 미국산 곡물사료가 수입되어 축산물 생산과 소비가 늘어나는 가운데 식품 빈곤(food poverty: 기본적인 식품을 구입할 능력이 없는 상태)과 비만 문제가 심화되었다.

최근 발표된 보고서는 '식품 빈곤' 상태(기본적인 식품을 구입할 능력이 없는 상태)에 직면해 있는 멕시코인들의 수가 2008년 1,800만 명에서 2010년

2,000만 명으로 증가했음을 보여준다. 멕시코 어린이들의 20%가 현재 영양실
조로 고통받고 있다. 지난달 18일 기준 국립영양연구소(NIN)의 혁신적인 (기
아 퇴치) 일일 프로그램에는 72만 8,909명의 5세 미만 영양실조 아동이 등록
되었다. 정부 통계에 따르면 전체 인구의 25%가 기본적인 음식에 대한 접근을
보장받지 못하고 있다. 2008년 식량위기 이래 적절한 음식을 공급받지 못하는
인구 비율은 3% 증가했다. 영양실조 아동의 수는 올해 정부가 줄이려 한 목표
치를 40만 명이나 초과했다. 신생아들의 영양실조 지수도 심각하다. 이는 산
모의 건강 상태로부터 비극이 시작됨을 의미한다(Carlsen, 2011).

멕시코는 지난 15년 동안 세계에서 미국을 제외하고는 병적인 비만이 가장
많은 나라가 되었다. 아동 비만과 과체중, 당뇨는 고질적 기아와 함께 주요한
보건 사안이 되었다. 이는 부자들이 지나치게 뚱뚱하고 가난한 자들이 지나치
게 말랐다는 얘기가 아니다. 물론 불평등 때문에 모두가 건강한 식단을 구성하
는 것이 어렵지만 말이다. 비만은 이제 풍요의 상징이 아니다. 마실 수 있는 물
에 접근할 수 없어 싸구려 '코카콜라'를 마시고, 더는 신선한 '로컬 푸드'(지역
에서 생산된 음식)를 구할 수 없어 아이들에게 감자칩 한 바구니를 안겨줘야만
하는 것은 바로 가난한 자들이다(Carlson, 2011).

국제 비만연구학술지는 전 세계에서 이른바 '서구식 식단'(학술지의 정의
에 따르면 "포화지방과 설탕 함유량은 높지만 식이섬유 함유량은 낮은 정제된 음
식")이 퍼져 있는 것은 곧 "비만의 고통이 가난한 자들에게로 옮아가고 있
음"을 의미한다고 밝힌 바 있다. 'NAFTA 세대'는 이런 패러다임을 아주 잘
보여준다.

3) 이민의 급증

멕시코에서 미국으로 이주한 사람의 수는 NAFTA 이전의 연간 35만 명에서 2000년대 초반 연간 50만 명으로 증가했다. 미국 인구총조사 자료에의한 추정 결과, 미국 내 멕시코 출신자의 수는 1990년 450만 명에서 2000년 970만 명, 2008년 1,270만 명으로 증가했고 그중 55%는 미등록자이다(Pew Hispanic Center, 2009). 지도자들이 '사람이 아닌 상품 수출' 증가에 기여할 것이라고 약속한 NAFTA의 역설 가운데 하나는 멕시코가 이제 어느때보다 더 많은 사람을 수출하고 그들 중 많은 사람들은 미등록 상태로 영주한다는 사실이다. 멕시코 출신 이주노동자 중 상당수는 채소와 과일을 재배하는 캘리포니아 주 등 미국의 농장에서 노동자로 일한다(<그림 5-6> 참조).

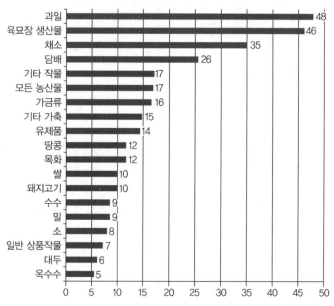

〈그림 5-6〉 일부 작물 생산비 중 고용노동 임금 비중

자료: Zahniser et al.(2012).

미등록 이주노동자의 저임금이 다시 멕시코로의 미국 농산물 수출을 지원하는 역설인 것이다.

5. 나가며

1994년에 NAFTA가 시행된 지 20년이 됐다. NAFTA는 농산물의 경우도 예외 없이 관세를 2008년까지 폐지하기로 했다. 그러나 세계무역기구 체제하에서 명목만 직접지불로 바꾸어 엄청난 규모의 농업보조금을 지급하는 미국과, 빈약했던 농업보조금마저 줄인 멕시코 간의 불평등한 무역이라는 비판을 받았다. 그 후 20년이 지난 현재 상황은 어떻게 됐을까?

NAFTA 체결 이후 미국은 멕시코로 곡물과 축산물 수출이 증가하고, 멕시코는 미국으로 과일과 채소 수출이 증가했다. 미국에서 멕시코로 수출되는 농축산물은 1991~1993년 평균 35억 달러에서 2008~2010년 평균 143억 달러로 4배 이상 증가했다. 또한 멕시코의 미국산 옥수수 수입은 체결 이전 10년에 비해 4배나 증가해 2008년에는 멕시코 옥수수 생산의 40%에 달했다. 같은 기간 멕시코에서 미국으로의 수출은 평균 25억 달러에서 평균 120억 달러로 증가했다. NAFTA 이전 1990~1992년에 비해 2006~2008년 멕시코의 식량 수입 의존도는 올라갔다. 옥수수는 7%에서 34%로, 밀은 18%에서 56%로, 쌀은 60%에서 75%로, 돼지고기는 4%에서 31%로 각각 높아졌다. 2007년 현재 멕시코의 식량자급도는 57%, 곡물자급도는 88%다.

덤핑가격으로 싼 옥수수 수입이 증가하면서 멕시코 옥수수 가격은 66%나 하락했고, 농가 호수의 40%를 차지하는 멕시코 옥수수 농가는 큰 타격을 입었다. 1997~2005년에 19%(옥수수), 34%(밀)에 이르는 미국 농산물 수입 덤핑마진으로 인해 멕시코 농민들은 옥수수, 콩, 밀, 면화, 쌀 등 다섯 작목에서 97억 달러, 그리고 쇠고기, 돼지고기, 닭고기 등에서 32억 달러, 합계 129억 달러의 손실을 입은 것으로 추정된다. 싼 미국 농산물 수입 증가의 영향으로 농업소득은 위축됐다. 농촌가구소득 중 농업 분야에서 발생하는 소득 비중은 1992년 37.7%에서 2004년 17.3%로 급감했다. 특히 농업 임노동소득과 비농업 임노동소득, 해외송금을 합친 노동소득의 비중은 1992년 33.8%에서 2004년 48.5%로 높아졌다.

농업부문 고용은 1990년대 초 810만 명에서 2008년에 580만 명으로 감소했다. 제조업 등의 일자리가 부족한 탓에 1990년대에 연간 평균 47만 명이 미국으로 이주했다. 이들 중 상당수는 미국 농업에 저임금 계절노동자로 일하며 미국 농산물 수출 확대에 기여한다. 미국 농산물생산비의 17%를 고용노동임금이 차지하는데 고용노동자의 약 절반이 미등록 이주노동자이고 그중 다수가 멕시코인이다. 멕시코 내에서 도시로 이주해도 제대로 된 일자리를 얻기 어렵다. 전체 고용 중 비공식 고용의 비중은 1992년 52%에서 2004년 57%로 증가했다. 멕시코에서 마약 관련 마피아가 번창하는 배경에는 대량 실업과 불안정취업자 문제가 있다.

한편 싼 미국 농축산물의 수입 증가와 함께 멕시코 농업 관련 산업에 대한 미국 농식품자본의 직접투자가 증가하면서 멕시코 식품가공과 유통 분야도 월마트 등 미국 자본의 지배에 들어갔다. 그 결과 토르티야 가격이 2006년부터 2008년까지 100% 이상 올라 토르티야 위기가 발생했다. 옥수수 유통·가공분야를 카길, 몬산토, 마세카, 민사 등 다국적 농식품자본이 장악했고 이들은 매점매석을 일삼았다. 카길은 2007년 봄·여름 수확기에 옥수수를 톤당 1,600~2,400페소에 대량구입해 저장한 다음 가격 급등을 유도해 토르티야 제조공장에 3,900페소에 판매하기도 했다. 여기에다 다국적 농식품기업들은 토르티야 재료인 옥수수 전분을 독점적으로 공급했다. 또한 멕시코에 미국식 식품공급체제가 구축되고 국민들의 칼로리와 가공식품, 패스트

푸드 섭취가 늘어나면서 비만이 심각한 문제로 대두되고 있다. 멕시코는 현재 성인의 40%가 과체중이고, 비만은 30%에 달해 미국 다음으로 비만인구 비중이 높다.

그렇다면 NAFTA의 결과 미국 농민의 처지는 나아졌는가? NAFTA와 WTO 성립을 계기로 불공정한 농업정책, 규제받지 않은 상품시장 투기, 가뭄과 기상재해 등으로 미국 농민들은 롤러코스터 같은 농산물가격 변동에 직면하게 되었다. 이에 따라 많은 소농과 중농이 파산하고, 농업부문은 불평등과 기업집중으로 점철되었다. 지난 20년간 영세농가와 거대규모 농가는 크게 증가했다. 소농이 증가한 것은 대부분 비농업부문에서 소득을 올리는 귀촌 도시민 증가, 지역 농민장터에 내다 파는 고품질 특용작물의 증가에 따른 것이다. 규모는 작지만 자기 농장에서 생계를 꾸려왔던 중농의 수는 40%나 줄어서 1982년에 전체 농가의 절반이었던 것이 2007년에는 3분의 1 이하로 줄었다. 한편 농업과 식품생산 기업의 집중도 심화되어갔다. 쇠고기 생산에서 카길, 타이슨, JGF, 내셔널비프 등 4개 회사의 점유율은 1990년 69%에서 2012년 82%로 높아졌다. 닭고기, 돼지고기, 밀제분, 기타 부문에서도 같은 양상이 나타났다. 극소수 대기업이 점차 농식품 생산의 큰 몫을 지배하게 되자 농부들은 공정한 가격을 받는 것과 농업생산소득으로 생계를 유지하는 것이 더 어려워졌다. 미국 농식품 대기업들은 캐나다에서 소, 멕시코에서 돼지를 사육한 다음 미국으로 들여와 도살해 판매한다. 그 영향으로 미국의 독립 양계·양돈 농가는 거의 사라졌고 NAFTA 세 국가 모두에서 환경오염은 심해졌다.

경제수준이 불평등한 두 국가, 즉 미국과 멕시코 사이의의 농산물 무역자유화를 밀어붙인 NAFTA는 멕시코 농민들에게 재앙이나 다름없는 결과를 가져다주었다. 이로 인한 폐해를 극복하기 위해서는 멕시코 주요 야당이 주장하는 대로 재협상을 통해 NAFTA에서 농산물 무역자유화 내용을 빼거나

대폭 개정해 멕시코 정부, 농민, 시민들의 식량주권을 보장해야 한다. 멕시
코의 경험은 한·미 FTA의 미래를 가늠하는 데 교훈이 되어야 할 것이다.

참고문헌

김윤식·황윤재·임송수. 2006. 「NAFTA 이후 멕시코 농업의 변화 분석」. ≪연구자료≫. 한국농촌경제연구원. 87쪽.

김충실. 2001. 「자유무역협정과 농업부문 변화: NAFTA 이후의 멕시코 사례분석」. ≪농업정책·경영연구≫, 28(2), 205~221쪽.

로젯, 피터(Peter M. Rosset). 2008. 『식량주권』. 박남주·천경호·오정원 옮김. 시대의 창 (원서: 2006. *Food is Different: Why we must get the WTO out of Agriculture*. Zed Books).

배찬권·금혜윤·김진오. 2012. 『NAFTA 체결 이후 멕시코 경제의 변화와 정책 시사점』. 대외경제정책연구원.

벨로, 월든(Walden Bello). 2010. 『그 많던 쌀과 옥수수는 모두 어디로 갔는가』. 김기근 옮김. 더숲(원서: 2009. *The Food Wars*. Verso).

삼성경제연구소. 2007. 「북미자유무역협정(NAFTA)이 회원국 경제에 미친 영향과 시사점」.

서영옥. 2006. 「NAFTA 이행 이후 멕시코 주요 지역경제의 변화」. KOTRA.

임수진. 2010. 「멕시코 토르티야 위기 원인」. ≪라틴아메리카연구≫, 23(1), 169~197쪽.

장상환. 2012. 「세계화와 농업문제의 전환」. ≪마르크스주의 연구≫, 9(3).

파텔, 라즈(Raj Patel). 2008. 『식량전쟁』. 유지훈 옮김. 영림카디널(원서: 2007. *Stuffed and Starved: The Hidden Battle for the World Food System*. Melville House).

홀트 히메네스·파텔(Eric Holt-Gimenez and Raj Patel). 2011. 『먹거리 반란: 모두를 위한 먹거리와 지속가능한 미래를 위한 혁명』. 농민정책연구소 녀름 옮김. 도서출판 따비(원서: 2009. *Food Rebellions!: Crisis And The Hunger For Justice*. Pambazuka Press).

KBS 스페셜. 2006.6.4. <FTA 12년, 멕시코의 명과 암>. http://bbs2.ruliweb.daum.net/gaia/do/ruliweb/detail/read?articleId=698499&bbsId=G003

Barros-Nock, Magdalena. 2000. "The Mexican peasantry and the ejido in the neo-liberal period." in Deborah Bryceson, Cristóbal Kay and Jos Mooij(eds.). *Disappearing Peasantries? Rural Labour in Africa, Asia, and Latin America*. London: Intermediate Technology Publications.

Bernstein, Henry. 2009. "Agrarian questions from transition to globalization." in A. H. Akram-Lodhi and C. Kay(eds.). *Peasants and Globalization: Political Economy, Rural Transformation and the Agrarian Question*. Routledge. Haroon. pp.239~261.

_____. 2010. *Class Dynamics of Agrarian Change*. Fernwood Press.

Blecker, Robert. 2009. "External Shocks, Structural Change, and Economic Growth in Mexico, 1979-2007." *World Development*, 37(7), pp.1274~1284.

Brass, Tom(ed.). 2002. *Latin American Peasants (special issue) Journal of Peasant Studies*. Vol.29(3-4).

Brester, Gary W., John M. Marsh and Joseph A. Atwood. 2009. "Evaluating the Farmer's-Share-of-the-Retail-Dollar Statistic." *Journal of Agricultural and Resource Economics*, 34(2), pp.213~236.

Bryceson, Deborah, Cristobal Kay and Jos Mooij(eds.). *Disappearing Peasantries? Rural Labour in Africa, Asia, and Latin America*. London: Intermediate Technology Publications.

Burstein, John. 2007. "U.S.-Mexico Agricultural Trade and Rural Poverty in Mexico." Mexico Institute at Woodrow Wilson International Center for Scholars.

Carlsen, Laura. 2007. "NAFTA, Inequality and Immigration." CIP Americas Policy Program. Washington D.C.: Center for International Policy.

_____. 2011.10.20. "NAFTA Is Starving Mexico." Foreign Policy in Focus. http://www.fpif.org/articles/nafta_is_starving_mexico

Catie, Duckworth. 2012. "The Failures of NAFTA." Council on Hemispheric Affairs. http://www.coha.org/the-failures-of-nafta/

Chiquiar, Daniel and Alejandrina Salcedo. 2013. "Mexican Migration to the United States: Underlying Economic Factors and Possible Scenarios for Future Flows." Washington D.C.: Migration Policy Institute.

Clark, S. E., C. Hawkes, S. M. Murphy, K. A. Hansen-Kuhn and D. Wallinga. 2012. "Exporting obesity: US farm and trade policy and the transformation of the Mexican consumer food environment." *International Journal of Occupational and Environmental Health*, 18(1), pp.53~65.

de Ita, Ana. 2006. "Land Concentration in Mexico after PROCEDE." in Peter Rosset, Laj Patel and Michael Courville(eds.). *Promised Land: Competing Visions of Agrarian Reform*. Food First Books.

_____. 2008. "Fourteen Years of NAFTA and the Tortilla Crisis." Americas Program Special Report. Center for International Policy.

ECLAC. 2012. *Social Panorama of Latin America 2011*. United Nations.

EWG, Farm subsidy Database. 2012a. <USDA subsidies for farms in United States totaled $292,548,000,000 from 1995 through 2012>. http://farm.ewg.org/region.php?fips=00000&statename=theUnitedStates

_____. 2012b. <Top programs in the United States, 1995~2012>. http://farm.ewg.org/region.php?fips=00000&statename=theUnitedStates

_____. 2012c. <Commodity subsidies in the United States totaled $177.6 billion from

1995-2012>. http://farm.ewg.org/progdetail.php?fips=00000&progcode=totalfa-rm&page=conc&regionname =theUnitedStates

Holt-Giménez, Eric and Miguel A. Altieri. 2013. "Agroecology, Food Sovereignty, and the New Green Revolution." *Agroecology and Sustainable Food Systems*, 37(1), pp.90~ 102.

Food First. 2010. "Immigrant Workers in the U.S. Food System, Facts." Institute for Food and Development Policy. Food First.

Fox, Jonathan and Libby Haight(eds.). 2010. *Subsidizing Inequality: Mexican Corn Policy Since NAFTA*. Woodrow Wilson International Center for Scholars' Mexico Institute.

Gilson, Ian, Colin Poulton, Kelvin Balcombe and Sheila Page. 2004. "Understanding the Impact of Cotton subsidies on Developing Countries and Poor People in those Countries." Draft Report. Overseas Development Institute, International Economic Development Unit. www.odi.org.uk/iedg/cotton_Report

Gwynne, Robert N. and Cristóbal Kay(ed.). 2004. *Latin America Transformed: Globalization and Modernity*, A Hodder Arnold Publication.

Hansen-Kuhn, Karen. 2013.12.20. "NAFTA at 20: State of the North American Farmer." Foreign Policy In Focus. http://fpif.org/nafta-20-state-north-american-farmer/

Hanson, Gordon H. 2003. "What Has Happened to Wages in Mexico since NAFTA? - Implications for Hemispheric Free Trade." NBER Working Paper No. 9563.

_____. 2012. "Understanding Mexico's Economic Underperformance." Washington D.C.: Migration Policy Institute.

Hart-Landsberg, Martin. 2002.12. "Challenging Neoliberal Myths: A Critical Look at the Mexican Experience." *Monthly Review*.

Helwege, Ann and M. B. L. Birch. 2007. "Declining Poverty in Latin America? A Critical Analysis of New Estimates by International Institutions." GDAE Working Paper no. 07-02. Global Development and Environment Institute. http://www.ase.tufts.edu/gdae/Pubs/wp/07-02LatinAmPoverty.pdf

Hendrikson, Mary. 2014. "The Dynamic State of Agriculture and Food: Possibilities for Rural Development?" Statement at Farm Credit Administration Symposium on Consolidation in the Farm Credit System McLean, Virginia, February 19, 2014.

Henriques, Gisele and Raj Patel. 2004. "NAFTA, Corn and Mexico's Agricultural Trade Liberalization." Americas Program Special Report, Interhemispheric Resources Center.

Hoppe, Robert. A. and David E. Banker. 2010. "Structure and Finances of U.S. Farms: Family Farm Report, 2010 Edition." USDA Economic Research Service, Economic Information Bulletin No.66, July.

Hoppe, Robert A., Robert Green, David Banker, Judith Kalbacher and Susan E. Bentley.

1993. "Structural and Financial Characteristics of U.S. Farms, 1993: 18th Annual Family Farm Report to Congress." USDA Economic Research Service, AIB728.

Hussain, Imtiaz. 2012. *Reevaluating NAFTA: Theory and Practice*. Palgrave Macmillan.

IATP. "NAFTA: Fueling Market Concentration in Agriculture." Institute of Agriculture and Trade Policy.

ILO. 2002. "Decent work and the informal economy." Report VI. International Labour Conference 90th Session 2002.

James, Jennifer S., Julian M. Alston, Philip G. Pardey and Matthew A. Andersen. 2009. "Structural Changes in U.S. Agricultural Production and Productivity." *Choices Magazine* 24(4), pp.1~5.

Kay, Cristóbal. 2000 "Latin America's agrarian transformation: peasantization and proletarianization." in Deborah Bryceson, Cristóbal Kay and Jos Mooij(eds.). *Disappearing Peasantries? Rural Labour in Africa, Asia, and Latin America*. London: Intermediate Technology Publications.

Meléndez Salinas, Claudia. 2007. "Mexican farmers struggle to survive." *Monterey County Herald*, December 5.

National Farmers Union. 2013. Farmers Share, National Farmers Union.

NFFC. 2008. Family Farmers Applaud Demise of Doha Negotiations, National Family Farm Coalition.

OECD. 2006. *Agricultural and Fisheries Policies in Mexico: Recent Achievements, Contining the Reform Agenda*.

Ojeda, Martha A. and Rosemary Hennessey(eds.). 2006. *NAFTA From Below: Maquiladora Workers, Farmers, and Indigenous Communities Speak Out on the Impact of Free Trade in Mexico*. San Antonio TX: Coalition for Justice in the Maquiladoras(Reprinted with permission. Found in *Dollars & Sense: The magazine of Economic Justice*. #272. Sept./Oct. 2007, p.21).

Patel, Raj. 2013. "The Long Green Revolution." *Journal of Peasant Studies*, 40(1), pp.1~63.

Petras, James and Henry Veltmeyer. 2002. "The Peasantry and the State in Latin America: A Troubled Past, an Uncertain Future." in Tom Brass(ed.). *Latin American Peasants*.

Pew Hispanic Center. 2009. "Mexican Immigrants in the United States, 2008." Fact Sheet, April 15. 2009.

Polaski, Sandra. 2004. "Mexican Employment, Productivity and Income: A Decade after NAFTA." Brief submitted to the Canadian Standing Senate Committee on Foreign Affairs.

_____. 2006. "The Employment Consequences of NAFTA." Carnegie Endowment for

Internatioonal Peace, Testimony submitted to the Senate Subcommittee on International Trade of the Committee on Finance, September 11, 2006.

Popkin, B. M. and P. Gordon-Larsen. 2004. "The nutrition transition: worldwide obesity dynamics and their determinants." *International Journal of Obesity*, 28, pp.2~9.

Public Citizen. 2001. "Down on the Farm: NAFTA's Seven Year's War on Farmers and Ranchers in the U.S., Canada, and Mexico, Dwindling Incomes for Small Farmers in the US, Mexico, and Canada, Lost Farms and Rural Crisis Is NAFTA's Legacy."

_____. 2008. "Debunking USTR Claims in Defense of NAFTA: The Real NAFTA Score 2008." Public Citizen's Global Trade Watch.

_____. 2013. "Job-Killing Trade Deficits Soar under FTAs: U.S. Trade Deficits Grow More Than 440% with FTA Countries, but Decline 7% with Non-FTA Countries." Public Citizen's Global Trade Watch.

_____. 2013. "NAFTA's Broken Promises 1994-2013: Outcomes of the North American Free Trade Agreement."

_____. 2014. NAFTA's 20-Year Legacy and the Fate of the Trans-Pacific Partnership. http://www.citizen.org/documents/NAFTA-at-20.pdf

Puyana, Alicia. 2012. "Mexican Agriculture and NAFTA: A 20-Year Balance Sheet." *Review of Agrarian Studies*, 2(1), pp.1~43.

Puyana, Alicia and Murillo, Sandra. 2012. "Trade Policies and Ethnic Inequalities in Mexico." *European Journal of Development Research*, 24(5), pp.706~734.

Ray, Darell, Daniel De La Torre Ugarte and Kelly Tiller. 2003. "Rethinking US Agricultural Policy: Changing Course to Secure Farmer Livelihoods Worldwide." Knoxville, Tenn: University of Tennessee, Agricultural Policy Analysis Center. http://www.agpolicy.org/blueprint.html.

Ritchie, Mark, Sophia Murphy and Mary Beth Lake. 2003. "United States Dumping on World Agricultural Markets." Cancun Series Paper No.1, Minneapolis, MN, Institute for Agriculture and Trade Policy.

Scott, Robert E., Carlos Salas and Bruce Campbell(Introduction by Jeff Faux). 2006. "Revisiting NAFTA: Still not working for North America's Workers." Briefing Paper #173, Economic Policy Institute.

Starmer, Elanor and Timothy A. Wise. 2007. "Feeding at the Trough: Industrial Livestock Firms Saved $35 Billion from Low Feed Prices." *GDAE Policy Brief*, No.07-03. Medford. MA: Tufts University, Global Development and Environment Institute.

Starmer, Elanor, Aimee Witteman et al. 2006. "Feeding the Factory Farm: Implicit Subsidies to the Broiler Chicken Industry." GDAE Working Paper, No.06-03. Medford. MA: Tufts University, Global Development and Environment Institute.

Szekely, Miguel, Nora Lustig, Martin Cumpa and José Antonio Mejía. 2000. "Do We

Know How Much Poverty There Is?" Working Paper 437. Inter-American Development Bank.

Teubal, Miguel. 2009. "Agrarian Reform and Social Movements in the Age of Globalization: Latin America at the Dawn of the Twenty-first Century." *Latin American Perspectives* 2009, 36, pp.9~20.

USDA. 2011. "Market Concentration in Selected Agricultural and Food Subsectors." GAIN Report No. MX 1042. USDA Foreign Research Service.

Veltmeyer Henry and James Petras. 2008. "Peasants in an Era of Neoliberal Globalization: Latin America on the move." Theomai No.18, 2nd semester. http://www.revista-theomai.unq.edu.ar/numero18/Veltmeyer.pdf

Villarreal, M. Angeles. 2010. *NAFTA and the Mexican Economy*. Washington, D.C.: Congressional Research Service, 7-5700.

Villarreal, M. Angeles and I. F. Fergusson. 2013. "NAFTA at 20: Overview and trade effects." Washington, D.C.: Congressional Research Service.

Washbrook, Sarah(ed.). 2007. *Rural Chiapas Ten Years after the Zapatista Uprising*. Routledge.

Weisbrot, Mark, Stephan Lefebvre and Joseph Sammut. 2014. "Did NAFTA Help Mexico? An Assessment After 20 Years." Center for Economic and Policy Research.

White, Marceline, Sarah Gammage and Carlos Salas. 2003. "NAFTA and the FTAA: A Gender Analysis of Employment and Poverty Impacts in Agriculture." *Trade Impact Review*. Mexico Case Study, Women's Edge Coalition.

Wise, Timothy A. 2004. "The Paradox of Agricultural Subsidies: Measurement Issues, Agricultural Dumping, and Policy Reform." GDAE Working Paper, No.04-02, Medford. MA: Tufts University, Global Development and Environment Institute.

_____. 2007. "Policy Space for Mexican Maize: Protecting Agro-biodiversity by Promoting Rural Livelihoods." GDAE Working Paper, No.07-01. Medford, MA: Tufts University, Global Development and Environment Institute.

_____. 2009a. "Promise or pitfall? The limited gains from agricultural trade liberalisation for developing countries." *Journal of Peasant Studies*, 36(4), pp.855~870.

_____. 2009b. "Agricultural Dumping Under NAFTA: Estimating the Costs of U.S. Agricultural Policies to Mexican Producers." GDAE Working Paper, No. 09-08, Global Development and Environment Institute, Tufts University.

_____. 2010. "The Costs to Mexican Producers of U.S. Agricultural Policies." Mexican Rural Development Research Report, No.7, Woodrow Wilson International Center for Scholars' Mexico Institute.

Witness for Peace. "Broken Promises: NAFTA at 15." Witness for Peace. http://www.witnessforpeace.org/downloads/NAFTAat15.pdf

World Bank. "Lessons From NAFTA for Latin America and the Caribbean Countries: A Summary of Research Findings."

Wright, Angus L. and Wendy Wolford. 2003. *To Inherit the Earth: The Landless Movement and the Struggle for a New Brazil.*

Yúnez N, A. y F. Barceinas P. 2004. "The agriculture of Mexico alter ten years of NAFTA implementation." Banco Central de Chile, Documento de Trabajo, No.277, Diciembre.

Yunez-Naude, Antonio and J. Edward Taylor. 2006. "The effects of nafta and domestic reforms in the agriculture of Mexico: predictions and facts." *Région et Développement* n° 23-2006.

Zahniser, Steven. 2007. "NAFTA at 13: Implementation Nears Completion." USDA Economic Research Service, Outlook No.WRS-07-01, March.

Zahniser, Steven(ed.). 2005. "NAFTA at 11: The Growing Integration of North American Agriculture." U.S. Department of Agriculture, Economic Research Service, Outlook Report No. WRS-05-02, February.

Zahniser, Steven and Andrew Roe. 2011. "NAFTA at 17: Full Implementation Leads to Increased Trade and Integration." USDA Economic Research Service, WRS-1101, March.

Zahniser, S. and W. Coyle. 2004. "Mexico's Corn Industries and U.S.-Mexico Corn Trade." *Amber Waves*, 12(3), USDA Outlook Report No.(FDS04D01). http://www.ers.usda.gov/AmberWaves/June04/Findings/MexicosCorn.htm

Zahniser, Steven and Zachary Crago. 2009. "NAFTA at 15: Building on Free Trade." USDA Economic Research Service. http://www.ers.usda.gov/Publications/WRS0903/

Zahniser, Steven, Thomas Hertz, Maureen Rimmer and Peter Dixon 2012. "The Potential Impact of Changes in Immigration Policy on U.S. Agriculture and the Market for Hired Farm Labor: A Simulation Analysis." USDA Economic Research Service.

Zepeda, Eduardo. 2008. "Learning from the Past: Mexico's Failed Pro-Market Policy Experience." *Poverty in Focus*, No.16. International Poverty Center.

Zepeda, E., D. Alarcón, F. V. Soares and R. G. Osório. 2007. "Growth, Poverty and Employment in Brazil, Chile, and Mexico." Working Paper No.42. International Poverty Center.

_____. 2009. "Changes in earnings in Brazil, Chile, and Mexico. Disentangling the forces behind pro-poor change in labour markets." Working Paper Series. International Poverty Center.

Zepeda, Eduardo, Timothy A. Wise and P. Kevin Gallagher. 2009. "Rethinking Trade Policy for Development: Lessons From Mexico under NAFTA." Carnegie Endowment for International Peace.

제6장

부모의 시간사용 변화에 관한 일본과 한국의 비교연구*

윤자영 | 한국노동연구원 연구위원 / 안주영 | 도코하 대학교 법학부 전임강사

1. 들어가며

일본과 한국은 전통적으로, 그리고 현재까지도 여러 선진국과 비교해서 복지가 가족에 의해 제공되는 점에서 유사하다. 남성이 주된 생계부양자가 되고 여성은 가사와 아이의 양육을 책임지는 성별분업이 이데올로기적으로도, 실제로도 강하게 남아 있다. 일본과 한국은 공히 국가 주도의 경제성장 전략에 따라 자원의 배분에서도 개인의 생활보다는 산업발전이 우선되어왔다(Kwon, 2005; Gough, 2001). 이러한 시스템 속에서 회사가 제공하는 복지후생이 복지를 떠받치는 중요한 역할을 하게 되었다(Kim, 2010). 기업복지에 대

---

* 이 글은 2010년도 한국연구재단의 지원사업 "세계화와 축적체제와 계급구조화" 연구 (NRF-2010-413-B00027)로 출판된 논문인 「両親の時間使用変化に関する日韓比較研究」, ≪大原社会問題研究所雑誌≫ 651号 2013年 1月号를 번역해 수정한 것임을 밝혀둔다.

한 의존도가 높아짐에 따라서 성별분업도 한층 강화되어온 것이다.

그러나 현재의 일본과 한국 모두 출생률 저하와 고령화의 진전, 이혼율 상승과 단독가구 증가 등으로 인한 가정구조 변화, 노동시장의 유연화에 따라 남성 생계부양자 모델이 쇠퇴하고 성별분업도 유지할 수 없게 되었다. 이러한 흐름 속에서 여성은 단순히 가계소득을 보조하는 존재에서 벗어나게 되었고, 경제적 자립에 대한 여성의 의욕과 필요성이 높아지는 것과 함께 그들이 책임져왔던 돌봄노동의 사회화가 요구되었다. 세계적으로 보더라도 낮은 출생률을 끌어올리는 것과 여성 고용률을 높이는 것이 사회적 과제로 부상하고 있고, 보육에 대한 국가의 지원이 일과 가정의 양립을 달성하기 위한 중요한 정책으로서 인식되고 있다(Peng, 2009).

이처럼 육아를 가정이 해결해야 한다는 인식이 쇠퇴하고 대신 국가와 사회의 책임이 강조되는 과정에서, 이러한 변화가 종래의 불평등한 성별 분업을 둘러싼 성별 체제(gender regime)에 어떠한 함의를 가지는가에 대해 관심이 모아지고 있다. 즉 출산율 저하와 생계의 위험이라는 사회재생산의 위기에 대한 국가적 대응이 어떠한 형태의 성별 체제를 생산하는가에 대해서 주목해야 한다는 것이다. 일본과 한국 정부는 육아지원을 통해 여성의 고용을 촉진하고 남성 생계부양자 모델에서 탈피하려 했다. 이 점에 대해 기존의 연구에서는 양국 모두 여전히 남성 생계부양자 모델이 강하게 남아 있다는 점에서는 공통점이 있지만, 그 정도에는 차이가 있다고 지적하고 있다(橫田, 2007). 그러나 일본과 한국 두 나라의 성별 분업을 둘러싼 성별 체제가 어떻게 변화하고 있는가에 대해서 현재로서는 그다지 연구되어 있지 않다. 양국은 서구의 성별 체제와 비교해 볼 때, 상대적으로 남성 생계부양자 모델이 강하게 잔존해 있다고 할 수 있다. 그러나 한일 양국은 성별 분업에 대한 문화적 의식, 여성 시장노동 참여에 대한 사회정책적 지원, 돌봄노동을 수행할 수 있는 이주노동자 유입 등에서 상당한 차이가 나타난다. 이 연구는 강고한 성별 분업을 바탕으로 유사한 방식으로 성별 체제가 작동하고 있는 듯 보이는 가운데, 양국에서 전개되고 있는 사회재생산 위기에 대한 차별적 대응이 어떻게 기존의 성별 체제를 변형하고 재생산하고 있는지 드러내고자 한다.

이러한 목적을 위해 일본과 한국에서 미취학 아동을 가진 부부의 시간사용의 변화를 비교분석해 일본과 한국 각각의 연구에서는 파악할 수 없었던 양국의 성별분업 변화의 특징을 분석한다. 부부의 노동시장 참가율의 변화, 시장노동과 무상노동의 시간 변화를 검토한 다음, 가정 내 부부의 시간사용 분담의 변화를 분석한다. 이러한 분석을 통해 남성 생계부양자 모델이 쇠퇴해가는 것으로 예상되는 일본과 한국의 성별분업이 어느 정도 변화하고 있는지를 볼 수 있다.

2. 연구 배경 및 선행연구

1) 일본과 한국의 일·가정 양립 제도와 보육정책

일본과 한국 모두 출생률 저하와 고령화, 노동시장의 유연화, 가족구조의 변화에 따라 가족주의적인 복지체제는 변화의 압력에 직면하고 있다(新川敏光, 2011; 安周永, 2011; 辻由希, 2012). 한국에서는 1997년의 금융위기 이후 노동시장의 유연화가 진행되어 생계부양자로서의 남성의 고용안정이 크게 흔들리게 되었다. 따라서 전업주부의 가사 및 돌봄노동을 전제로 한 '가족임금' 모델이 쇠퇴해가고 있다. 일본은 가족에 대한 돌봄의 책임은 전통적으로 여성에게 주어져 왔고, 1980년대까지 사회정책은 남성 생계부양자 모델을 전제로 했으나 출생률 저하와 고령화가 진행되는 동시에, 노동시장에 참가하는 여성이 늘어나면서 새로운 도전을 받게 되었다. 이렇게 해서 남성 생계부양자와 전업주부라는 이름의 사회계약이 쇠퇴하고 돌봄의 역할을 재조정해야 하는 상황이 되었다(大沢真理, 2007; Makita, 2010).

일본과 한국 모두 남성이 1차적인 소득자가 되는 것과 동시에 여성이 돌봄의 1차적인 제공자가 된다는 점에서는 남성 생계부양자 모델이라 말할 수 있다. 그러나 같은 남성 생계부양자 모델이라 해도, 양국의 상세한 특징을 고찰하지 않고는 성별관계의 특징을 이해할 수 없다. 한국은 2004년 가계조사에 의하면 가구당 취업자가 평균 1.57명이고 세대주의 노동소득이 가구소득의 70% 정도 되고 있다. 한편 2000년 일본 가계조사에 있어서는 1가구당 취업자가 평균 1.65명이고 세대주 수입은 가계수입의 82.1%를 점하고 있다. 즉, 일본의 취업자 수가 더 많음에도 가구소득에서 점유하는 세대주의 수입이 많은데 이것은 일본이 남성 생계부양자에 대한 의존도가 한국보다도 높다는 것을 나타낸다. 2009년 가계조사에서도 일본에서는 여성노동자의 33%가 단기간 노동의 형태로 종사하는 데 비해, 한국에서는 그 비율이 13.3%에 머물러 있다(李ジュヒ etal., 2010: 14). 한국도 남성 노동소득이 가계소득의 많은 부분을 차지하고는 있지만, 남성 임금만으로 안정적인 가족을 부양할 정도는 아니고, 많은 여성이 전일제 노동 형태로 종사하고 있다는 점에서 한국은 취약한 남성 생계부양자 모델로 평가된다(横田伸子, 2007).

노동시장뿐만 아니라 보육지원정책에 관해서도 일본과 한국 사이에는 차이를 보인다. 남성 생계부양자 모델에서 벗어나 육아의 사회화를 목표로 한 보육지원정책은 한국에서는 2000년대에, 일본에서는 1990년대에 본격화되었다. 일본과 한국 두 나라에서 추진해왔던 보육지원정책에 따라 보육서비스의 제공에 대한 국가의 역할은 커지게 되었다. 한국 정부의 보육 관련 예산은 2000년대에 들어 증가하기 시작해서 2004년도 이후 급증해 2009년도 보육 관련 예산은 2004년도와 비교해 4.5배 증가했다(金キョンヒ·尹子英, 2009: 39~40). 일본에서도 1990년대에 들어 대기아동의 수가 매년 증가했기

때문에 어린이집 확대의 목표가 "엔젤플랜 보육서비스 실시 계획"으로 설정되었다. 1989년의 특수합계 출생률이 1.57을 기록한 이후에 보육시설에 대한 정부 예산 지출은 꾸준히 늘어나기 시작했다(Abe, 2004: 36).

그러나 일본과 한국에서 보육 수급자격은 각기 달랐다. 일본에서 어린이집의 입소자격은 '보육하기 어려운' 가정이 된다. '보육하기 어려운'이라는 것은 보호자가 아동을 보육할 수 없고 동거하는 친족도 보육할 수 없는 경우를 가리킨다(「아동복지법」 제24조 제1항). 여기에는 맞벌이 부부가 중요한 요건의 한 가지가 된다. 즉, 일본에서는 모친의 취업 유무가 육아서비스 수급에 중요한 조건이 되는 것이다. 반면 한국에서는 맞벌이 부부만이 보육제공의 대상이 되지는 않는다. 한국에서는 2006년부터 맞벌이 부부는 우선적으로 보육을 제공받는 대상이 되었지만, 외벌이 부부가 배제되는 것은 아니다. 부모의 취업 상황이라고 하는 것은 소득(국민기초생활수급자의 유무 등), 가정형태(편부, 편모, 조손 가정), 장애아동, 다문화가정의 자녀 등의 기준과 동일하게 보육의 우선제공 대상이 되는 것뿐이다(「영유아보육법」 제28조).[1]

이러한 일본과 한국의 어린이집 입소기준의 차이는 부모의 취업 상태별 보육서비스 이용실태에 영향을 주는 것으로 생각된다. 일본에서의 시간사용에 대한 조사가 제공하는 미취학 아동의 보육시설 자료에 의하면 막내 아이가 시설(어린이집과 유치원)을 이용하는 비율이 1996년 22.0%에서 2001년 27.0%로 증가했다. 시설을 절대 이용하지 않는 아동은 동 기간에 58.6%에서 54.3%로 감소했다. 그중에서도 부모의 취업 상태에 의해서 막내 아이의 시설이용 비율의 변화가 크게 달라지고 있다. 어머니가 취업 상태에 있는 아동의 시설이용률은 48.7%에서 55.3%로 6.6%포인트 증가했던 것에 비해,

---

1) 공립 유치원은 육아연장 서비스를 제공하고 있지만, 그 조건은 원칙적으로 맞벌이 부부 자녀이다. 단, 공립 유치원의 입소대상은 4세 이상의 아동이며, 그 아동 수는 전체 대상 아동의 27.2%에 지나지 않는다.

어머니가 취업하고 있지 않은 상태에 있는 아동의 시설이용률은 5.7%에서 7.1%로 1.4%포인트 증가하는 것에 머물러 있다.[2] 한편 한국의 시간사용에 대한 조사에는 이러한 정보가 없기 때문에 5년간의 보육시설 이용의 변화를 알 수 없지만, 2004년과 2009년의 보육실태 조사에 의하면 어머니가 취업 상태인 아동의 보육시설 이용률은 42%(2004)와 51.9%(2009)였고, 어머니가 미취업 상태인 아동의 시설이용률은 20%(2004), 33.5%(2009)였다. 이처럼 한국에서도 어머니의 취업 상태에 따라 보육시설의 이용률의 차이를 보이지만 일본만큼은 크지 않다는 것과 더불어 양쪽의 격차도 작아지게 된 것을 알 수 있다.

단, 이러한 정책변화와 육아를 둘러싼 생각의 변화가 전통적인 성별분업을 변화시켰다고 판단하는 것은 성급한 판단이다. 일본에서는 1990년대 중반 이후 성 평등이 침체된 경제를 활성화시키는 것과 동시에 출생률을 올리기 위한 중요한 과제라는 인식이 퍼져 있었으나, 재정부담의 증가라는 문제가 우선시되어 돌봄의 사회화와 성 평등을 실질적으로 연계하려는 정책의 실행까지는 이르지 못했다는 평가가 존재한다(Osawa, 2000). 한국에서도 돌봄의 사회화가 여성을 노동 시장에 참가시키기 위한 정책적 수단으로 동원되어 돌봄의 책임에 대한 남녀의 평등한 배분은 중요한 쟁점이 되지 않았다. 즉, 여전히 양국 모두 돌봄의 책임은 국가 - 시장 - 여성 사이의 분담이라는 문제로 환원되어버리는 경향이 강했다.

---

2) 「사회생활기준조사」 1996년과 2001년의 데이터를 분석한 결과이다.

2) 부모의 시간사용 변화

일본과 한국에서 부부 시장노동과 가사노동의 분담에 관한 인식과 태도 및 실태에 대한 연구는 적지 않다. 그러나 시간사용 조사를 이용해서 시장노동시간과 무급노동시간을 종합적으로 분석한 연구는 적다. 또한 일본과 한국 양국 부모의 시장노동시간과 가사노동시간의 변화를 비교분석했던 연구는 없었다. 아래에서 본 연구의 목적과 내용에 합치하는 대표적인 선행연구를 정리한다.

쓰야(津谷) 등에 의한 공동연구는 한국, 미국, 일본에서의 부부 노동분업에 대해 가사노동을 중심으로 비교하고 있다(Tsuya, Bumpass and Choe, 2000). 이 연구에 의하면 3국 모두 여성이 가사노동의 많은 부분을 담당하고 있지만, 노동시장의 구조에 의해 기혼여성의 노동시장 참여율의 차이가 존재한다. 특히 한국보다 일본이 여성 무급노동의 비율이 높다고 지적되었다. 구체적으로, 미취학 상태의 막내 아이가 있는 부부의 가사노동시간을 보면 1994년에 일본 남편은 주 2.5시간, 일본인 아내는 주 37.6시간을 쓴 것에 비해 한국인 남편은 주 12.4시간, 한국인 아내는 55.9시간을 썼다. 즉 일본에서는 아내가 남편보다 15배, 한국에서는 아내가 남편보다 4.5배 더 긴 시간을 가사노동에 쓰고 있으며 가사노동 분담의 격차는 일본이 더 크다.

이러한 일본과 한국의 격차는 최근에도 같은 모습을 보인다. 오시오 다카시(小塩 隆士) 등에 의한 공동연구는 사회조사 자료를 이용해 한국, 일본, 중국의 부부 성별분업과 결혼만족도 등을 분석한 것인데, 일본인 부부가 전통적인 성별분업을 가장 많이 지지하고 있는 것으로 나타나고 있다(Oshio, Nozaki and Kobayashi, 2011). 일본에서는 가구소득에서 차지하는 아내의 소득 비율이 높을수록 결혼만족도가 낮고, 또한 가사노동 분담의 비율이 높다 하더라도 결혼만족도는 낮아지지 않았다. 한편 한국의 아내는 일본과 중국과 비교해서 시장노동과 가사노동의 균형을 가지는 것이 더욱더 곤란하다는 것이 이 연구에서 나타나고 있다. 한국에서는 아내의 시장노동시간이 길고 가구소득에서 차지하는 아내의 소득 비율도 일본의 아내보다 높지만, 가사노동 분담은 중국만큼 공평하게 짊어지고 있지 않기 때문이다.

시간일기 방식에 의한 전국 규모의 시간사용 조사자료는 아니지만 렌고총연(렌고 - 일본노동조합총연합회 - 총연합생활개발연구소)(2009)은 2007년에 일본, 미국, 프랑스, 한국의 50세 미만 부부를 각각 400쌍씩 조사해, 일본 생활시간의 특징과 문제점을 명확하게 밝혀내고 있다. 이 연구는 일본이 다른 나라에 비해 업무시간 이외의 대기시간과 회사에서의 휴게시간 등이 길기 때문에 노동시간이 길다고 지적하고 있다. 이로 인해 남편이 가사노동을 담당하는 시간이 줄어들고 아내가 풀타임으로 일할 경우 아내가 이중노동분담을 지는 일이 늘어나게 된다. 이러한 특징은 미국과 프랑스와는 다르지만 한국과는 공통점을 보인다. 즉, 일본과 한국 양국에서 남성 생계부양자 모델이 유지되고 있다고 지적하고 있다.

이상의 연구는 같은 시기 일본과 한국의 성별분업의 공통점과 차이점에 초점을 맞추고 분석한 것으로 평가할 수 있다.

일본과 한국의 성별분업의 변화를 비교분석하는 연구는 없지만 일본과 한국 각각의 변화에 대해서 분석한 연구는 존재한다. 쓰야 노리코(津谷典子)에 의한 두 가지 연구에 대해서 검토해보자. 쓰야 등에 의한 공동연구는 1994년과 2000년에 20~49세의 표본에 대해 실시했던 조사를 바탕으로 일본 부부의 가사노동과 시장노동의 변화를 분석했다(Tsuya et al., 2005). 이 기간 부부의 가사노동시간에서 아내의 가사노동시간은 감소한 것에 비해, 남편의 가사노동시간 비율은 조금 증가했다. 일본에서는 여전히 아내가 가사노동의 거의 90%를 담당하고 있지만, 가사노동에 참가하는 남편의 비율이 증가하는 것은 장래의 성별분업 불평등이 완화되는 것을 나타내는 것으로 생각된다. 그러나 이 연구는 가사노동에서 성별분업에 초점을 맞춘 것으로, 시장노동과 무급노동의 시간 변화를 시야에 두게 되는 성별분업의 변화에 대해서는 시사점을 얻을 수 없다.

또한 쓰야는 1994년 이후의 일본 여성의 지위와 가족 내 성별관계의 변화를 고찰해 그 원인을 분석한다(津谷典子, 2007). 1994년에 실시되었던 「현대 가족에 관한 전국조사」와 2000년에 실시되었던 「아시아와의 비교에서 본 인구, 가족조사」, 2004년에 실시되었던 「결혼과 가족에 관한 전국조사」를 사용해서 분석했던 연구결과는 위에 서술했던 공동연구의 결과와 유사하다. 즉, 남편의 장시간 노동의 경향이 유지되어 남편의 취업은 가정과 가구 상황에 영향을 주지 않는 것에 비해, 아내의 취업은 남편의 일, 자식의 연령, 그리고 양친과의 동거 등 가족, 가구 상황의 영향을 크게 받는다. 출산과 육아기의 여성의 취업률은 1990년대 말 이후 60%대를 유지하고 있지만, 취업 여성의 평균노동시간은 감소하고 있다. 이것은 여성 노동력의 주변화를 나타내는 것으로, 특히 취학 전과 진학기의 아이를 양육하고 있는 기혼여성에게 이러한 현상이 현저히 나타난다. 남편의 가사분담은 증가하고 있지만 가사의 대부분은 여전히 아내가 부담하고 있고 풀타임으로 취업하고 있는 아내의 남편에 한해서 가사노동시간이 증가하고 있다. 즉, 일본의 출산, 육아기의 가정은 주로 아내가 가정 내외의 역할을 조정하는 것으로 유지되고 있어, 전통적인 성별관계에는 크게 변화가 보이지 않는다.

한국에서도 가사노동시간과 성별분업에 관한 연구는 상당히 축적되어 있지만, 시간사용 조사를 사용했던 연구는 많지 않다. 윤자영(Yoon, 2010)은 2004년 시간사용 조사자료를 사용해서 취업 상태 여성이 남성보다 총노동시간이 크게 증가해, 여성이 이중노동부담을 짊어지고 있음을 보였다. 게다가 30시간 미만의 단시간 노동에 종사하는 여성이 풀타임 여성보다 무급노동의 비율이 크고, 여성의 단시간 노동을 촉진하는 정책이 성별분업을 완화하기 위해 그다지 도움이 되지 않는다는 것을 지적했다. 한편, 안미영(An, 2008)은 1999년과 2004년 사이에 여성의 시장노동 참가가 증가해 남성의 무급노동시간도 증가했지만, 그것이 성별분업에 의미가 있는 변화를 가져오지는 못했다는 것을 지적하고 있다.

이상의 선행연구에서는 두 가지의 점이 명확하게 되었다. 첫 번째로 일본에서 여성의 노동시장 참가율은 한국보다 높지만, 남성의 가사노동의 분담률은 오히려 한국보다도 낮다. 두 번째로 일본과 한국 모두 남성의 가사노동시간이 증가했지만, 그 변화는 크지 않다. 그러나 본 연구와 같이 양국의 시간사용 조사 자료를 이용하여 직접적으로 비교한 연구는 그리 많지 않다. 특히, 보육지원정책의 영향을 즉각적으로 받는다고 여겨지는 미취학 아동을 가진 부모에 한정해서 일본과 한국의 변화를 분석한 연구도 매우 적다. 노동시장의 참가율뿐만 아니고 노동시간도 성별관계에 크게 영향을 준다는 것을 생각하면 시장노동과 무급노동의 시간변화를 동시에 고찰할 필요가 있다. 이런 점에서 본다면, 본 연구의 시도는 일본과 한국의 성별분업을 둘러싼 성별관계의 변화를 이해하기 위해 중요한 공헌을 하고 있다고 생각된다.

3. 연구자료와 분석방법

1) 연구자료

이 글에 사용된 데이터는 일본의 「사회생활기본조사」와 한국의 「생활시간조사」 익명 데이터이다. 무급노동과 육아시간의 배분뿐만 아니라 다양한 항목의 시간조사가 시간일기 방식으로 이루어졌다. 이 때문에 조사의 정확성과 신뢰성이 다른 조사보다도 높다고 할 수 있다(Juster and Stafford 1991).

이 글에서는 한국의 2004년과 2009년의 「생활시간조사」와 일본의 1996년
과 2001년 「사회생활기본조사」를 사용한다. 이 기간은 위에 서술한 것과 같
이 일본과 한국 모두 정부의 보육지원정책이 본격적으로 시작되었던 시기
이다. 장기간에 나타난 변화를 조사한다는 점에서는 한국의 1999년 조사와
일본의 1991년 조사도 포함해 분석하는 것이 한층 적절할 것이다. 그러나
일본의 1991년 조사와 1996년 조사 사이에는 조사방법의 변경이 있었다.
즉, 1991년의 조사에서는 가구의 미취학 아동의 유무가 파악되지 않았기 때
문에 불가피하게 5년간의 자료를 비교한다.

여기서 두 나라 조사의 상세한 내용에 대해서 언급해두자. 한국의 「생활
시간조사」는 1999년 이후 5년 주기로 실시되고 있다. 2004년의 조사는 1만
2,000가구의 약 3만 2,000명, 2009년 조사는 8,100가구의 2만 657명에 대
해서 행해졌다. 가구 관련 사항, 개인 관련 사항에 관해서는 조사담당자가
대상 가구를 방문해 가구구성원과 면담을 통해 조사하는 면접방식으로 수
집된다. 시간사용에 관해서는 조사대상 가구에 용지를 배부해, 조사대상 가
구구성원이 2일간(48시간)의 행동과 시간을 직접 기입하는 자기기입식으로
수집된다. 응답자는 10분 단위로 주관적으로 판단해, 주된 행동으로 판단되
었던 것을 주요한 행동으로서 기입한다. 또한 응답자가 동시에 행했다 해도
부차적이라고 판단할 수 있는 행동이 있다면, 동시행동으로서 기입하도록
되어 있다. 행동범위는 대분류, 중분류, 소분류로 나누어져 있고, 소분류는
2004년 조사에서는 137항목, 2009년 조사는 150항목으로 구성되어 있다.

일본의 「사회생활기본조사」는 1976년부터 5년 단위로 실시되고 있다.
시간사용에 대해서는, 일상활동을 20개 항목[수면, 건강관리, 식사, 통학이나
통근, 일, 학교학습, 가사, 간호, 육아, 쇼핑, 이동(통근은 제외), TV/라디오/신문/잡
지, 휴식, 자습, 취미와 놀이, 스포츠, 사회활동, 진찰 받기와 요양, 그 외 활동]으로
분류한다. 일본의 시간사용 조사도 자기기입식을 이용해서 각 가구구성원

이 15분 단위로 행동을 시간일지에 기입하도록 되어 있다. 2001년 조사는 7만 7,000가구의 약 20만 명을 대상으로, 2006년도 조사는 8만 가구의 약 20만 명을 대상으로 했다.

2) 연구방법

위에 서술했던 데이터를 이용하기 위해서는 일본과 한국 각각의 시간사용의 분류를 비교 가능한 수준으로 재조정할 필요가 있다. 위에 서술했듯이 일본의 시간사용 조사의 시간사용 항목은 20개이고, 한국의 시간사용 조사의 항목은 이것보다 상당히 세분화된 130개 정도이다. 따라서 일본의 시간사용 항목에 가능한 한 맞춰 10개의 시간사용 범위를 <표 6-1>과 같이 재정의했다. 이 분류를 사용해서 일본과 한국의 시간사용의 변화를 분석한다. 본 연구의 주된 분석에 이용한 것은 남녀의 평균 시간사용의 차이와 그 차이의 변화를 비교하기 위해 기술한 통계이다. 필요하다고 판단될 경우 차이에 대한 통계적 검증도 실시했다. 6살 이하의 미취학 아동을 적어도 한 명 가진 아버지가 취업 상태에 있는 부부세대의 부모가 분석대상이 된다.3) 사용한 전체 표본 수는 일본이 1996년 4만 955명, 2001년 2만 4,458명이며 한국이 2004년 7,368명, 2009년 4,158명이다. 비교 하위집단의 표본 수는 각 표에서 제시하고 있다.

평균 시간의 비교분석과 함께, 일본과 한국에서 남녀의 시간사용 패턴의

---

3) 생활시간 조사의 제약상 한국의 18세 이하의 자녀의 수, 일본의 10세 미만의 자녀의 수를 집약해서 비교해보았다. 한국에서는 1.52명(2004년)에서 1.51명(2009년)이 되었고, 일본에서는 1.72명(1996년)에서 1.70명(2001년)이 되었다. 두 나라 모두 자녀의 수는 감소하는 반면에 육아시간은 증가하고 있다. 이러한 점에서 자녀의 수가 육아와 가사노동시간의 변동에 크게 영향을 주었다고는 생각하기 어렵기 때문에 본 연구에서는 자녀의 수를 고려하지 않고 연구를 진행한다.

〈표 6-1〉 시간사용 항목의 정리

		한국	일본
시장노동 관련	시장노동	고용되어 있거나 혹은 자영업, 가족종업원과 자가소비를 위한 일, 구직활동	일
	출퇴근		통근, 통학
무급노동	가사	일용 관련 물품 구입, 학습 관련 물품 구입, 식사준비 및 정리, 의류관리, 청소 및 정리, 집 관리, 가정관리 관련 물품 구입, 가정경영, 그 외 가사, 교제 및 여가활동 관련 물품 구입	가사, 쇼핑
	육아	미취학 아동 돌보기, 초/중/고등학생 돌보기	육아
	돌봄	미취학 아동의 간호, 초/중/고교생의 간호, 배우자의 간호, 양친 및 조부모의 간호, 그 외 가족의 간호	돌보기, 간호
이동	이동	출퇴근과 통학을 제외한 이동	통근, 통학을 제외한 이동
그 외	개인유지	수면, 식사 외 간식, 개인관리, 건강관리(의료적), 그 외 개인유지	수면, 신체주변 관련 일, 식사, 진찰, 요양
	여가	이웃 및 친한 사람과의 서로 도움, 참가활동, 봉사활동, 교제활동, 미디어 이용, 종교활동, 관람 및 문화행사 참가, 스포츠 및 아웃도어 레저활동, 취미 및 그 외 여가활동	TV, 라디오, 신문, 잡지, 휴양, 편히 쉼, 취미, 오락, 스포츠, 봉사활동, 사회참가활동, 교제
	학습	정규수업, 정규수업 외 학습, 일반인의 학습	학업, 학습, 연구
	그 외	그 외	그 외

자료: 한국의 「생활시간조사」, 일본의 「사회생활기본조사」에서 작성.

변화를 비교분석하기 위해 상이지수(dissimilarity index)를 계산한다. 상이지수는 집단 간의 상이를 수량화하기 위해 자주 쓰인다. 본 연구에서는 다음의 수식에 의해 도출하고 있다.

$$D = \sum_{i=1}^{10} \left\{ \left| \frac{a_i - b_i}{a_i + b_i} \right| \left[\frac{a_i + b_i}{\sum\limits_{i=1}^{10} (a_i + b_i)} \right] \right\}$$

a_i는 남편이 시간사용 항목 i에 소비하고 있는 시간으로, b_i은 아내가 동시에 시간사용 항목에 소비하는 시간이다. 정리한 10개의 시간사용 항목에 대해서 상이지수 D를 계산했다. 이 지수는 0과 1 사이의 수치가 되지만, 0에 가까울수록 양 집단의 시간사용이 닮아 있다는 것을 의미하고, 1에 가까울수록 동일한 행동 항목의 시간사용이 다르다는 것을 의미한다. 즉, 지수가 1에 가까울수록 양 집단의 시간사용을 유사하게 만들기 위해서는 한쪽 집단의 시간 배분을 크게 변경해야 한다.

4. 분석결과

1) 여성의 노동시장 참가의 변화

여기에서는 한국과 일본에서 미취학 아동을 둔 어머니의 노동시장 참가 변화를 고찰한다. 우선 노동시간을 중심으로 양국의 노동시장 특징을 살펴보자(<그림 6-1> 참조). 일본에서는 주 35시간 미만의 노동자 비율이 높았던 것에 비해, 한국에서는 60시간 이상의 노동자 비율이 높았다. 노동시간은 남녀 모두 일본보다 한국이 더 높다. 또한 주 35시간 미만의 노동자 비율의 남녀 격차는 한국보다 일본이 훨씬 크다. 일본의 여성은 남성에 비해 4~6배의 비율로 단시간 노동에 종사하고 있는 반면, 한국의 여성은 2배 정도에 머물러 있다.

다음으로 미취학 아동을 가진 어머니의 시장노동 참가와 노동시간의 분포에 한정해서 보자. 일본과 한국 모두 비교기간 미취학 아동을 가진 부부 중에서 맞벌이의 비율은 50%에 이르지 않는다. <그림 6-2>에 나타난 것처럼 일본은 미취업 어머니의 비율(%)은 5년간에 3%포인트 감소한 데 비해,

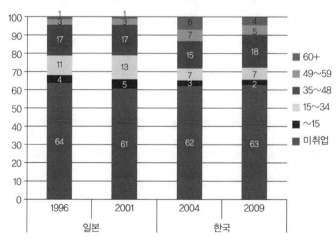

〈그림 6-1〉 일본과 한국의 남녀 노동자 비율 변화(노동시간)

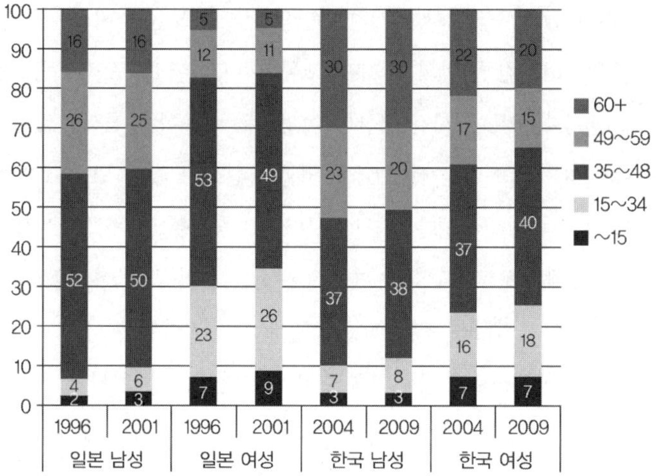

자료: 한국의 「생활시간조사」, 일본의 「사회생활기본조사」에서 작성.

〈그림 6-2〉 미취학 아동을 가진 어머니의 노동시간의 분포

자료: 한국의 「생활시간조사」, 일본의 「사회생활기본조사」에서 작성.

한국은 1%포인트 증가했다. 이것은 통계적으로 유의미한(P<0.05) 변화는
아니지만, 단시간 노동을 중심으로 보면 통계적으로 유의미한 결과가 나왔

다. 일본은 35시간 미만의 단시간 노동의 증가가 통계적으로 유의미한 결과
로 나온 것이다. 15시간 이상 35시간 미만의 단시간 노동의 비율은 2%포인
트 증가했고, 15시간 미만의 단시간 노동의 비율은 1%포인트 증가했다
($P<0.05$). 한편 한국은 35시간 이상의 여성노동 비율이 통계적으로 유의미
한 수준에서 증가하고 있는 것에 비해, 일본은 변화가 없었다($P<0.05$). 한국
은 35~48시간의 취업 여성은 15%에서 18%로 증가했고, 49~59시간의 취
업 여성은 7%에서 5%로 감소했으며, 60시간 이상의 취업 여성은 6%에서
4%로 감소했다. 요약하면, 일본과 한국에서 미취학 아동을 가진 어머니의
취업률 증가는 통계적으로 유의미한 결과로서 관찰할 수 없지만, 노동시장
참가의 시간 길이라는 측면에서 양국의 차이가 있다. 이러한 결과는 일본에
서 미취학 아동을 가진 여성의 단시간 노동의 비율이 증가하고 있기 때문에
남성 생계부양자 모델이 유지되는 것에 비해, 한국은 여성의 노동시간 유연
성이 낮기 때문에 미취학 아동을 가진 여성의 노동시장 참가율의 증가를 확
인할 수 없고, 남성 생계부양자 모델이 약하게 유지되는 것을 나타낸다.[4]

2) 시장노동과 무급노동 분담의 변화

미취학 아동을 가진 부부의 시장노동과 무급노동의 비율이 5년간 어떻게
변화했는지를 검토해보자(<표 6-2> 참조). 우선 미취학 아동을 가진 부부의
시간사용을 비교 검토하기 위해서 20살 이상의 학생을 제외한 전체 성인남
녀의 시간사용의 변화에 대해서 검토한다. 일본에서는 시장노동시간이 남

---

4) 일본과 한국의 맞벌이 부부에 한해서 검토해보면 같은 결과를 얻을 수 있다. 15시간 미
   만의 단시간 노동의 비율은 일본이 남녀 모두 증가했지만, 한국은 변화가 없었다. 또한
   15시간 이상 35시간 미만에서는 양국 모두 증가했다. 전체적으로 35시간 미만의 단시
   간 노동의 비율은 일본에서는 크게 증가했다는 것을 확인할 수 있다. 단, 자료의 제약
   상 고용형태별 분포와 변화까지는 확인할 수 없다.

〈표 6-2〉 하루 평균 시간사용의 비교

	성인 전체							
	일본 남성		일본 여성		한국 남성		한국 여성	
	1996	2001	1996	2001	2004	2009	2004	2009
시장노동시간	6.79	6.26	3.28	3.0	5.74	5.84	3.24	3.31
가사노동시간	0.39	0.49	3.62	3.52	0.48	0.54	3.02	2.93
돌봄노동시간	0.07	0.09	0.45	0.50	0.16	0.17	0.73	0.72
N	160,310	116,721	180,395	131,721	23,098	14,962	27,426	16,918
	미취학 아동을 가진 부모							
	일본 남성		일본 여성		한국 남성		한국 여성	
	1996	2001	1996	2001	2004	2009	2004	2009
시장노동시간	8.58	8.64	1.67	1.57	7.05	7.17	1.90	1.94
가사노동시간	0.30	0.34	4.85	4.60	0.36	0.41	3.48	3.37
돌봄노동시간	0.27	0.39	2.50	2.86	0.54	0.68	2.93	3.31
N	20,462	12,229	20,493	12,230	3,662	2,076	3,706	2,082

주: 시장노동시간에는 통근시간이 포함되어 있고, 돌봄노동에는 간호가 포함되어 있다.
자료: 한국의 「생활시간조사」, 일본의 「사회생활기본조사」에서 작성.

녀 모두 감소했지만, 한국에서는 통계적으로 유의미한 변화가 없었다. 한국에서 2004~2009년 사이에 주5일 근무제가 도입되었음을 생각하면 시장노동시간이 감소하지 않았다는 조사결과는 예상을 벗어난다. 이는 주5일 근무제가 적용되지 않는 중소기업과 영세한 기업의 노동시간의 증가로 인해 주5일 근무제의 확대에도 평균 시장노동시간이 증가했을 가능성이 존재한다. 가사노동시간에 대해서는 양국 모두 남성은 소폭 증가했고 여성은 감소했다. 일본은 남성의 가사노동시간은 0.39시간에서 0.49시간으로 증가한 것에 비해, 여성은 3.62시간에서 3.52시간으로 감소했다. 한편 한국 남성의 가사노동시간은 0.48시간에서 0.54시간으로 증가한 것에 비해, 여성은 3.02시간에서 2.93시간으로 감소했다. 여성의 평균 육아시간은 한국 여성은 0.69시간에서 0.67시간으로 감소했지만, 그 외 집단의 육아시간은 소폭 증가했다.

다음으로 미취학 아동을 가진 부부의 시간사용의 변화에 대해 살펴보자. 일본과 한국 모두 남편의 시장노동은 증가했다. 또한 일본에서는 아내의 시장노동시간이 감소했지만, 한국에서는 아내의 시장노동시간이 소폭 증가했다. 일본에서 아내의 노동시장 참가율이 증가한 반면 시장노동시간은 감소했다는 것은 단시간 노동의 비율이 높아졌기 때문으로 생각된다. 덧붙여 전체 성인남녀의 경향과 마찬가지로 미취학 아동을 가진 부부의 가사노동시간의 변화에서도 일본과 한국 모두 남편의 가사노동시간은 증가한 것에 비해, 아내의 가사노동시간은 감소했다. 단, 일본은 전체 성인남편의 평균 가사노동시간이 0.10시간 증가했던 것에 비해, 미취학 아동을 가진 남편은 0.04시간 증가에 머물러 미취학 아동을 가진 남편의 가사노동시간 증가의 정도는 비교적 둔화되었다. 이것에 비해 한국에서는 미취학 아동을 가진 남편의 가사노동시간 증가율이 전체 성인남성의 증가율보다도 높다.

부모의 시간사용의 변화를 평일과 주말로 나누어 검토해보자(<표 6-3> 참조). 여성 고용을 촉진하기 위한 보육지원 정책은 평일에 부모의 무급노동시간을 줄여줄 것으로 예상된다. 우선 한국은 아내의 평일 시장노동시간이 0.06시간 증가한 것에 비해, 남편의 평일 시장노동시간은 0.05시간 감소했다. 한편 일본은 아내의 평일 시장노동시간은 0.11시간 감소했지만, 남편의 평일 시장노동시간은 0.01시간 증가하고 있어, 한국과 반대로 나타나고 있다. 이러한 일본의 현상도 여성취업자 중에서 단시간 노동의 증가가 많기 때문이라고 생각된다.

무급노동시간의 변화에 대해서도 일본과 한국에서 다른 점이 발견된다. 평일에는 일본과 한국 모두 아내와 남편의 무급노동시간이 증가했다. 보육서비스의 확대에 의해서 평일의 무급노동시간이 감소했을 것으로 예상되었지만 이것에 반하는 결과가 나왔다. 아내의 취업률이 상승했음에도 일본과

〈표 6-3〉 미취학 아동을 가진 부모의 평일과 주말의 평균 사용시간

	일본 남편						한국 남편					
	평일		토요일		일요일		평일		토요일		일요일	
	1996	2001	1996	2001	1996	2001	2004	2009	2004	2009	2004	2009
시장노동시간	10.20	10.43	6.15	5.66	2.67	2.68	8.77	8.72	6.19	4.76	2.76	2.43
무급노동시간	0.31	0.41	1.01	1.36	1.47	1.72	0.62	0.75	1.10	1.66	1.56	2.15
N	7,857	4,564	6,312	3,813	6,293	3,852	2,207	1,222	733	452	722	402

	일본 아내						한국 아내					
	평일		토요일		일요일		평일		토요일		일요일	
	1996	2001	1996	2001	1996	2001	2004	2009	2004	2009	2004	2009
시장노동시간	2.03	1.92	1.05	0.86	0.46	0.44	2.41	2.47	1.45	0.93	0.81	0.56
무급노동시간	7.48	7.69	7.36	7.26	6.64	6.48	6.59	6.79	6.34	6.58	5.95	6.22
N	7,857	4,567	6,321	3,812	6,305	3,851	2,235	1,216	747	462	724	404

주: 시장노동시간에는 통근시간이 포함된다.
자료: 한국의 「생활시간조사」, 일본의 「사회생활기본조사」에서 작성.

한국 남녀 모두 평일 무급노동시간은 오히려 증가했다. 또한 주말에는 일본의 아내를 제외한 전체 집단의 무급노동시간이 증가했다. 일본에서 남편의 주말 무급노동시간은 증가하고 아내의 무급노동시간은 감소했던 것을 통해 일정한 대체관계가 있다고 추측할 수 있다. 그러나 한국에서는 남편과 아내의 무급노동시간이 동시에 증가했다.

일본과 한국의 시장노동시간 길이의 차이는 가사와 돌봄노동의 시간 길이의 차이를 가져온 것으로 생각된다. 즉, 한국에서는 여성의 단시간 노동의 비율이 낮기 때문에 가사의 외주화(보모, 가정부의 고용 등)에 의해 가사노동시간이 크게 감소했던 것에 비해,[5] 일본에서는 취업여성이 시장노동과 가사노동을 양립시킬 방법을 취한 것으로 예상된다. <그림 6-3>이 나타내는 것

---

5) 일본과 한국에서 돌봄노동의 외주화를 검토하기 위해서는 외국인 노동자를 받아들이는 것과 문화의 차이 등 다양한 검토가 필요하기 때문에 별도 검토하고자 한다.

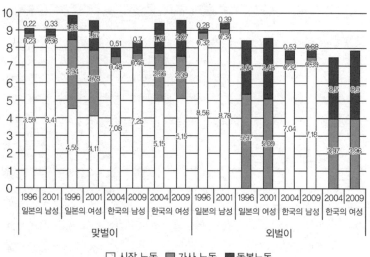

〈그림 6-3〉 가구형태별 하루 시간사용의 변화

□ 시장 노동　■ 가사 노동　■ 돌봄노동

자료: 한국의 「생활시간조사」, 일본의 「사회생활기본조사」에서 작성.

처럼 실제로 한국에서 맞벌이 여성의 가사노동시간은 2.66시간에서 2.39시간으로 10% 감소했던 것에 비해, 일본 맞벌이 여성의 가사노동시간은 3.94시간에서 3.78시간으로 4% 정도 감소에 머물렀다. 이 결과를 남편 또는 아내 한 사람이 일하는 가정(이하, 외벌이)의 여성과 비교해보면 더 흥미롭다. 한국에서 외벌이 여성 가사노동시간은 크게 변화가 없고, 일본의 외벌이 여성 가사노동시간은 5.37시간에서 5.09시간으로 5% 정도 감소했다. 즉, 일본에서는 맞벌이인가 아닌가와 관계없이 4~5% 정도의 가사노동시간이 감소했던 것에 비해, 한국에서는 맞벌이 여성의 가사노동시간만 감소했다. 이러한 점에서 한국의 맞벌이 여성은 증가한 시장노동의 부담을 완화하기 위해서 가사노동시간을 축소하는 전략을 취하고 있는 것에 비해, 일본의 맞벌이 여성은 일과 가정의 양립을 위해 시장노동시간을 단축시키는 전략을 취하고 있는 것을 엿볼 수 있다.

일본과 한국 두 나라에서 육아시간은 아내의 취업의 유무와 관계없이 증가하고 있지만, 맞벌이 부부의 육아시간의 증가율이 외벌이 부부보다도 크다. 즉, 육아시간 증가의 양상이 맞벌이 부부인지 외벌이 부부인지에 의해 달라지는 것이다. 앞에서 서술한 것과 같이 양국 어린이집의 입소자격에서 우선순위가 다르기 때문에 부부의 노동형태에 의한 일본과 한국의 부부 육아시간의 변화가 다르다고 예상된다. 실제 육아시간의 변화를 검토해보면 취업한 아내와 미취업 아내 사이의 육아시간의 차이가 한국보다도 일본에서 더 크다. 한국에서는 2004년에 취업한 아내의 육아시간(1.78시간)과 미취업 아내의 육아시간(3.50시간)의 차이는 1.72시간이고, 2009년에 취업한 아내의 육아시간(2.07시간)과 미취업 아내의 육아시간(3.90시간)의 차이는 1.83시간이다. 한편 일본에서는 1996년에 취업한 아내의 육아시간(1.38시간)과 미취업 아내의 육아시간(3.04시간)의 차이는 1.66시간이고, 2001년 취업한 아내의 육아시간(1.67시간)과 미취업 아내의 육아시간(3.48시간)의 차이는 1.81시간이다. 즉, 한국보다도 일본의 취업한 아내와 미취업 아내의 육아시간 차이가 더 크게 나타난다.

3) 노동분담의 변화

마지막으로 일본과 한국에서 미취학 아동을 둔 부부의 노동부담의 변화를 조사해보자. <표 6-4>는 부부의 총노동시간에 대한 아내의 노동시간의 비율을 제시하고 있다. 우선 부부의 시장노동시간에 대한 아내의 시장노동시간의 비율에 대해서 검토해본다. 일본에서는 아내의 시장노동시간의 비율이 소폭 감소하고 있는 것에 비해, 한국에서는 소폭 증가하고 있다. 총노동시간에 대한 아내의 노동시간 비율은 일본의 맞벌이 부부에서는 감소했지만, 다른 집단에서는 변화가 없었다. 일본의 맞벌이 여성의 총노동부담이

〈표 6-4〉 성별분업의 변화

	일본				한국			
	맞벌이		외벌이		맞벌이		외벌이	
	1996	2001	1996	2001	2004	2009	2004	2009
	부부의 총시간에 대한 아내의 노동시간 비율							
총노동	0.52	0.51	0.48	0.48	0.54	0.54	0.49	0.49
시장노동	0.35	0.33	—	—	0.41	0.42	—	—
무급노동	0.91	0.89	0.93	0.92	0.83	0.80	0.90	0.88
가사노동	0.93	0.91	0.94	0.94	0.86	0.84	0.93	0.91
돌봄노동	0.86	0.84	0.92	0.90	0.78	0.75	0.87	0.86
	상이지수							
	0.27	0.30	0.42	0.43	0.26	0.24	0.40	0.39

주: 한국의 외벌이 부부의 상이지수의 변화에는 통계적으로 유의미한 결과를 얻을 수 없었지만, 한국의 맞
　벌이 부부와 일본의 외벌이와 맞벌이 부부의 변화에는 통계적으로 유의미한 결과를 얻을 수 있었다.
자료: 한국의 「생활시간조사」, 일본의 「사회생활기본조사」에서 작성.

0.52에서 0.51로 감소했다는 것은 여성의 시장노동과 무급노동이 같이 감소
했기 때문이다. 한편 한국에서 여성의 시장노동 비율은 증가하는 것과 동시
에 무급노동의 비율은 감소했다. 이러한 일본과 한국의 차이는 일본보다 한
국 쪽이 남녀 성별분업이 좀 더 완화되었다는 것을 시사한다. 그러나 여전히
무급노동을 하게 되는 아내의 비율은 두 나라 모두 압도적으로 1에 가까워,
맞벌이든 외벌이든 그 특징이 같다.

　미취학 아동을 가진 부부가 서로 비슷하게 시간을 사용했는지를 분석하
기 위한 상이지수를 살펴보자. 일본 부부의 시간사용의 상이지수가 0.37에
서 0.38로 증가했던 것에 비해, 한국에서는 0.35에서 0.34로 감소했다. 일본
과 한국의 변화 모두 통계적으로 유의미한 변화이다. 즉, 일본에서는 부부의
시간사용이 좀 더 달라져온 것에 비해, 한국에서는 부부의 시간사용이 수렴
되는 경향을 보이고 있다. 가구형태별로 보면 한국에서 맞벌이 부부의 시간

사용은 유사했으나, 일본에서는 맞벌이 부부의 시간사용의 차이가 크게 나타났다. 일본의 맞벌이 여성은 보육서비스를 받기 때문에 육아시간의 증가가 외벌이 여성보다도 완만하지만, 여성의 고용형태가 단시간 노동이기 때문에 남녀의 성별분업은 강화되어왔다고 말할 수 있다. 외벌이 부부의 경우에도 일본 부부의 시간사용의 차이는 크게 나타난 것에 비해, 한국 부부의 시간사용은 비슷해져오고 있다.

5. 나가며

이 글에서는 일본의 「사회생활시간조사」(1996년, 2001년), 한국의 「생활시간조사」(2004, 2009년)를 이용해 미취학 아동을 가진 부부의 시장노동시간과 무급노동시간의 변화를 분석했다. 5년이라는 기간의 변화를 추적했지만 몇 가지 의미 있는 발견이 있었다. 양국의 보육지원정책이 육아의 사회화를 목표로 했던 것이지만, 일본과 한국의 성별관계의 변화에 다른 결과가 나오게 된 것을 알 수 있었다. 본 연구의 주요한 분석결과를 요약하면 다음과 같다(<표 6-5> 참조).

첫째, 일본에서는 미취학 아동을 가진 아내의 단시간 노동의 비율이 소폭 증가해 견고한 남성 생계부양자 모델이 한층 강화되어 있는 것에 비해, 한국에서는 여성의 풀타임 종사율이 높아 남성 생계부양자 모델이 약하게 유지되고 있는 것을 알 수 있었다. 한국에서는 노동시간의 경직성에 의해 노동시장에 참가하는 여성은 단시간 노동보다도 전일제 노동에 종사하는 경우가 많다. 그 때문에 여성의 시장노동시간 증가와 함께 총노동시간의 부담이 증가하고 있다. 이에 비해 일본에서는 단시간 노동에 종사하는 여성의 비율은 증가하고 있지만 전체 시장노동시간은 감소했다. 그 결과 총노동시간의 부

〈표 6-5〉 일본과 한국 부모의 시간사용 변화의 특징

	맞벌이 부부			외벌이 부부			일본과 한국의 비교로부터 본 일본의 특징
	시장노동 시간	가사노동 시간	육아노동 시간	시장노동 시간	가사노동 시간	육아노동 시간	
한국	양쪽 증가	아내: 감소 남편: 증가	양쪽 증가	남편: 증가	아내: 변화 없음	양쪽 증가	–
일본	양쪽 증가	아내: 감소 남편: 감소	양쪽 증가	남편: 증가	아내: 감소	양쪽 증가	맞벌이와 외벌이 아내의 육아시간 차이 확대 부부의 시간사용 차이 확대

자료: 앞의 표를 바탕으로 필자가 정리

담은 줄어들게 되었다.

둘째, 일본과 한국 모두 부부의 가사노동시간과 육아노동시간이 증가했다. 이것은 육아의 사회화를 목표로 한 양국의 보육지원정책이 무급노동시간을 감소시킨 것으로, 예상했던 것과는 다른 결과다. 보육지원정책의 효과를 상쇄하게 한 요인으로서는 조부모 등의 친족에 의한 육아원조의 감소 등을 생각해볼 수 있다. 가족관의 변화에 따른 3대가 같이 사는(3세대) 가족의 감소, 대기수명의 연장에 따른 노인의 취업활동 활성화 등에 의해 친족에 의한 육아가 감소했다고 생각된다. 본 연구의 분석결과는 일본과 한국 두 나라의 부부 육아시간 증가가 보육지원정책의 효과에 대항하는 여러 가지 복합적인 요인이 작동하고 있는 것을 나타내고 있다.

셋째, 일본과 한국 모두 육아의 사회화가 진행되고 있음에도, 양국에서 그 효과는 아내의 취업 상태에 의해 달라지고 있다는 것을 알 수 있다. 한국에서는 어머니의 취업 유무가 어린이집 입소기준이 되는 것이 명문화되어 있지 않고, 저소득 부부에 대한 육아서비스의 제공이 강조되고 있는 것에 비해, 일본에서는 어머니의 취업 상태가 보육서비스 제공의 조건이 되고 있다.

그 때문에 일본에서는 전체적으로 육아시간이 증가하는 와중에 미취업 아내의 육아시간이 취업한 아내의 그것보다도 크게 증가했던 것에 비해, 한국에서는 취업한 아내와 미취업 아내의 육아시간 변화의 차이가 일본의 경우만큼 생기지 않는다.

넷째, 미취학 아동을 가진 부부의 성별분업에서도 일본과 한국의 차이를 볼 수 있다. 일본의 맞벌이 부부에서는 여성의 시장노동시간의 비율과 무급노동시간의 비율의 감소가 여성의 총노동시간의 감소와 연결되고 있다. 한국에서는 여성의 시장노동시간 비율이 조금 증가해서 남성과 서로 길항하는 경향이 있는 것과 동시에, 여성의 무급노동의 비율도 감소해 무급노동에서도 남성과 가까워지는 경향을 보인다. 이것은 일본보다도 한국 쪽에서 성별분업이 완화되고 있는 것을 시사하고 있다. 이러한 점은 본 연구가 검토했던 상이지수의 변화에서도 확인할 수 있다. 즉, 일본에서는 부부의 시간사용의 차이가 더 커진 것에 비해, 한국에서는 부부의 시간사용이 수렴하는 경향을 나타내고 있다. 특히 한국의 맞벌이 부부의 시간사용의 차이가 작게 나타난 것에 비해, 일본 맞벌이 부부의 시간사용의 차이는 크게 나타났다. 일본에서는 여성의 시장노동 참가율은 증가했지만, 여성의 단시간 노동의 비율이 높기 때문에 성별분업이 강화되는 것으로 생각된다.

이러한 결과는 보육지원정책이 일본과 한국의 성별관계의 변화에 의의를 가지는 것과 동시에 한계도 드러내고 있다는 것을 시사한다. 일본과 한국 모두 여전히 미취학 아동을 가진 부부의 맞벌이 비율은 40%에 이르지 않는다. 일본에서는 여성의 단시간 노동이 일반화되어 있는 데다 육아서비스의 수급자격도 여성의 단시간 노동을 촉진하고 있기 때문에 여성의 고용률이 증가하는 것과 동시에 노동시간은 감소했다. 즉, 여성의 단시간 노동의 심화에 의해 일과 관련된 성별 불평등이 개선되고 있다고 말하기는 어려운 상황이다. 위에 서술한 것처럼 실제로 부부의 시간사용의 차이는 더 커지게 되었다. 한편 한국에서는 여성의 장시간 고용이 일반화되어 있는 데다, 취업했다는 조건이 육아서비스의 수급자격이 되지 않기 때문에 아내의 시장노동시간이 증가하고 남편의 무급노동시간도 증가했다. 시장노동과 무급노동을 남녀 균형의 시점에서 보면, 한국에서는 남녀의 성별분업이 약해지고 있다고 말할 수 있을 것이다. 단, 여성의 장시간 노동이 일반화되어 있기 때문에 여성 고용률의 증가가 일본만큼 나타나지 않는 문제가 있다. 이러한 일본과 한국의 차이를 고려하면 보육서비스의 증가가 성별평등을 가져오기 위해서는 보육서비스의 확대뿐만 아니라 노동시장 구조의 변화를 촉진하는 제도변화도 필요하다. 즉, 여성이 짊어지고 왔던 육아의 사회화뿐만 아니라 남성이 육아에 한층 더 적극적으로 참가할 수 있도록 노동시간의 단축과 그것을 촉진하는 노무관리체제로의 변화가 필요하다고 생각된다.

마지막으로, 이 글의 과제를 두 가지 들고 싶다. 첫째, 부부의 시간사용 변화에 영향을 끼치는 요인의 효과를 개별적으로 분석하지 않았다. 예를 들어, 보육서비스 이용과 단시간 노동이라는 고용형태 각각이 부부의 시간사용에 끼치는 영향을 분석할 수는 없었다. 이것은 한국의 시간사용 조사에서는 보육서비스 이용의 유무와 단시간 노동의 유무에 관해서 파악할 수 없었기 때문에 비교분석을 행할 수 없었다. 둘째, 조부모의 존재도 부모의 시간사용에 중요한 영향을 주는 요인이고 최근 동거하는 조부모뿐만 아니라 근거리에 거주하면서 육아를 도와주는 조부모가 증가하고 있지만, 시간사용 조사로부터는 이것도 파악할 수 없었다. 노인가구의 육아시간의 변화에 대한 별도의 분석을 통해 이것을 보완하는 것이 가능하리라고 생각되지만, 이러한 문제점은 향후의 연구과제로 남겨둔다.

(경상대학교 대학원 정치경제학과 석사과정 황국 옮김)

참고문헌

Abe, Aya. 2004. "Child Care System in Japan." National Institute of Population and Social Security Research(ed.). *Child Related Policies in Japan.* National Institute of Population and Social Security Research.

An, Mi-young. 2008. "Time Use and Gender Inequality in Korea: Differences in Paid, Unpaid and Non-Productive Activities." *Asian Women*, 24(3).

Gough, Ian. 2001. "Globalization and Regional Welfare Regimes: The East Asian Case." *Global Social Policy*, 1(2).

Juster, Thomas and Frank Stafford. 1991. "The Allocation of Time: Empirical Findings, Behavioral Models, and Problems of Measurement." *Journal of Economic Literature*, 29(2).

Kim, Pil Ho. 2010. "The East Asian Welfare State Debate and Surrogate Social Policy: An Exploratory Study on Japan and South Korea." *Socio-Economic Review*, 8.

Kwon, Huck-Ju. 2005. "Transforming the Developmental Welfare State in East Asia." *Development and Change*, 36(3).

Makita, Meiko. 2010. "Gender Roles and Social Policy in an Ageing Society: The Case of Japan." *International Journal for Ageing and Later Life*, 5(1).

Osawa, Mari. 2000. "Government Approaches to Gender Equality in the Mid-1009s." *Social Science Japan Journal*, 3(1).

Oshio, T., K. Nozaki and M. Kobayashi. 2011. "Division of household labor and marital satisfaction in China, Japan, and Korea." *Institute of Economic Research*. Hitotsubashi University.

Peng, Ito. 2002. "Social Care in Crisis: Gender, Demography, and Welfare State Restructuring in Japan." *Social Politics*, 9(3).

_____. 2009. "The Political and Social Economy of Care: Republic of Korea Research Report 3." UNRISD.

Tsuya, N. O., L. L. Bumpass and M. K. Choe. 2000. "Gender, Employment, and Housework in Japan, South Korea, and the United States." *Review of Population and Social Policy*, 9.

Tsuya, N. O., L. L. Bumpass, M. K. Choe and R. R. Rindfuss. 2005. "Is the Gender Division of Labour Changing in Japan?" *Asian Population Studies*, 1(1).

Yoon, Ja-young. 2010. "Do Women Really Fare Better When Working Part-Time?: Examining the Korean Case." *Asian Women*, 26(2).

金ギョンヒ・尹子英. 2009. 「保育政策に対する女性主義的批判—保育予算に対するジェンダー分析を中心に(2005-2009)」. ≪女性学論集≫, 26(2)(韓国語).

大沢真理. 2007. 『現代日本の生活保障システム—座標とゆくえ』. 岩波書店.

馬ギョンヒ・李在京. 2007. 「東アジア福祉レジーム再編とジェンダー—韓国と日本の子供養育支援政策を中心に」. ≪家族と文化≫, 19(1)(韓国語).

新川敏光. 2011. 「福祉国家変容の比較枠組」. 新川敏光編 著. 『福祉レジームの収斂と分岐』. ミネルヴァ書房.

辻由希. 2012. 『家族主義福祉レジームの再編とジェンダー政治』. ミネルヴァ書房.

安周永. 2011. 「韓国型『第三の道』の挫折—開発主義の遺産と支持動員の失敗」. 新川敏光編著. 『福祉レジームの収斂と分岐』. ミネルヴァ書房.

連合総研編. 2009. 『生活時間の国際比較—日・米・仏・韓のカツプル調査』. 連合総合生活開発研究所.

ゆん・じゃよん(韓国労働研究院・副研究委員)・あん・じゅよん(京都大学大学院法学研究科・助教)

李ジュヒ・金ヨンミ・禹ミョンスク・田ビョンユ・崔ウンヨン・相馬直子. 2010. 『女性の雇用の向上のための先進国の時間制勤労者の実態研究』. 労使発展財団(韓国語).

津谷典子. 2007. 「ジェンダー関係のゆくえ」. 阿藤誠・津谷典子. 『人口減少時代の日本社会』. 原書房.

横田伸子. 2007. 「1990年代以降の韓国就労体制の変化と労働力の非正規化—日本との比較分析を中心に」. ジャンジョン・横田伸子編. 『グローバル化とアジア女性』. ハンウルアカデミ(韓国語).

제7장

민주화 이행기 스페인 노동조합의 전략 변화[*]

정진상 | 경상대학교 사회학과 교수

1. 들어가며

스페인의 노동조합운동은 1975년 프랑코의 사망으로 장기간의 독재가 끝나고 시작된 민주화 이행기에 조직적 틀을 갖추고 본격적으로 시작되었다. 이 시기에 서유럽 선진 자본주의 사회의 노동조합운동은 사회민주주의 정당과의 연계를 통한 조합주의적 전략을 수정해야 한다는 과제를 안고 있었다.

전후 서유럽의 경제프레임은 케인스주의 모델을 따르고 있었다. 이는 거시경제의 주기적 순환에 국가가 적극적으로 개입하는 것으로, 국가에 따라 약간의 차이가 있지만 대체로 조합주의 교섭을 통한 노조, 사용자, 국가의 삼자협상을 통해 경제정책 계획의 조정을 제도화했다. 그리고 노사관계는

---

[*] 이 글은 《마르크스주의 연구》, 10권 3호(2013년 8월)에 실린 논문을 보완한 것이다.

포드주의적 대량생산에 기초하고 있었기 때문에 노조들은 성장하는 경제 환경에서 안정된 일자리를 가진 숙련, 반숙련 노동자들을 조합원으로 확보해 조직력의 토대로 삼을 수 있었다. 좌파 정당이 집권하는 경우, 노동조합은 경제정책 계획에 대한 개입과 작업장에 대한 영향력도 높일 수 있었다.

1970년대 초반 자본주의의 구조적 위기로 인해 1970년대 후반부터 많은 나라에서 조합주의의 종말이 가시화되었다. 생산의 국제화가 진행되어 산업생산은 지구적 시장의 더 유연한 요구에 대응해야 했다. 포드주의적 생산과정의 유연화는 고용관계와 노동조직의 변화를 초래했다. 1980년대에 들어서면 정부들은 좌파이든 우파이든 간에 이윤율의 하락에 대응해 신자유주의적 경제정책을 채택하고 실업의 증가에 대응해 교섭의 탈집중화를 추구했다. 이로 인해 조합주의적 합의에 기초한 노동조합운동의 물질적 토대가 잠식되었다. 이와 함께 유럽연합의 정치적·경제적 통합의 증대 등으로 인해 노조 역할이 감소되었으며 노조조직률이 떨어졌다(그레빙, 1994).

스페인의 노동조합운동은 이러한 서유럽의 상황과는 달리 전개되었다. 그것은 이 시기 스페인이 정치적 이행기에 있었기 때문에 경제위기라는 구조적 조건을 정치위기라는 국면적 조건이 압도했기 때문이었다. 민주화 이행기에 스페인은 이른바 '합의의 정치'가 전개되었다. 1977년 여러 정당들의 선거연합인 중도우파 성향의 민주중도동맹(Unión de Centro Democrático: UCD)이 집권해 정당 간 사회협약에 합의하는 한편, 사용자단체와 노동조합을 끌어들여 사회협약을 적극적으로 추진했다.

노동조합들도 처음에는 이에 호응해 사회협약을 통한 계급타협의 노사관계가 형성되는 듯했다. 그러나 1982년 노동조합과 밀접한 관계를 맺고 있던 좌파 성향의 사회당(Partido Socialista Obrero Español: PSOE) 정부가 집권한 이후에는 합의의 정치가 깨어지고 사회협약이 성립되지 않았다. 이는 서유럽 다른 나라의 경우 일반적으로 좌파 정부하에서 합의에 기초한 조합주의가 강화된 것과는 대조적이었다.

스페인의 노동조합들이 우파 성향의 정부하에서는 사회협약을 통한 타협적 노사관계를 유지하다가 좌파 성향의 정부에서는 오히려 사회협약 대신 노조 간의 협력에 기초한 공동투쟁으로 전략을 수정한 것은 언뜻 보기에는 하나의 역설이라고 할 수 있다. 이러한 스페인의 역설은 경제적 요인만으로는 설명하기 힘들다. 이 글에서는 경제적 요인 이외에 크게 두 가지 요인이 노동조합의 이러한 전략 변화에 영향을 미쳤다고 주장한다. 하나는 정치적 요인으로 스페인 노동조합의 초기 전략이 주로 민주화 이행기라는 특수한 정치적 맥락과 사회당 정부의 정책결정과정의 특수성에 크게 좌우되었다는 것이다. 스페인 노동조합이 전략을 전환하게 된 다른 하나의 중요한 요인은 직장위원회(comités de empresa)라는 특수한 스페인 노사관계제도라고 할 수 있다. 스페인의 노동조합운동이 정치적으로 분열되어 있고 직장위원회 선거를 통한 경쟁은 노동조합 조직력을 좌우하는 중요한 부분인데, 이는 노동조합이 노동자 대중의 요구에 민감하게 반응해 전략을 선택하도록 강제하는 효과가 있기 때문이다.

2. 정치지형의 변화와 노조의 전략

1) 양대 노조의 분립

장기간의 프랑코 독재정권 시기에 비합법, 반합법으로 활동하던 스페인 노동조합운동은 1975년 프랑코 사후 합법화되어 스페인 공산당(Partido Communist Espanol: PCE) 계열의 노동자위원회(Comisiones Obreras: CCOO)와 사회당(PSOE) 계열의 노동자총연맹(Union General de Trabajadores: UGT) 양대

노조로 분립되었다.[1]

CCOO(노동자위원회)는 1950년대 후반부터 노동 현장에서 자생적인 조직
으로 나타났다. 나중에 CCOO로 합류하는 소위 '새로운 노조운동'은 공산
주의자들의 강력한 영향 아래에서 반프랑코 운동을 주도했다. 독재가 끝날
즈음에는 CCOO는 거의 완전히 공산당의 통제하에 있었다. CCOO는 프랑
코 사후 시작된 민주주의 이행기 동안 스페인 산업노동자들 사이에서 가장
강력하게 뿌리내린 조직이었으며 처음에는 스페인 노동조합운동의 헤게모
니를 행사했다(Köhler and Jiménez, 2010: 542).

UGT(노동자총연맹)는 1888년 소규모의 숙련공 노조로 시작된 가장 오래
된 스페인 노조조직으로 창립 때부터 스페인 사회주의노동당과 밀접한 관
련이 있었다. UGT는 프랑코 지배하에서 국내 조직이 와해되어 실제로는 존
재하지 않았으며 소수의 망명자 집단으로 축소되었다. UGT는 1975년 프랑
코 사후 사회주의 조직이 건설되면서 다시 강력하게 나타나 민주화 이행기
에 사회당과의 밀접한 관계를 토대로 사회협약에 적극적으로 참여했다(Kö
hler and Jiménez, 2010: 542). 민주화 이행기 이후 스페인 노조는 UGT와
CCOO 양대 노조체제로 굳어졌다.

스페인 노동조합운동은 처음부터 다중적 과제에 직면하고 있었다. 첫째,
스페인 노동조합운동은 민주주의 이행기라는 정치적 격변의 시기에 조직화
와 초기 행동을 해야 했다. 장기간의 독재를 거친 스페인의 민주화 이행기는
계속되는 쿠데타 위협으로 매우 유동적인 정치적 국면이었고, 노동조합운

---

1) 그 외 지역 수준에서 영향력이 큰 노조로는 ELA-STV(바스크), LAB(바스크), CIG(갈리
시아) 등이 있다. 공공부문 ― 보건, 대중교통, 행정, 교육 등 ― 에는 양대 노조와는 독
립적으로 강력한 조합주의적 조직들이 있다. 그리고 지역과 부문에서 소규모 노조들이
있는데, 무정부주의 생디칼리스트 전통의 전국노동연맹(CNT)과 노동자총동맹(CGT)
은 오늘날 스페인 노조에서 단지 상징적 역할을 할 뿐이다. 가톨릭 계열의 노동조합연
맹(USO)은 민주화 이행기 동안 힘을 잃었다(Köhler and Jiménez, 2010: 543).

동은 자체의 존립을 위해서라도 무엇보다 먼저 취약한 민주주의체제를 방어하고 유지하는 데 나서야 했다. 둘째, 1970년대 초에 시작된 세계경제의 위기를 헤쳐나가야 했다. 스페인의 경우는 산업구조의 취약성으로 인해 경제위기의 정도가 서유럽의 다른 나라보다 더 심각했다. 스페인 노동조합운동은 실업률 급등과 같은 이러한 경제위기 상황에 대처해 노동자들의 이익을 지켜내야 했다. 셋째, 스페인 노동조합은 처음부터 복수의 좌파 정당들의 분립 구도에 따라 분열되어 경쟁하고 있었는데, '노조선거'라는 스페인의 독특한 노사관계하에서 격렬한 경쟁구도 속에 놓여 있었다. 나중에 자세히 보겠지만 노조선거는 노동조합들이 전략을 선택함에 있어서 노동자 대중의 요구에 민감하게 반응하도록 만들었다.

현대 자본주의사회에서 노동조합은 보통 시장과 정치의 두 영역에서 교섭과 투쟁전략을 구사한다(Korpi, 1983). 물론 사용자와의 단체교섭이 이루어지는 시장영역과 정당과의 협력이나 사회협약이 이루어지는 정치영역이 서로 배타적인 것은 아니지만, 노동조합은 정치지형이나 경제적 상황에 따라 두 영역 중 어느 한 영역에 역량을 집중하는 경향이 있다. 스페인의 양대 노조는 처음에는 사회협약을 통한 전략으로 노동자들의 이익을 관철했으나, 민주화 이행기 정국이 안정되고 집권 사회당의 신자유주의 경제정책이 본격화되면서 시장영역에서의 투쟁을 주요한 전략으로 채택하게 되었다.

2) 정부 주도의 사회협약

프랑코 사후 스페인의 민주화 이행기는 정부가 주도하는 '협약적 이행'이라는 특징이 있다(Hamann, 1997). 1977년 민주정부가 수립된 직후에 정당 간에 몽클로아 협약이 체결된 이후 1978년부터 1986년에 이르기까지 기본적으로 사회협약에 의한 타협적 노사관계가 지속되었다. 이 시기 동안 모두

〈표 7-1〉 스페인의 사회협약

시기	사회협약	협약 주체	내용
1977	몽클로아 협약	정부, 의회 내 정당	임금, 재정통화개혁, 사회보장
1980	AMI 협약	CEOE, UGT	임금, 기업교섭, 노동시간 단축
1981	ANE 협약	정부, CEOE, UGT, CCOO	임금, 고용창출, 실업수당과 직업훈련
1982	AI 협약	CEOE, UGT, CCOO	임금, 단체교섭구조, 노동시간단축
1985	AES 협약	정부, CEOE, UGT	조세, 공공지출, 고용 및 실업급여

다섯 차례 전국 수준의 사회협약이 있었는데, 1977년의 몽클로아 협약, 1980년 연맹 간 거시협약(AMI), 1981년의 전국고용협약(ANE), 1982년의 연맹 간 협약(AI), 1985년의 경제사회협약(AES) 등이 그것이다. 이러한 협약들의 주요한 목표는 임금정책을 통해 인플레를 억제하고 노사관계의 제도적 틀을 확립하는 것이었다(조효래, 1999: 725). 각 협약의 참여 주체들과 쟁점들을 요약하면 <표 7-1>과 같다.

최초의 사회협약인 몽클로아 협약은 정치적 이행기에 새로이 성립된 UCD 정부의 주도로 경제위기에 대처하기 위해 원내 정당들 간에 합의된 협약이다. 그 핵심적 내용은 인플레를 잡기 위한 임금 억제와 정치 및 경제 개혁에 대한 약속의 교환이었다. 몽클로아 협약은 쿠데타의 가능성이 가시지 않은 상황에서 순조로운 민주화 이행과 정치경제적 안정을 바라는 정당들의 욕구를 반영한 것이었다. 하지만 이 협약에서 핵심적 내용 중의 하나는 임금 인상이 그해의 예측 인플레이션율을 넘지 않아야 한다는 조항이었기 때문에 이를 승인한 노동조합들에 대해 일반 노동자들의 비난이 쏟아졌다. 그래서 몽클로아 협약이 만료된 1979년에는 전국적인 협약이 이루어지지 않았다.

하지만 지지기반이 불안정했던 UCD 정부는 경제위기를 타개하고 순조로운 민주주의 이행을 위해 노동조합을 끌어들일 필요가 있었고, 이로 인해

1980년 사용자단체와 노동조합 간의 사회협약을 추진했다. 정부의 이러한 시도에 대해 양대 노조는 다르게 대응했다. CCOO는 정부의 사회협약을 외면한 반면, UGT는 사회협약 추진에 응했다. 작업장 기반이 강했던 CCOO는 몽클로아 협약에 대한 지지가 잘못된 전략이었다고 비판하면서, 취약한 공산당을 통한 정치전략보다는 노동자 동원에 기초한 노동정치의 노선을 채택했다. 이에 반해 상대적으로 작업장 기반이 취약했지만 당시 제1야당이었던 사회당과의 긴밀한 관계를 가지고 있었던 UGT는 전국적 수준의 사회협약을 통해 노사관계 제도화와 노조조직의 강화를 추구하고자 했다. 그리하여 정부는 CCOO를 제외한 채 UGT와 사용자단체(스페인 경영자총연합, Confederación Española de Organizaciones Empresariales: CEOE) 간의 새로운 사회협약인 AMI 협약을 체결할 수 있었다. 하지만 1981년 쿠데타 미수 사건이 발생하자 순조로운 민주화 이행이라는 대중적 요구에 따라 CCOO도 사회협약에 참여했다. 그리하여 1981년에는 정부, 양대 노조(UGT, CCOO), 사용자단체 3자가 참여한 전국고용협약(ANE)이 이루어졌다.

ANE 협약은 임금 인상을 억제하는 대신에 정부가 고용 수준의 유지를 약속한 것이었는데, CCOO를 포함한 모든 노조는 민주주의의 방어를 위해 처음으로 실질임금 감소에 동의했다. ANE 협약은 쿠데타와 정치적 민주주의의 위기에 대해 노동조합이 정치권에 대응한 것이었으며, 최초의 3자 협약이었다.

민주화 이행기 초기의 사회협약은 주로 정치적 지형에 의해 좌우되었다. 민주화 이후 최초로 등장한 보수연합 정부 UCD의 정치적 기반은 취약했다. 1977년 총선에서 UCD가 48%의 의석을 가진 다수당이 되었지만, 총리인 아돌포 수아레스(Adolfo Suárez)는 소수당 출신이었다. 따라서 그는 법률을 통과시키기 위해서 다른 정당들에 의존할 수밖에 없었다. 게다가 UCD는 선거연합이었기 때문에 내적인 분파주의로 인해 지도력이 매우 불안정했다. 선거 직전 수아레스는 14개 정당으로 선거연합을 구성했다. 정당 내에 일치된 이데올로기나 정당 프로그램이 없었던 분파주의로 인해 1981년 결국 수아레스는 사임해야 했다. 그의 후임 레오폴도 칼보 소텔로(Leopoldo Calvo So-telo)는 일반적으로 약한 총리로 간주되었다.[2] 또한 정부가 안팎에서 광범한 지지동맹을 모색해야 했던 또 다른 이유는 끊임없는 쿠데타 위협이었다. 결국 1981년 2월 테헤로(Tejero) 장군이 의회를 장악한 쿠데타 미수 사건이 일어났다. 이처럼 민주화 이행기는 소수당 정부, 집권정당의 내적 분열, 그리고 민주주의가 아직 뿌리내리지 못한 불안정한 정치적 맥락이 특징이었다.

따라서 이 시기의 정책결정과정은 의회 안팎에서 협상과 타협으로 추동된 시기였다. 입법권을 둘러싼 권력은 집권정부, UCD 의회집단, 그리고 야당들 사이에 분산되어 있었다. 이러한 권력의 분산은 의회에 권력의 중심역할을 부여했고, 야당 세력들은 입법과정에서 법안에 영향을 미치고 바꿀 수 있는 기회를 가질 수 있었다. 게다가 사회협약은 정부가 유약한 정치경제적 상황을 안정시킬 수 있는 방법이었다.

노동조합의 관점에서 볼 때 이러한 정세는 정치영역에 참여해 노동자들의 권익을 옹호하고 노조조직을 강화할 수 있는 기회로 활용할 수 있었다. 이러한 정책결정과정에서 노조는 입법에 영향을 미칠 수 있었기 때문이다. 의회가 중요한 토론과 결정 무대로 등장하자 노조들의 좌파 정당과의 연계, 특히 의회 의원들과의 연대가 입법과정에 간접적으로, 때로는 직접적으로 접근할 수 있게 했다. 노조들이 야당의 이익과 리더십에 중복되고 강한 연대를 가지고 있었기 때문에 의사결정과정 구조는 입법과정에 가치 있는 성과를 거둘 수 있는 것으로 드러났다. 이는 특히 UCD가 의회 내의 상이한 장에

---

2) 두 총리의 취약성은 몇 차례나 걸친 개각에서 드러났다. 수아레스 시기에 세 차례의 개각이 있었다. 칼보 소텔로는 2년이 안 되는 임기 중에 두 번의 개각을 했다(Heywood, 1999: 102).

서 동맹을 구축하고 의회 밖에서 광범위한 사회적 합의를 만들어낼 필요가 있었기 때문에 더욱 그랬다. 따라서 사회협약과 상층 협상이 가능했던 것은 정부가 약하고, 민주주의가 아직 공고화되지 않았고, 경제위기로 인해 인플레이션과 실업률이 높아졌을 때 안정을 추구해야만 했기 때문이라고 해석할 수 있다. 양대 노조가 모두 이러한 전략을 사용하려고 했지만 UGT가 CCOO보다 성공적이었다. 사회당이 공산당보다 의회에서 비중이 컸고 내적 분열이 작았기 때문이다. 게다가 UGT는 CEOE와 상층 협상에 참여할 용의를 가지고 있었기 때문에 입법과정 바깥에서 중요한 노동 문제에 영향을 미칠 수 있었다. 하지만 CCOO도 소극적이었을지언정 결국 1982년과 1983년에 이러한 전략에 합류해 협약에 서명했다.

1982년 총선거에서 정권교체가 이루어져 사회당이 과반수 의석을 얻어 집권하면서 상황이 바뀌기 시작했다. 사회당 정부는 경제위기에 대처하고 1986년으로 예정된 유럽공동체(EC) 가입조건을 충족시키기 위해 대대적인 경제개혁에 나섰다. 사회당 정부의 거시경제정책의 핵심은 조세개혁과 공공지출의 억제 등 긴축과 안정화정책, 환율조정 및 무역자유화를 통한 대외개방, 국영기업의 민영화, 사양산업과 부실기업을 재편하는 산업구조조정, 그리고 노동시장 유연화 등으로 신자유주의적 성격이 강했다(Smith, 1998). 이러한 경제개혁조치로 정부는 외국자본 유치를 통한 사적 투자를 확대하고 인플레를 억제하는 데는 성공했지만, 대신에 대규모의 정리해고로 실업이 급증해 노동자계급의 반발에 직면할 수밖에 없었다.

신자유주의적 경제개혁이 노동자들의 희생을 요구한다는 점이 분명해지자 노동조합의 반발도 거세졌다. CCOO는 사회당 정부 경제정책 전반에 대한 비판을 강화했다. 특히 산업합리화 정책과 고용불안은 노사갈등을 크게 증가시켰다. 정부와 CEOE는 노사갈등이 심해지자 이를 완화시키기 위해 새로운 사회협약을 추진했다. 처음에는 양대 노조의 대응이 달리 나타났다.

CCOO는 UCD 정부하의 정치적 위기 상황에서 어쩔 수 없이 사회협약에 서명했지만, 사회당 정부로 정권교체가 순조롭게 이루어져 정치적 불안요인이 완화되었다고 판단하고 고용안정을 약화시키는 어떠한 협약에도 반대의사를 분명히 했다. 이에 반해 UGT는 우호 정당인 사회당이 집권당이 되었기 때문에 정부가 주도하는 사회협약을 외면하기 어려웠다. 그리하여 1985년 CCOO가 철수한 가운데, 정부 - CEOE - UGT 간의 새로운 사회경제협약(AES)이 맺어졌다.

3) 사회협약에서 양대 노조의 공동투쟁으로

그러나 1986년 EC 가입이 이루어지고 경제가 상대적 호황 국면에 접어들면서 사회협약의 국면이 끝나고 노조 간 협력에 기초한 공동투쟁의 국면으로 접어들었다. CCOO는 처음부터 사회당의 신자유주의 정책에 반대했지만, 사회당과의 밀접한 관계 때문에 사회협약에서 발을 빼지 못하던 UGT가 전략을 수정하면서 새로운 국면이 조성되었다.

19세기 말에 창당된 사회당과 UGT는 전통적으로 조직적, 이데올로기적 연계가 매우 밀접했다. 1970년대 말 1980년대 초 UGT의 정치적 영향력은 주로 사회당과의 밀접한 연계에 기인한 것이었다. 1982년까지 사회당은 소수당 UCD 정부에 대해 가장 강력한 야당이었기 때문에 상당한 입법적 영향력을 행사할 수 있는 위치에 있었다. UCD는 광범한 사회적 합의를 필요로 하고 있었고 내부적 분열을 겪고 있었기 때문에 상대적으로 사회당은 정치적 영향력을 행사할 수 있는 폭이 컸다. 이 시기에 UGT는 정치적 목표와 전략이 사회당과 거의 같았던 만큼 사회당과의 연계를 통해 자신들의 요구를 성공적으로 관철할 수 있었다.

그러나 역설적이게도 사회당과 UGT는 1982년 사회당이 처음으로 집권하면서 틈이 벌어지기 시작했다. 앞에서 지적한 바와 같이 사회당 정부는 신자유주의적 경제정책으로 산업구조조정 프로그램을 실시했다. 이에 대해 CCOO는 처음부터 구조조정 프로그램에 반대한 반면 UGT는 처음에는 사회당과의 관계를 고려해 정부 정책을 지지하고 사회협약에도 참여했다. 실업률 하락을 포함해서 장기적으로 전반적 경제상황을 개선할 수 있으리라는 기대도 가지고 있었다. 하지만 1985년 노동시장 개혁과 연금제도 수정에 대해 UGT 지도자들은 더는 인내하기 힘든 상황이 조성되었다. 1986년 전반적 경제상황이 호전되었지만 실업률이 미미하게 하락하고 실질임금이 별로 오르지 않자 UGT는 사회당 정부에 1984년 AES에서 약속한 실업자혜택에 관한 약속과 연금지출을 늘리라고 요구했다. 여기에 대해 정부의 반응이 없자 결국 UGT는 정부 정책에 대한 지지를 철회했다. 1987년 사회당 의원이기도 했던 르돈도(Nicolás Redondo) 위원장을 포함한 UGT 지도자들이 저항의 표시로 의원직을 사퇴한 것은 두 조직 사이의 결별을 나타낸 상징적 사건이었다.[3] UGT는 사회당 정부와의 관계를 끊는 대신 CCOO와 협력하는 전략으로 전환해 1988년 12월 양대 노조는 하루 총파업을 단행했다. 양대 노조는 사회당 정부가 실업급여를 지불하고 연금을 최소임금 수준으로 올리며, 공무원들의 단체교섭 권리를 강화하고 청년고용계획을 철회하라고 요구했다.[4] 최종적으로 UGT는 1989년 선거에서 사회당에 대한 선거운동을 하지 않음으로써 사회당과의 조직적 연계를 단절했다.[5] 그 후 사회당은

---

3) 1982년 총선에서 사회당은 비례대표 후보 일부를 노조에 배정해 13명의 UGT 지도자들이 사회당 선거명부에서 자리를 얻었다. 그들 중에서는 UGT 위원장도 물론 포함되었다(Hamann, 1999: 30).

4) 청년고용계획이란 16~24세의 청년을 대상으로 80만 개의 임시직을 창출하는 것을 목표로 했는데, 노조는 이것이 값싸고 불안정한 고용을 법정 최저임금으로 양산함으로써 일자리 안정성을 해친다며 반대했다.

5) UGT가 사회당에 대한 선거운동을 벌이지 않았음에도 이 선거에서 사회당은 승리했다. 1990년대 초반 사회당이 사회협약에 집착하지 않은 것은 노조의 지지 없이도 집권

1990년대 동안 새로운 협약을 체결하려고 노력했지만, UGT는 정부의 제안을 거부하고 정부 및 사용자단체와 오직 부문적이고 단기적인 협약만을 체결하는 정책으로 전환했다.

이와 같이 사회협약의 국면이 양대 노조 간 공동투쟁의 국면으로 이행한 데는 사회당과 UGT 모두에게 원인이 있었다. 먼저 사회당 정부는 신자유주의적 경제정책을 추진할 때 노조를 끌어들이는 사회협약을 추진할 필요가 크지 않았다. 사회당은 전임 UCD 정부와 달리 과반의석을 획득한 안정된 정부를 구성했을 뿐 아니라 1981년 쿠데타 미수 사건 이후 평화적 정권교체로 민주주의가 대체로 공고화되었다는 인식이 확산되었기 때문에 굳이 사회협약 없이도 정책 추진에 자신감을 가질 수 있었다고 할 수 있다.[6] 그리하여 정부는 신자유주의 경제정책에 대한 노조의 반발을 예상하고 이로 인한 부작용은 사회정책으로 완화하는 수준에서 사회협약 전술을 사용하고자 했다. 1985년의 AES 협약의 핵심 쟁점이었던 조세, 공공지출, 고용 및 실업급여 등은 대표적으로 그런 것이었다.

반면 노조들은 자신들이 사회당과의 협상이나 광범한 사회협약을 통해 영향력을 미칠 수 있는 위치에 있지 않다고 인식함으로써 상호 간의 이념적 차이를 극복하고 협력을 강조했으며 정부에 대항하는 연대를 모색했다. 왜 노조들이 1980년대 초까지 사용한 전략을 수정하게 되었는지를 이해하기 위해서는 사회당 정부와 당 내부의 역학을 좀 더 자세히 들여다볼 필요가 있다.

사회당은 1982~1993년까지 의회에서 과반의석을 확보한 다수당이었기 때문에 야당과 동맹을 구축하거나 광범한 합의를 추구할 필요가 없었다. 게다가 사회당은 위계적으로 조직되어 있어 분파들의 힘을 최소화할 수 있었

이 가능하다고 여겼기 때문이었다(Hamann, 1999: 29).

6)　전 노동부 장관이 표명한 바와 같이 "사회당은 노조의 지원을 받는 정책을 선호하지만, 우리는 노조 없이도 또한 그것을 잘 할 수 있다"(Hamann, 1999: 30).

고 총리 겸 당대표인 곤잘레스(Felipe Gonzáles)의 리더십에 권력이 집중되어 있었으며, 의회와 당 내에서는 정부의 정책 제안을 변경시킬 수 있는 기회가 극히 제한되어 있었다. 이는 민주화 이행기에는 정치적 토론과 정책결정에서 의회가 주요 무대였던 것과 대조적이었다. 야당은 민주화 이행기 처음 몇 년간은 입법과정에서 중요한 역할을 했지만, 1982년 사회당 집권 이후에는 정부의 절대다수당 위치 때문에 정책결정과정에서 제한적이었다. 의회가 정부를 견제하는 데 제한적이었던 것은 야당뿐 아니라 사회당 의원들도 크게 다르지 않았다. 예컨대 개별 의원들에 의해 발의된 법안은 교섭단체를 통과해야 했다. 그러나 실제로 교섭단체의 역할은 크게 제한되어 있었다. 사회당 교섭단체는 자체가 위계적으로 조직되어 있었기 때문에 의원들이 정책을 도입할 수 있는 힘을 최소화했다. 교섭단체의 규정에 따르면 정부는 법안에 대해 공식적으로 상정되기 전에 교섭단체와 협의해야 하는 것으로 되어 있어서 교섭단체 내에서 심각한 반대가 없을 경우에만 상정하도록 되어 있다. 그러나 사회당은 이러한 절차를 지키지 않고 무시할 때가 많았기 때문에 의원들과 교섭단체의 역할이 줄어들었다. 법안의 90%가량은 정부에 의해 발의된 것이었고 10%만이 당이 발의한 것이었다. 심지어 이 10%도 정부가 법안에 동의한 이후에야 상정되었으며, 견해차가 계속될 때에는 총리 혹은 부총리가 최종결정을 했다(Hamann, 1999: 31). 개별 의원들과 교섭단체는 따라서 당과 정부에 비교해 최소한의 자율성만 가지고 있었다.

이러한 행정부에의 권력의 집중은 노조들의 정치 참여에 영향을 미쳤다. 노조가 의회를 통해 잠재적으로 영향을 미칠 수 있는 다양한 선택지들이 배제된 것이다. 예컨대, 사회당 교섭단체에서의 활동은 효과를 기대하기 힘든 활동이 되어버렸다. 교섭단체가 자율성과 권위를 가지지 않았기 때문에 노조의 이익을 관철하기 위한 압력을 넣기 위해 야당에 의존하는 것도 별 효과가 없었다. 1986년 선거 이후 좌파선거동맹이었던 좌파연합(Izquierda Unida:

IU)(공산당 포함)은 정책결정에 영향을 미칠 수 있는 충분한 의석을 가지지 못했다. 이처럼 노조는 의회에서 정책결정에 영향을 미칠 수 없었기 때문에 새로운 전략을 추구해야만 했다(Hamann, 1999: 32). 특히 사회당과의 밀접한 관계를 통해 영향력을 행사하고 조직을 확대해오던 UGT로서는 더 절박한 문제였다. 이러한 상황에서 탈출구는 양대 노조가 연계 정당들로부터 각각 자율성을 획득해 상호 협력과 조정을 통해 공동투쟁으로 전략을 전환하는 것이었다. 정부의 입장에서 사회협약은 경제를 일으키는 데 효과가 없었고 동맹에 의존하지 않고서도 정책을 통과시킬 수 있었기 때문에 불필요했다면, 노조의 입장에서 사회협약은 효과가 없었으며 노조 이익에도 도움이 되지 않았다.

3. 노사관계제도와 노조의 전략

1) 직장위원회와 노동조합선거

노조 전략의 변화를 설명하는 데 또 다른 중요한 변수는 직장위원회(comités de empresa)라는 스페인의 독특한 노사관계제도와 관련되어 있다. 스페인 노동법에 의하면 기업 수준에서 노동자들을 대표하고 교섭권한이 있는 기구는 직장위원회이다. 직장위원회 대의원은 매 4년마다 소속 노동자들의 투표로 선출된다.[7] 하지만 직장위원회 대의원을 선출하는 선거는 해당 기업

---

7) 처음에는 매 2년마다 선거가 있었지만 노동법이 개정되어 1982년부터는 4년마다 한 번씩 선거가 치러진다. 직장위원회의 대의원 숫자는 기업의 크기에 따라 다른데 50인 이하 피고용인의 기업에서는 3명의 대표를 선출하고 그 이상은 피고용인 숫자에 따라 가장 많은 경우 75명까지 선출한다(Hamann, 1998: 437).

내의 교섭대표를 뽑는 선거일 뿐 아니라 전국 수준에서 각 노동조합들의 실질적인 영향력을 결정한다는 점에서 스페인 노동운동에서는 핵심적인 위치를 차지한다. 이 선거에서 전국적으로 합산된 결과는 어떤 노조가 상층 교섭에서 노동자들을 대표하는지를 결정하기 때문이다. 이 선거를 보통 '노동조합선거(union elections)'라고 부르는 것은 이 때문이다. 게다가 선거는 어떤 노조가 사회경제위원회에 참여하고 국가 고용기구나 국가 보건기구와 같은 공적제도들에 참여하는지를 결정한다. 노동법에 의하면 '다수 득표의(most representative)' 노조들이 이러한 권한을 가지게 되는데, 전국 투표 집계에서 10% 이상을 획득하거나 지역 수준에서 15% 이상을 득표한 노조들에게 그러한 권한이 주어진다. 따라서 노조선거는 직장위원회의 구성을 결정할 뿐 아니라 상층 수준에서 각 노조의 합법성을 부여하고 상대적 '가중치'를 부여한다는 점에서 결정적으로 중요하다.

스페인의 노조조직률은 약 15% 수준으로 서구 자본주의 국가들 중에서 가장 낮은 편에 속한다. 그러나 노조조직률만으로 스페인 노조가 취약하다고 평가하는 것은 속단이다. 이는 직장위원회와 노조선거가 스페인 노조운동에 역동성을 부여하기 때문이다. 이 체계는 기업 내에서 직장위원회와 노조부문 사이의 중요한 연계를 만들어낸다. 많은 경우 노조부문에서 노조활동가들은 직장위원회의 대의원들이다. 직장위원회는 이론적으로 노조와 분리되어 있지만 '노조화된다(unionized)'(Hamann, 1998: 437). 그리고 대부분의 직장위원회 위원들은 노조 명부에서 선출된다. 노조부문이 공식적으로 노조 일과 노조원들을 다루는 반면, 직장위원회는 가입과 관계없이 모든 노동자들을 대표한다. 직장위원회와 연맹 혹은 연맹들 사이의 연계는 일반적으로 약하다. 기업 수준에서 노조부문은 실제로 직장위원회보다 덜 중요하다. 직장위원회 선거가 상층 수준에서 노조의 대표성을 부여하기 때문에 노조연맹들은 각 기업의 노조부문보다 직장위원회에 더 많은 관심을 기울인다.

기업 내의 노조부문은 조직률이 낮기 때문에 노동자들의 직접적인 지지를 거의 받지 못한다. 대신에 모든 노동자들은 직장위원회의 구성을 결정하는 노조선거에 참여할 권리가 있다. 노조선거 참여율은 매우 높아서 선거가 이루어지는 기업에서 약 80%에 이른다(Hamann, 1998: 438). 이는 실제로 약 15%의 노조조직률과 현격한 대조를 이룬다. 이처럼 어떤 노조에 대한 지지는 가입보다는 오히려 선거를 통해 간접적으로 표현된다.

게다가 노조부문이 파업을 선언할 수 있지만, 노조 조합원 외에 모든 노동자들의 지지를 받을 때 효과적이기 때문에 노동자의 지지를 끌어내기 위해서는 직장위원회의 개입이 필요하다. 또한 직장위원회는 노조와 관계없이 사실상 약 절반의 파업을 선언하고 있다(Hamann, 1998: 439). 끝으로 기업 수준에서 단체교섭을 하는 주체는 노조부문이 아니라 직장위원회이다. 실제로 조직률이 상대적으로 높은 대기업을 제외하면 대부분의 단위 기업에서는 노조조직률이 낮거나 소규모 기업의 경우 노조원이 아예 없는 경우가 많기 때문에 노조부문은 거의 영향력이 없고 직장위원회가 중요한 기구이다. 하지만 중소규모 기업에서는 대부분 단체교섭이 기업 수준이 아니라 주로 지역별, 부문별 상층교섭으로 이루어지고 단체교섭의 포괄률이 상대적으로 높기 때문에 직장위원회의 역할은 제한된다.[8] 따라서 직장위원회 자체보다 직장위원회 대표를 선출하는 노조선거가 큰 중요성을 갖는다고 볼 수 있다.

노조선거는 거대 노조에게 유리하게 되어 있다. <표 7-2>에서 보듯이 직장위원회 대의원의 압도적 다수는 CCOO와 UGT 양대 노조 중의 하나가 차지하고 있다. 이러한 집중은 첫 노조선거 이래로 증가했다. 이 같은 집중

---

8) 스페인에서 단체협약의 포괄 비율은 상대적으로 높아서 70~85%에 이른다. 협약의 숫자로 보면 75%의 단체협약이 기업 수준에서 체결되지만 그것이 포괄하는 노동자의 수는 10% 정도에 지나지 않으며 대체로 대기업 노동자들이다(Rigby and Lawlor, 1994: 260).

〈표 7-2〉 노조별 직장위원회 선거 결과(%)

연도	UGT	CCOO	USO	ELA-STV	LAB	CIG	기타
1978	21.69	34.45	3.87	0.99	-	0.55	20.85
1980	29.27	30.86	8.68	2.44	0.48	1.01	11.94
1982	36.71	33.40	4.64	3.30	0.68	1.17	8.69
1986	40.19	34.27	3.83	2.92	1.06	1.34	9.95
1990	43.10	37.60	3.00	3.20	1.27	1.50	9.7
1995	35.51	37.74	3.56	2.97	1.22	1.91	17.09
1999	37.17	37.63	3.49	3.06	1.33	1.62	15.62
2003	36.80	38.74	3.11	3.24	1.37	1.62	15.12
2007	37.15	39.09	2.95	3.13	1.39	1.82	14.45

자료: Köhler and Jiménez(2010).

현상이 나타나는 결정적인 이유는 전국 투표 집계에서 10% 이상을 획득하거나 지역 수준에서 15% 이상을 득표한 노조들에게만 대표권을 주는 노동법의 규정 때문이다. 노조선거는 기업의 노동자대표를 선출하는 것이기도 하지만 전국적 수준에서 대표를 선출하는 것이기도 하기 때문에, 자신이 투표한 후보자 소속의 노조가 10% 이상을 획득하지 못하면 실제로는 사표가 되어버려 소규모 노조나 비노조원은 선출되기가 힘들도록 되어 있다. 게다가 실제로는 노조원이 아닌 후보도 자신을 노조 후보 명부에 올리지 않을 경우 대단히 불리해지는 노조선거 규칙은 그러한 집중을 더 강화한다.[9]

이러한 직장위원회와 노조선거제도로 인해 스페인의 노조들은 노동자들을 노조에 가입시켜 노조조직률을 올리기보다는 노조선거에서 더 많은 대의원을 확보하기 위해 치열한 경쟁을 벌인다. 노조들에게는 노동자들을 조

---

9) 노조원이 아닌 개인들이 출마하는 것은 매우 불리하다. 노동법에 따르면 노조원 명부에 등록하지 않고 출마하는 독립 후보는 적어도 3배 이상의 추천 서명이 필요하다. 그래서 조합원이 아닌 경우에도 노조 명부로 등록해 출마하는 경우가 많다. 예컨대, 1986년 선거에서 UGT 대표 중 약 40%는 실제로는 조합원이 아니었다(Rigby and Lawlor, 1994: 262).

직하는 것보다 선거에서 이기는 것이 궁극적인 목표가 되는 것이다. 이 때문에 스페인 노조주의를 "조합원 노조주의라기보다는 투표자 노조주의(Martinez Lucio, 2001: 436)"라고 말하기도 한다.[10]

노조들이 노조선거를 둘러싸고 경쟁한다는 것은 각 노조가 교섭과 투쟁의 전략을 수립할 때 노조 조합원뿐만 아니라 일반 노동자들을 항상 고려해야 한다는 의미이다. 노조선거는 노조가 조직의 관성에 젖어 관료화될 수 있는 가능성을 제어한다는 점에서 스페인 노조에 역동성을 부여한다고 할 수 있다. <표 7-2>에서 보는 바와 같이 노조선거의 결과는 매번 차이를 보이고 있으며 이는 나중에 살펴보겠지만 각 노조의 전략이나 투쟁과 연결해 평가할 수 있다.

2) 경제적 상황의 변화에 따른 노조 전략의 변화

민주화 이행기 시작부터 CCOO와 UGT 양대 노조는 노조운동 내에서 '헤게모니적' 지위를 획득하기 위해 노조선거에서 치열한 경쟁을 벌였다. 노조선거에서 각 연맹은 노동자 대중을 대상으로 자신들의 전략을 중심으로 캠페인을 벌이고 그동안의 전략에 대한 평가를 받는다. 민주화 이행기 국면에서 노조 전략의 핵심 쟁점은 정부 및 사용자단체와의 협상을 통한 일자리 안정이냐, 아니면 투쟁을 통한 임금 인상이냐로 압축할 수 있다.

---

10) 노조의 대표성(representation)이라는 개념은 일반적으로 세 가지 기준에 연관되어 있다. 1) '결사체적(associative)' 기준: 노조원 숫자에 기초해 갖는 대표성, 2) 선거의 힘 기준: 민주주의와 비례성의 원칙에 기초해, 즉 노조 대표자들이 직장위원회와 다른 노동자 대표기구에 노동자 대표로 선출되는 것, 3) '법적 - 조직적' 기준: '사회적 권력'에 기초해 갖는 대표성. 이러한 기준을 적용하면 스페인 노조는 첫 번째 기준인 노조원 숫자는 작지만, 두 번째인 선거의 힘이 크다는 점에서 대표성이 크다고 볼 수 있다. 스페인 노조는 정당성과 대표성을 조합원 숫자보다는 선거의 힘에서 끌어내고 있다(Köhler and Jiménez, 2010: 544).

그런데 경제적 상황에 따라 노조의 투쟁전략에 대한 노동자 대중의 선호는 달라진다. 경제위기 상황에서 대부분의 노동자들을 임금 인상보다는 일자리 유지에 관심을 더 많이 가진다. 이러한 관심은 노동자들이 시장에 과도한 힘을 가해 기업의 생존을 해치지 않는 투쟁전략을 지지할 것이다. 게다가 사용자들은 노조의 투쟁에 더 심하게 저항할 것이기 때문에 만약 노조가 임금 인상을 추구하면 비용을 더 크게 치를 수밖에 없다. 따라서 경제위기의 시기에는 대부분의 노동자들이 임금 억제와 고용안정을 교환하는 노조 전략을 지지하는 경향이 있다. 그러나 노동자들이 임금 억제를 감수하는 이러한 상황은 경제적 상황이 호전되면 극적으로 변한다. 노동자들은 경제적 상황이 호황 국면이라는 판단이 들 경우 일자리 안정에서 생활수준 향상으로 관심을 옮기게 되고, 그 결과 임금 인상 요구가 전면에 등장하게 된다. 이럴 때 경쟁적인 노조체제에서 집권당과 협상을 유지해오던 노조는 대표성의 위기에 직면하는 반면, 임금 억제에 협조적이지 않은 노조가 노동자들의 지지를 받을 가능성이 높아진다(Ruíz, 2000: 25). 이러한 가설이 스페인 경우에는 어떻게 현실로 나타났는가?

앞에서 지적한 바와 같이 스페인은 전형적으로 경쟁적인 노조체제인데다가 주기적인 직장위원회 선거 경쟁이 격렬하게 벌어지기 때문에 노동자들의 의식의 변화에 매우 민감할 수밖에 없다. 또한 스페인 노동자들의 노조에 대한 지지의 동기는 도구적인 태도를 보여주고 있다.[11] 따라서 각 노조의 전략가들은 노동자들의 지지를 얻기 위해 기대하는 이익을 제공해야 한다. 그런데 스페인의 노사관계체계는 이러한 지지가 다른 나라와는 달리 노조원

---

11) 스페인 노동자들은 노조를 유리한 단체협약을 하는 것(1980년 62%, 1984년 69%)과 전문적 서비스를 제공하는 것(1980년 56%, 1984년 58%)에 더 가치를 두고 있으며, 정부로 하여금 정책을 바꾸는 데 압력을 가하는 능력(1980년 12%, 1984년 9%)에는 그다지 관심이 크지 않다(Perez-Diaz, 1993: 241).

들을 통해 표현되지 않고 직장위원회 선거에서 노조 선호에 의해 결정된다. 노동자들은 노조에 대한 선호를 직접 발로 투표하지는 않지만 실제로는 투표를 하는 셈이다.

노동자들이 도구적 태도를 보이고 노사관계 제도의 특수성으로 인해 지지하는 노조를 쉽게 바꿀 수 있다고 하더라도 임금인상을 요구하는 것이 항상 승리하는 전략이 될 수 없다. 고임금이냐 일자리 안정이냐는 선택은 주로 호황인가 위기인가 하는 경제적 상황에 달려 있다. 사회당이 1982년 말 처음 집권했을 때 스페인은 장기간에 걸친 경제위기를 겪고 있었다. 1970년대 초 3%이었던 실업률이 1982년 12월 17.1%에 이르렀으며, 경제성장률은 실물경제 수준으로 연간 1% 미만이었다. 이러한 맥락에서 스페인 노동자들은 다른 물질적 이해관계보다 일자리를 지키는 데 더 관심이 많았다. 한 조사연구에 따르면 1980년대 초 스페인 노동자 80%는 자신들의 일자리를 바꾸기를 원하지 않는다고 대답했다. 이는 당시 노동시장에 대한 인식을 단적으로 보여주고 있다. 또한 94%의 응답자는 2년 전보다 상황이 심각하게 악화되었다고 응답했다. 그리고 응답자들은 대기업에 대한 선호(51.5%)를 표시했으며, 그 이유로 직업안정성(51%)이 주요한 고려사항이라고 응답했다(Perez-Diaz, 1993: 249~250).

이러한 사정이 반영되어 <표 7-2>에서 보는 바와 같이 노조선거에서 줄곧 열세에 있던 UGT가 1982년 노조선거에서 CCOO를 처음으로 앞질렀다. 프랑코 독재시기 별다른 인상적인 활동이 없었고 신조합주의적인 사회협약에 적극 협력했음에도 이 같은 결과가 나온 것이다. 그것은 경제위기가 지속된 시기에 UGT가 기존의 틀 안에서 안정을 추구하는 노선으로 온건한 현실주의적 이미지를 구축했기 때문인 것으로 보인다. 이에 반해 CCOO는 반독재투쟁의 후광에 힘입어 사회적 동원의 전략을 채택해 기존의 질서와 노사관계 틀을 변화시키는 데 더 적극적이었다(Perez-Diaz, 1993: 272). CCOO의 이러한 전략이 경제위기의 시기에 노동자 대중에게는 실리를 가져다주지 못하는 강경한 이미지를 각인하는 데 일조했기 때문에 계속 지지율이 떨어진 것이라고 할 수 있다.

그러나 1985년 중반부터 스페인의 경제적 사정이 바뀌었다. 1985년 민간소비가 2%에서 1986년 3.6% 성장했다. 이해 여름부터 스페인은 1992년 초까지 지속된 상대적 호황 국면으로 들어갔으며 실업률이 1986년 전반기부터 하락하기 시작했다. 스페인 노동자들은 결국 이러한 경제적 호전을 알아챘다. 1988년 사회조사센터(CIS)가 수행한 조사에 따르면 경제적 상황이 프랑코 사망 직후와 비교해 45%가 개선, 33%가 악화라고 응답했다. 그리고 37.2%가 좋아질 것이라고 한 반면에 13.5%가 악화될 것이라고 응답했다. 따라서 그들의 관심은 일자리 안정에서 개인적인 생활수준 향상으로 옮겨졌다고 볼 수 있다.

상대적 호황이라는 새로운 경제적 상황에서 노동자들의 지지를 얻기 위해 어떤 노조 전략이 가장 적절한가는 1986년 가을의 노조선거의 결과로 나타났다. UGT의 지지율은 대체로 증가했지만 공공부문과 대기업에서 CCOO에게 뒤지는 것으로 나타났다. 공식통계에 따르면 UGT는 100명 이하의 기업에서만 승리하고 대기업과 공기업에서는 CCOO에 패배한 것이다. 이전의 노조선거에서는 UGT가 100명 이하 기업에서도 승리했을 뿐 아니라 500~1,000명 기업과 5,000명 이상 대기업에서도 승리했다.

이처럼 중규모 기업과 대기업에서의 노조선거 패배는 UGT로 하여금 전략을 재고해 정치협상보다는 단체교섭과 임금 인상에 초점을 맞추도록 압력을 가했다. CCOO가 경제적 호황기 속에서 대규모 기업과 공기업 내의 노동자들에게 물질적 이익을 주려고 할 때 UGT가 기존의 전략적 지향을 지속하는 것은 노동자들의 시장능력을 무시할 수 있다는 것을 의미했다. UGT는 노동자들의 새로운 분위기를 반영해 CCOO의 임금 인상 요구와 견줄 수 있는 요구를 하지 않으면 노동운동에서 자신들의 위치가 흔들릴 수 있다고 생각했다. 그리하여 UGT는 단체협상에서 1986년까지는 계속 CCOO보다 낮은 임금인상안을 제출했으나 1987년부터는 CCOO와 협력을 통해 동일한 임금인상안을 제출했다(Ruíz, 2000: 23). 그뿐 아니라 1987년 단체협상에서 UGT는 지난해 9월 정부 및 사용자단체와 합의한 5%(예상 인플레율)보다 2% 높은 7% 인상을 요구했다. 이러한 합의는 1986년 노조선거 전에 이루어진 것이었다. 그러나 노조선거 이후인 1987년 임금협상에서는 연금과 공무원 임금 7% 인상안을 정부에 제출하고 사용자단체와의 협상에서는 7% 인상안을 제출했다. 이러한 임금인상안은 CCOO의 요구안과 같은 수준이었다. UGT가 불과 몇 달 전의 합의를 깨고 더 높은 임금 인상 요구를 한 것은 노조선거 결과로부터 얻은 충격 때문이었다. 노동자 대중의 잠재적 요구를 받아들이지 않으면 조직적으로 생존하기 어렵다고 판단한 것이다. 이러한 선택은 지금까지의 사회당과의 '정치적 교환'을 포기하고 사회협약을 파기한다는 것을 의미했다. 그리고 그것은 지금까지 사회당과 밀접한 관계를 맺으며 노조의 조직력을 유지·발전시켜온 전략을 수정한다는 것을 뜻했다.

하지만 UGT가 단체교섭을 통한 시장의 힘을 행사하기로 했다고 해서, 노조선거에서 투표한 노동자들의 물질적 이해관계를 방어하는 목적만 가졌다고 할 수는 없다. UGT는 여전히 노조의 구성원들뿐 아니라 다양한 범위의 노동자들에게 영향을 미치는 사회적 혜택 또한 요구했으며 그 대가로 어떠한 것도 내어주려고 하지 않았다.

이를 위해서는 두 가지 대안적 방법이 열려 있었다. 하나는 사회당과의 협상을 통하는 것이고 다른 하나는 CCOO와 힘을 합치는 것이었다. UGT는 '정치적 교환'을 받아들이지는 않지만 자신들의 노동자들을 위한 사회적 지출을 요구했다. 그러나 사회당 정부는 임금 인상 억제를 교환조건으로 받아들이지 않는다면 사회적 지출을 증가시킬 수 없다는 태도를 취했다. 결국 사회당과 UGT의 관계는 교착상태로 들어갔다.

곤잘레스 정부로부터 어떠한 긍정적인 답변도 기대하기 힘들어지자 결국 UGT는 CCOO와 협력해 1988년 가을 정치영역에서 새로운 방식의 전략을 구사하기로 했다. 그리고 1989년 선거에서 노동자들에게 사회당에 투표하라고 독려하는 것을 중단했다.

총파업 이후 양대 노조는 모든 문제에 대해서 통일된 것은 아니지만 중요한 사안과 단체협상 테이블에서 통일된 입장을 유지했다(조돈문, 2012: 341). 그리하여 스페인 노조들은 정당을 이해관계 관철과 정치적 정책결정의 통로로 사용하는 전통적인 정당-노조 관계를 해체하고 정당으로부터 독립해 독자적 노선을 걷게 되었다. UGT는 사회당과의 조직적 연계를 포기하고 경쟁 노조인 CCOO와의 협력을 통한 전략으로 전환한 것이다. 그렇지만 UGT가 사회당과 결별한 것은 노조의 '탈정치화'가 아니라 다른 수단을 통해 '정치'에 개입한 것이다.

4. 나가며

프랑코 독재가 끝나고 민주화 이행기에 본격적으로 활동을 시작한 스페인 노동조합들은 처음에는 정부가 주도한 사회협약을 주로 하는 전략으로 대처했으나, 사회당이 집권해 신자유주의적 경제정책을 강행하자 사회협약 대신 양대 노조 간 협력을 통한 투쟁전략으로 전환했다.

스페인 노동조합의 이러한 전략 변화에 작용한 핵심적인 요인은 민주화 이행기라는 특수한 정치적 상황과 스페인의 독특한 노사관계제도인 직장위원회 선거를 둘러싼 노조 간 경쟁구도였다.

먼저, 민주화 이행기의 정세는 정부와 노동조합 양쪽에 '합의의 정치'를 이끌어내는 요인으로 작용했다. 프랑코 독재가 끝났지만 쿠데타의 위협이 계속되는 등 아직 민주주의가 공고화되기 전이었던 시기에 집권한 중도우파 UCD 정부는 과반의석을 확보하지 못한 데다가 내부적으로 분열되어 있었기 때문에 안정적인 정국 운영을 위해서 야당의 협조는 물론이고 노동조합을 끌어들일 필요가 있었다. 그리고 노동조합들은 정당과의 긴밀한 관계를 통해서 사회협약의 협상에서 자신들의 이해관계를 관철시킬 수 있는 여지가 있었다. 특히 제1야당이었던 사회당과 밀접한 관계를 맺고 있던 UGT는 사회협약에 적극적으로 나서 성과를 얻어냄으로써 노조선거에서 경쟁 노조인 CCOO를 앞질러가기 시작했다. 한편 공산당과 밀접한 연계를 맺고 있던 CCOO는 공산당이 소수 정당이 되어 사회협약의 협상에서 발언권이 약화되자 사회협약에서 철수해 민주화 투쟁기간 동안 획득한 노동자 대중의 광범위한 지지를 기반으로 대정부투쟁의 강도를 높였다. 하지만 1981년 쿠데타 미수 사건이 일어나자 CCOO도 노동조합의 존립을 위해 민주주의의 수호가 우선이라는 판단하에 사회협약에 참여했다.

그러나 1982년 사회당이 과반의석을 얻어 집권해 정국이 안정된 이후에는 상황이 달라졌다. 사회당은 경제위기를 극복하고 1986년으로 예정된 유럽공동체 가입요건을 충족하기 위해 노동조합들의 반대를 무릅쓰고 신자유주의 경제정책을 강행했다. 사회당이 이와 같이 일방적으로 신자유주의 정책을 강행할 수 있었던 것은, 과반의석을 확보해 안정된 권력을 구축한 덕분에 반드시 야당의 협조를 얻을 필요가 없었을 뿐 아니라 노조의 협조를 통한 사회적 합의의 필요성도 줄어들었기 때문이다. 또한 민주주의가 공고화되었다는 자신감도 작용한 것으로 보인다. CCOO는 처음부터 사회당의 이러한 신자유주의 정책에 반대해 대중동원을 통한 투쟁전략을 고수했으나, 사회당과 밀접한 관계가 있던 UGT는 처음에는 사회당이 추진한 사회협약에서 발을 빼기 힘들었다. 하지만 사회당의 정책결정과정이 곤잘레스 총리에게 집중되고, 노조가 의회를 통해 의견을 반영하던 통로가 막히자 1986년부터 UGT도 사회협약 전략을 포기하고 투쟁전략으로 전환해 1988년에는 CCOO와 함께 총파업투쟁에 나섰다. 이후 UGT와 CCOO 양대 노조는 1996년 사회당이 실권할 때까지 사회협약을 거부하고 노조 간 협력을 통한 교섭 및 투쟁전략을 고수했다.

스페인 노조의 전략 변화의 배후에서 작용한 또 하나의 중요한 요인은 직장위원회라는 스페인 특유의 노사관계제도이다. 스페인의 직장위원회는 단순히 단위 기업의 노동자들의 대표기구가 아니라 이른바 '노조선거'를 통해 전국적 수준의 노동조합의 세력을 결정하는 중요한 제도이다. 일반 노동자들은 노조에 가입함으로써보다는 노조선거에서 투표함으로써 특정한 노조에 지지를 표현한다. 따라서 노동조합들로서는 노조선거가 결정적으로 중요하기 때문에 노조선거에서 노동자 대중의 지지를 얻기 위해 치열한 경쟁을 벌인다. 이는 노동조합들이 노동자 대중의 요구에 민감하게 반응할 수밖에 없다는 것을 의미하며, 이러한 노사관계제도의 특수성이 노조 전략의 선택에 직접적인 영향을 준다는 것을 쉽게 짐작할 수 있다.

그런데 노동자 대중의 요구는 고정된 것이 아니라 경제적 상황에 따라 변한다. 경제가 불황일 때 노동자들은 임금 인상보다는 일자리 유지와 안정에 더 큰 관심을 갖는 반면, 경제가 호황일 때에는 임금 인상을 통한 생활조건의 향상에 더 큰 관심을 가질 것이다. 따라서 경제위기의 시기 노동자들은 노동조합이 사용자와의 대립을 통한 임금 인상 요구보다는 타협을 통한 일자리 안정을 위해 나서기를 요구하고, 호황기에는 임금 인상 투쟁에 나서주기를 요구할 것이다.

스페인이 민주화 이행기에 들어갔을 때 세계경제는 위기 국면이었고 스페인도 예외가 아니었다. 이러한 위기 시 노동자들은 사회협약을 통한 타협적 노사관계를 요구했다. 이는 노조선거에서 사회협약에 적극 참여한 UGT

가 점점 지지율을 높여 1982년 처음으로 투쟁적인 CCOO를 추월한 데서 잘 알 수 있다. UGT가 사회당 집권 초기 자신들의 정체성에 반하는 신자유주의 경제정책에 대해 저항하지 않고 사회협약에 참여한 것도 노조선거에서 나타난 노동자 대중의 요구를 반영한 것이라고 볼 수 있다.

그러나 1985년 중반 경제가 상대적 호황으로 바뀌었다는 신호가 분명해지면서 상황은 달라졌다. 1986년 노조선거에서 UGT는 그동안 지지를 확고히 해오던 중규모 기업과 대기업에서 CCOO에게 패배했다. 이 결과는 UGT에게 임금 인상 투쟁으로 나서라는 신호로 받아들여졌다. UGT는 집권당인 사회당과의 관계를 통해 노동자들의 이익을 관철하는 통로가 막히자 경쟁 노조인 CCOO와 협력해 투쟁하는 전략을 선택했다. 1988년 총파업투쟁은 노동자 대중의 요구가 뒷받침된 가운데 경쟁하는 양대 노조가 협력을 통해 조직했기 때문에 커다란 성공을 거둘 수 있었다.

참고문헌

조돈문. 2012. 「스페인 비정규직 문제와 사회적 행위주체들의 전략」. 『비정규직 주체형성
　　과 전략적 선택』. 서울: 매일노동뉴스.

조효래. 1999. 「신자유주의적 경제개혁과 '사회적 합의' - 한국과 스페인의 비교」. ≪한국
　　사회학≫, 제33집(겨울호), 717~750쪽.

그레빙·마이어(Helga Grebing and Thomas Meyer). 1994. 『유럽노동운동은 끝났는가』.
　　정병기 옮김. 주간노동자신문.

Fishman, Robert M. 1982. "The Labor Movement in Spain: From Authoritarianism to
　　Democracy." *Comparative Politics*, Vol.14, No. 3.

Hamann, Kerstin. 1997. "The Pacted Transition to Democracy and Labor Politics in
　　Spain." *South European Society and Politics*, 2, pp.110~138.

＿＿＿. 1998. "Spanish Unions: Institutional Legacy and Responsiveness to Economic and
　　Industrial Change." *Industrial and Labor Relations Review*, Vol.51, No.3, pp.424~
　　444.

＿＿＿. 1999. "Union Strategies to Adjustment: The Spanish Case, International Con-
　　ference of the European Community Studies Association." mimeo.

Hamann, Kerstin and Miguel Martinez Lucio. 2003. "Strategies of Union Revitalization in
　　Spain: Negotiating Change and Fragmentation." *European Journal of Industrial
　　Relations* 9, p.61.

Heywood, Paul. 1999. "Power Diffusion or Concenteration? In Search of the Spanish
　　Policy Process." in *Politics and Policy in Spain: No Longer Different?* London: Frank
　　Cass.

Köhler, Holm-Detlev and José Pablo Calleja Jiménez. 2010. "Organizing heterogeneity:
　　challenges for the Spanish trade unions." *Transfer: European Review of Labour and
　　Research*, 16, p.541.

Korpi, W. 1983. *The Democratic Class Struggle*. London: Routledge and Kegan Paul.

Lange, P. 1984. "Unions, Workers, and Wage Regulation: the Rational Bases of Consent."
　　in John H. Goldthorpe. *Order and Conflict in Contemporary Capitalism: Studies in the
　　political economy of western European nations*. Oxford: Clarendon Press.

Lange, P., G. Ross and M. Vannicelli. 1982. *Unions, Change and Crisis: French and Italian
　　Union Strategy and the Political Economy, 1945-1980*. Allen and Unwin.

Martinez Lucio, M. 2001. "Spain: Regulation employment and social fragmentaion." in A.
　　Ferner and R. Hyman(ed.). *Changing Industrial relations in Europe*. Oxford: Black-

well. pp.426~458.

Perez-Diaz, V. 1993. *The Return of Civil Society: The Emergence of Democratic Spain*. Cambridge: Harvard Univ. Press.

Rigby, Mike and Terra Lawlor. 1994. "Spanish Trade Unions, 1986-1994: Life After National Agreements." *industrial Relations Journal*, vol.25, no.4, pp.258~271.

Ruíz, Javier Astudillo. 2000. "The Spanish Experiment: A Social Democratic Party-Union Relationship in a Competitive Union Context." Center for European Studies Working Paper No. 83

Smith, W. Rand. 1998. *The Left's Dirty Job: The Politics of Industrial Restructuring in France and Spain*. Pittsburgh: Univ. of Pittsburgh Press.

찾아
보기

지은이

정진상 경상대학교 사회학과 교수
장시복 목포대학교 경제학과 부교수
장귀연 경상대학교 사회과학연구원 연구교수
김영수 경상대학교 사회과학연구원 연구교수
장대업 런던 아프리카아시아대학(SOAS) 개발학과 교수
장상환 경상대학교 경제학과 교수, 사회과학연구원 책임연구원
윤자영 한국노동연구원 연구위원
안주영 도쿄하 대학교 법학부 전임강사

경상대학교 사회과학연구원　경상대학교 사회과학연구원은 사회과학 전 분야의 유기적
연계와 협동을 통해 노동문제를 비롯한 주요 사회문제와 국내외 문제를 연구하고
있으며, 매년 수행한 공동연구와 학술대회 및 워크숍의 연구성과를 '사회과학연구
총서'(도서출판 한울 간행 단행본 시리즈)로 간행하고 있다. 경상대학교 사회과학
연구원은 2001년도에 한국학술진흥재단 중점연구소로 지정되어 전임연구교수를
중심으로 공동연구를 수행하고 있으며, 전문학술지 ≪사회과학연구≫와 ≪마르크
스주의 연구≫(도서출판 한울)를 정기적으로 발간하고 있다.
인터넷 홈페이지 http://iss.gnu.ac.kr
이메일 iss@gnu.ac.kr

한울아카데미 1719
경상대학교 사회과학연구원 사회과학연구총서 42

세계화와 계급구조의 변화
국제 사례연구

ⓒ 정진상 외, 2014

엮은이 ｜ 경상대학교 사회과학연구원
지은이 ｜ 정진상·장시복·장귀연·김영수·장대업·장상환·윤자영·안주영
펴낸이 ｜ 김종수
펴낸곳 ｜ 도서출판 한울

편집책임 ｜ 김경아
편집 ｜ 박준규

초판 1쇄 인쇄 ｜ 2014년 8월 7일
초판 1쇄 발행 ｜ 2014년 8월 20일

주소 ｜ 413-756 경기도 파주시 광인사길 153 한울시소빌딩 3층
전화 ｜ 031-955-0655
팩스 ｜ 031-955-0656
홈페이지 ｜ www.hanulbooks.co.kr
등록번호 ｜ 제406-2003-000051호

Printed in Korea.
ISBN 978-89-460-5719-7 93330

* 책값은 겉표지에 표시되어 있습니다.

이 책은 경상대학교 사회과학연구원이 수행하고 있는 한국연구재단의 중점연구소 지원 연구
과제, '대안세계화운동과 대안사회경제모델 연구'의 2단계 과제 '세계화와 축적체제 및 계급
구조 변화'(NRF-2010-413-B00027)의 2세부과제 2차년도(2011. 12~2012. 11) 연구결과를
엮은 것입니다.